CATALOGUE
DES LIVRES
DE LA BIBLIOTHÉQUE
DE FEU M. DE LA MÉSANGÈRE.

DE L'IMPRIMERIE DE CRAPELET,

RUE DE VAUGIRARD, N° 9.

CATALOGUE
DES LIVRES

DE LA BIBLIOTHÉQUE

DE FEU M. DE LA MÉSANGÈRE,

MEMBRE DE LA SOCIÉTÉ DES ANTIQUAIRES DE FRANCE, FONDATEUR DU JOURNAL DES DAMES ET DES MODES;

Dont la Vente se fera le lundi 14 *novembre* 1831, *et jours suivans, à six heures très précises de relevée, en l'une des Salles de la Maison Silvestre, rue des Bons-Enfans, n°* 30.

Les Adjudications seront faites par Me Guérin, Commissaire-Priseur, rue du Hasard, n° 9.

Prix : 1 fr. 50 c.

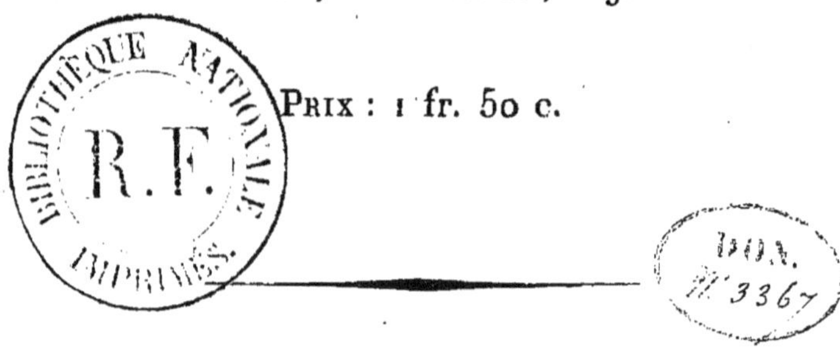

A PARIS,

Chez De Bure frères, Libraires de la Bibliothéque du Roi, rue Serpente, n° 7.

1831.

AVERTISSEMENT.

M. DE LA MÉSANGÈRE, fondateur et éditeur du Journal des Modes, avait cherché à rassembler ce qui pouvait être utile à son entreprise ; c'est pourquoi il s'était occupé à réunir dans sa bibliothèque un grand nombre de livres relatifs aux modes et aux costumes, tant anciens que modernes.

Pour ne rien omettre de ce qui pouvait y avoir rapport, et en faire mieux voir l'ensemble, nous nous sommes décidés à placer dans les Sciences et Arts, avec les costumes, des ouvrages qui, dans d'autres catalogues, se seraient placés dans d'autres classes. Parmi ces livres de costumes, on en remarquera de très beaux, imprimés en France et en Angleterre, avec des figures coloriées, tels que les n°s 418, 427, 441, 460, 475, 477 à 481, etc.

Il y a dans la Théologie un assez grand nombre d'Heures gothiques, manuscrites et imprimées sur Vélin, avec des miniatures et des ornemens.

Dans les Belles-Lettres, on trouvera des livres curieux ; des théâtres, dont : le n° 723, Mistère de la Passion, édition fort rare ; beaucoup de livres de facéties et de plaisanteries ; des livres sur les proverbes, dont M. de la Mésangère a donné un dictionnaire ; beaucoup de polygraphes, dont : le n° 1207, OEuvres de Gessner, trad. par Poncelet, manuscrit sur papier, avec des dessins par le traducteur, etc.

L'Histoire renferme un grand nombre de voyages, des livres sur l'histoire de France. Dans l'Histoire littéraire, on remarquera, sous le n° 1963, le catalogue manuscrit des livres de la bibliothéque de l'abbé Goujet, 5 vol. in-fol. copié par son neveu sur l'exemplaire original.

Comme il y avait une très grande quantité de livres qui étaient de trop peu de valeur pour être mis dans le Catalogue, nous avons réuni des articles sur les mêmes matières, et nous en avons fait des recueils que l'on trouvera sous les n°s 637, recueil de fables; 990, recueil sur les femmes; 1035, anas; 1040, esprits; 1076, dictionnaires; 1216, recueil de lettres; 1256, voyages; 1623, mémoires; 1987, vies des personnages anciens et modernes; 2067 et 2068, anecdotes, etc.

Outre tous ces livres portés sur le Catalogue, il y en a une grande quantité que nous n'y avons pas mis, dont nous ferons deux vacations séparées à la fin de la vente. Il y a aussi un grand nombre d'ouvrages dépareillés, qui seront vendus en même temps.

Nous mettons ici la note des numéros du Catalogue sous lesquels on trouvera les différens ouvrages de M. de la Mésangère, tant imprimés que manuscrits, savoir: N°s 390, 429, 455, 456, 460, 465, 547, 1027, 1028, 1146, 1515, 1664, 2025.

ORDRE DES VACATIONS.

On pourra voir les Livres tous les jours, depuis une heure jusqu'à trois.

Tous les Livres seront vendus pour complets. On pourra les collationner pendant les deux heures d'exposition; mais une fois sortis de la salle de vente, on ne les reprendra sous aucun prétexte.

Les livres seront exposés dans l'ordre qui suit :

1re *vacation, lundi* 14 *novembre* 1831.

Sciences et Arts.	123— 142
Histoire.......	1235—1272
Théologie......	1— 12
Belles-Lettres...	536— 565

2e *vacation, mardi* 15.

Sciences et Arts.	143— 162
Belles-Lettres. .	566— 595
Théologie.....	13— 24
Histoire.......	1273—1310

3e *vacation, mercredi* 16.

Sciences et Arts.	163— 182
Histoire.......	1311—1347
Théologie.....	25— 36
Belles-Lettres...	596— 625

4e *vacation, jeudi* 17.

Sciences et Arts.	183— 202
Histoire.......	1348—1384
Théologie.....	37— 48
Belles-Lettres...	626— 655

5e *vacation, vendredi* 18.

Théologie.....	49— 60
Sciences et Arts.	203— 222
Histoire.......	1385—1421
Belles-Lettres...	656— 685

6e *vacation, samedi* 19 *novembre* 1831.

Sciences et Arts.	223— 242
Théologie.....	61— 72
Belles-Lettres...	686— 715
Histoire.......	1422—1458

7e *vacation, lundi* 21.

Sciences et Arts.	263— 282
Théologie.....	85— 96
Belles-Lettres..	746— 775
Histoire.......	1496—1532

8e *vacation, mardi* 22.

Sciences et Arts.	283— 302
Théologie.....	97— 108
Belles-Lettres..	776— 805
Histoire.......	1533—1569

9e *vacation, mercredi* 23.

Jurisprudence..	109— 122
Sciences et Arts.	303— 322
Belles-Lettres..	806— 835
Histoire.......	1570—1604

10e *vacation, jeudi* 24.

Sciences et Arts.	323— 342
Belles-Lettres..	836— 870
Histoire.......	1605—1648

11ᵉ *vacation, vendredi* 25 *nov.*

Belles-Lettres . . 871— 905
Histoire. . . . . . . 1649—1692
Sciences et Arts. 343— 362

12ᵉ *vacation, samedi* 26.

Belles-Lettres . . 906— 940
Histoire. . . . . . . 1693—1736
Sciences et Arts. 363— 382

13ᵉ *vacation, lundi* 28.

Belles-Lettres . . 941— 975
Sciences et Arts. 383— 402
Histoire. . . . . . . 1737—1780

14ᵉ *vacation, mardi* 29.

Belles-Lettres . . 976—1010
Histoire. . . . . . . 1781—1824
Sciences et Arts. 403— 422

15ᵉ *vacation, mercredi* 30.

Belles-Lettres . . 1011—1045
Histoire. . . . . . . 1825—1868
Sciences et Arts. 423— 442

16ᵉ *vacation, jeudi* 1ᵉʳ *décemb.*

Belles-Lettres . . 1046—1080
Histoire. . . . . . . 1869—1912
Sciences et Arts. 443— 462

17ᵉ *vacation, vendredi* 2 *déc.*

Histoire. . . . . . . 1913—1956
Belles-Lettres . . 1081—1115
Sciences et Arts. 463— 482

18ᵉ *vacation, samedi* 3.

Sciences et Arts. 483— 502
Belles-Lettres . . 1116—1150
Histoire. . . . . . . 1957—2000

19ᵉ *vacation, lundi* 5.

Sciences et Arts. 503— 522
Histoire. . . . . . . 2001—2044
Belles-Lettres . . 1151—1185

20ᵉ *vacation, mardi* 6.

Sciences et Arts. 523— 535
Histoire. . . . . . . 2045—2081
Belles-Lettres . . 1186—1234

21ᵉ *et dernière vacation, mercredi* 7.

Histoire. . . . . . . 1459—1495
Théologie . . . . . 73— 84
Sciences et Arts. 243— 262
Belles-Lettres. . 716— 745

CATALOGUE

Racine

p.

Cretaine

p.

garnot.

julien

p.

Dobree

CATALOGUE
DES LIVRES

DE LA BIBLIOTHÉQUE

DE FEU M. DE LA MÉSANGÈRE.

THÉOLOGIE.

Texte et Versions de l'Écriture sainte.

1. Biblia sacra vulgatæ editionis. *Parisiis*, 1664, *in*-12. *m. vert.*
2. Biblia sacra. *Colon. Agrip.* 1682, *in*-8. *m. n.*
3. La Sainte Bible, trad. sur la vulgate, par Le Maistre de Sacy. *Paris*, 1822, *gr. in*-8. *v. rac.*
4. Explication des principales prophéties de Jérémie, d'Ézéchiel et de Daniel, (par F. Joubert.) *Avignon*, 1749, 5 *vol. in*-12. *v. m.*

LITURGIES.

5. Breviarium romanum. *Paris.* 1766, 4 *vol. in*-12. *v. b.*
6. Heures à l'usage de Rome. *Paris, Philippe Pigouchet*, 1499, *pet. in*-8. *goth. vél. vert. fig. en bois.*
   Imprimé sur Vélin.
7. Heures à l'usage de Rome. *Paris, Ant. Verard*, 1500, *in*-8. *goth. vél. vert. fig. en bois.*
   Imprimé sur Vélin.
8. Heures à l'usage de Rome. *Paris*, *Th. Kerver*, 1507, *in*-4. *goth. fig. en bois.*
   Imprimé sur Vélin.

9. Horæ Virginis Mariæ, secundùm usum romanum. *Parisiis, Germ. Hardouyn, in-8. m. n. avec des fermoirs d'argent.*

Imprimé sur Vélin, avec des miniatures et des ornemens coloriés.

10. Breviarium parisiense. 7 *vol. in-12. rel. en m. de diverses couleurs.*

Les titres des 7 vol. manquent.

11. Heures à l'usage de Paris. *Paris, Jeh. Petit, in-8. m. br. dent. à froid, avec des fermoirs en argent, renfermées dans un étui.*

Imprimé sur Vélin, avec les figures coloriées avec soin. Ce volume est bien conservé.

12. Preces piæ. *in-12. goth. rel. en velours.*

Imprimé sur Vélin, avec quelques miniatures. Le dernier feuillet est manuscrit.

13. Preces piæ. *Parisiis, Germain Hardouyn, in-8. goth. v. b.*

Imprimé sur Vélin, avec des miniatures et des lettres en or et en couleurs. Imparfait de la fin du volume.

14. Heures à l'usage de Rouen. *Paris, Simon Vostre, in-4. goth. rel. à compartim. fig. en bois.*

15. Breviarium Andegavense. 4 *vol. in-12. fig. m. r. dent.*

Il ne s'y trouve aucun titre.

16. Heures à l'usage d'Autun. *Paris, Simon Vostre, in-8. v. b. fig. en bois.*

Imprimé sur Vélin.

17. Heures à l'usage de Machon. *Paris, Simon Vostre, in-8. goth. v. b. dent. fig. en bois.*

Imprimé sur Vélin.

18. Heures à l'usage de Verdun. *Paris, Simon Vostre, in-8. goth. v. b. dent.*

Imprimé sur Vélin, avec fig. en bois.

19. Heures, en flamand. *Pet. in-8. goth. rel. en bois.*

Manuscrit sur Vélin, avec des miniatures.

20. Livre de Cérémonies et de Prières à l'usage des religieuses Feuillantines. *Gr. in-8. m. r. dent. tab.*

Manuscrit moderne sur Vélin, de 44 pages, en caractères

9. Sne. xz+

porquet.

techener

lacourière

claud.

imparfait d'un feuillet. dans le calendrier

Cretaine 14. Jan. pz+

techener

p.

Barrois ainé 17. Sne. mz+

girond

Idem

clusel.

Dem

tichener

p.

leber

clusel.

p.

p.

clusel

tichener

clusel.

la couvière

clusel.

gaudefroy

imitant l'impression. Il est orné de lettres initiales en or et en couleurs.

21. Preces piæ. *In-4. goth. v. f. dent.* - - - - - - 27.

Manuscrit sur Vélin, avec des miniatures et des ornemens en or et en couleurs. Il manque un feuillet.

22. Preces piæ. *In-4. goth. v. f.* - - - - - - - - 12-50

Manuscrit sur Vélin, avec des miniatures et des ornemens en or et en couleurs. Ce volume est imparfait de la fin.

23. Preces piæ. *In-8. goth. v. b.* - - - - - - - 6-40.

Manuscrit sur Vélin, avec des ornemens et des lettres peintes en or et en couleurs. Les places pour les miniatures sont restées en blanc.

24. Preces piæ. *In-12. goth. m. r. dent.* - - - - - 7-95

Manuscrit sur Vélin, avec des miniatures.

25. Preces piæ. *In-4. goth. v. b. dent. rel. moderne.* 22.

Manuscrit sur Vélin, avec des miniatures et des ornemens en or à toutes les pages.

26. Preces piæ. *In-4. goth. v. m.* - - - - - - - - - 4

Manusc. sur Vélin avec des miniatures et des ornemens en or.

27. Preces piæ. *In-4. goth. bas.* - - - - - - - - - 15-5.

Manuscrit sur Vélin, avec des miniatures.

28. Preces piæ. *In-8. goth. m. vert.* - - - - - - - - - 10-20.

Manuscrit sur Vélin, avec des miniatures.

29. Preces piæ. *In-8. goth. v. b.* - - - - - - - - - - 5-95.

Manuscrit sur Vélin, avec des miniatures.

30. Preces piæ. *In-8. goth. m. vert. dent.* - - - - 27-50.

Manuscrit sur Vélin, avec des miniatures et des ornemens en or et en couleurs.

31. Preces piæ. *In-4. goth. m. vert.* - - - - - - - - 15.

Manuscrit sur Vélin, avec des miniatures.

32. Preces piæ. *Pet. in-8. goth. v. m.* - - - - - - - 5.

Manuscrit sur Vélin, avec des miniatures.

33. Preces piæ. *In-8. goth. m. vert.* - - - - - - - 12.

Manuscrit sur Vélin, avec des miniatures, des ornemens et des lettres en or et en couleurs.

34. Preces piæ. *Grand in-8. goth. m. r. dent.* - - 45-5.

Manuscrit sur Vélin, avec des miniatures et des lettres initiales en or et en couleurs. Ces heures sont précédées d'un calendrier avec des bordures peintes.

Il manque quelque chose à la fin du volume.

35. Preces piæ. *In-8. goth. rel. en velours vert.*
Manuscrit sur Vélin, avec des miniatures.

36. Preces piæ. *In-8. goth. rel. en chagrin noir avec des fermoirs en argent.*
Manuscrit sur Vélin, avec des miniatures et des peintures sur les marges du devant.

37. Preces piæ. *In-24. goth. rel. en chagrin noir.*
Manusc. sur Vélin, avec 12 grandes et 3 petites miniatures.

38. Preces piæ. *Pet. in-4. goth. v. f. dent. reliure moderne.*
Manuscrit sur Vélin, avec des miniatures. Chaque page est enrichie de cadres peints qui sont singuliers.

39. Preces piæ. *In-4. goth. rel. en velours.*
Manuscrit sur Vélin, orné de 20 belles miniatures, et de riches ornemens en or et en couleurs.

40. Preces piæ. 2 *vol. in-18. goth. m. r. dent. doublés de tab. dent. renfermés dans des étuis en m. r. dent. très riche reliure moderne.*
Manuscrit sur Vélin, avec des miniatures et des ornemens en or et en couleurs. On a ajouté en tête du 1er volume une miniature moderne de la Vierge et de l'Enfant Jésus.

41. Devotum officium sponsi Jhesu. *In-12. v. f.*
Le texte est imprimé et manuscrit sur papier. On y a inséré quatre miniatures sur Vélin.

42. Officium Beatæ Mariæ Virginis. *Pet. in-8. goth. m. vert.*
Manuscrit sur Vélin, avec des miniatures et de jolis ornemens en or et en couleurs. Il est exécuté en Italie, et il est bien conservé.

43. Heures nouvelles tirées de la Sainte Écriture, gravées par Senault. *Paris, in-8. fig. reliure en chagrin rouge. tab.*

44. Les Sainctes Prières de l'âme chrestienne, écrites et gravées par P. Moreau. *Paris*, 1644, *in-12 fig. m. r.*
Chaque page est entourée de bordures gravées.

45. Prières pendant la messe. 1748, *in-16. m. r. tabis.*
Manuscrit sur papier, d'une jolie écriture imitant l'impression, exécuté par P. Gallonde.

Clusel .

techener

truchy — Contrit 15 — 37. gre. ait

techener — 55.

Idem — 80

Dobree

techener

42. Sne. gre. m:

Racine

truchy — Contrit 11 fr.

a l'usage de m^me^ adelaide

giraud .

a l'usage de m[me] la première . Truchy

Cretaine

48. gre. p[t] Renard.

49. Brc. gâté et une figure déchirée p.

p.

~~tr. piqué~~. m[me] Roise

Cretaine

tr. piqué
ajouté 2 vol. in 8°. Querard

54. gre. i[t] 3 part. en 1 vol.

55. Beu. gre. x[t]

Renard.

46. Prières pendant la messe. 1751, *in*-12. *m. bl. tabis.*

Manuscrit sur papier, d'une jolie écriture imitant l'impression, exécuté par P. Gallonde.

47. L'Office de la quinzaine de Pasques, latin et fr. à l'usage de Rome et de Paris. *Paris*, 1739, *in*-8. *m. r. dent.*

48. Explication des cérémonies de la fête Dieu d'Aix en Provence, (par G. Gregoire.) *Aix*, 1777, *in*-12. *fig. v. éc.*

49. Description du Jubilé de sept cents ans de saint Macaire, qui sera célébré à Gand du 30 mai au 15 juin 1767. *Gand*, *in*-4. *fig. m. r.*

Saints Pères. Théologie scholastique et morale, etc.

50. Le Miroir des vanités et pompes du monde, pris et extraits des Sermons Saint Augustin et Saint Bernard. (*Paris*,) *sans date*, *pet. in*-4. *goth. v. f.*

Plusieurs feuillets de la table sont atteints par la rognure.

51. Liber receptarum in theologia sententiarum, de statu innocentiæ, de libero arbitrio, etc. auct. Binsfeldio. *Augustæ Trevirorum*, 1595, *in*-8. *v. dent. tr. gauffrée.*

52. Le manuel des chrestiens, traictant de foy, de esperance et de charité. *In*-8. *goth. bas.*

53. Triumphus Jesu-Christi crucifixi, per B. Riccium. *Antuerp.* 1608, *in*-4. *m. r. fig. gravées par A. Collaert.*

54. Merveilles de l'autre monde, contenant les horribles tourmens d'Enfer, les joyes de Paradis, etc. par F. Arnoux. *Rouen*, 1665, *in*-12. *fig. v. f.* = Le victorieux et triomphant combat de Gédéon, représenté à Paris au jour de la passion, à l'église de Saint-Severin, par le P. Souffrand. *Paris*, 1626, *in*-12. *v. m.*

55. Traité des Superstitions qui regardent les sa-

cremens, par Thiers. *Paris*, 1741, 4 *vol. in*-12. *v. b.* = Traité de la Cloture des religieuses, par le même. *Paris*, 1691, *in*-12. *v. b.*

56. La Déploration de la vie humaine, avec la disposition à dignement recevoir le Saint-Sacrement, par P. Doré. *Paris*, 1541, *in*-18. *bas. l. r.* = Le Tombeau des délices du monde, par de La Serre. *Paris*, 1630, *in*-8. *cart.*

57. Le Fouet des paillards, ou juste punition des voluptueux et charnels, (par M. Le Picard.) *Rouen*, 1623, *in*-12. *v. m.*

58. Traité des jeux et des divertissemens permis aux chrétiens, par Thiers. *Paris*, 1686, *in*-12. *v. b.* = Le Travail des mains recommandé à tous les ecclésiastiques, tant séculiers que réguliers, pour éviter l'oisiveté, et pour avoir de quoi faire l'aumône. *Paris*, 1680, *in*-12. *v. b.*

59. Discours ecclésiastiques contre le paganisme des rois de la féve et du roi boit, par J. Deslyons. *Paris*, 1664, *in*-12. *v. f.*

60. Traitez singuliers et nouveaux contre le paganisme du roi boit, par J. Deslyons. *Paris*, 1670, *in*-12. *v. b.*

61. Apologie du banquet sanctifié de la veille des rois, par N. Barthélemy. *Paris*, 1665, *in*-12. *v. f.*

62. Traité des danses, auquel est résolue la question, à savoir s'il est permis aux chrétiens de danser, (par Lambert Daneau.) *Par F. Estienne*, 1579, *in*-8. *v. f.*

63. L'origine des masques, mommerie, bernez et revannez es jours gras de carême-prenant, menez sur l'âne à rebours, et charivary, par C. Noirot. *Langres*, 1609, *in*-8. *m. bl.* Rare.
Le titre est doublé et gâté.

64. Traité contre les masques, par J. Savaron. *Paris*, 1611, *in*-8. *v. m.*

65. Le même. *Paris*, 1611. = Homelia B. Augus-

La Couriere

merlin

La Couriere 59, 60 et 61. gre. az

gaudefroy

idem

techener tres vilain

Racine

idem 65. gre. p.t

La Courier

baillot.

p.
p.
Cordier

p.

p.
Dobrée

71. gui.

idem

72. gui. gre. i+

Calry

75. gre. b+

Giroud

le titre encadré potier

tini de kalendis januarii, et venerandæ Sorbonæ decretalis épistola contra festum fatuorum. *Parisiis*, 1611, *in*-8. *v. b.*

66. Les Provinciales, par Pascal, avec les notes de Wendrock, (Nicole.) *Amst.* 1753, 4 *vol. in*-12. *v. m.*

67. Lettres Provinciales, et Pensées, par B. Pascal. *Paris*, 1821, 2 *vol. in*-8. *bas.*

68. Œuvres diverses de Nicole. *Paris*, 1730, 21 *vol. in*-18. *et* 2 *vol. in*-12. *v. b. et v. m.*

Théologie catéchétique; Sermonaires, etc.

69. Compendiosæ institutiones theologicæ ad usum seminarii pictaviensis. *Pictavii*, 1778, 6 *vol. in*-12. *bas.* = Tractatus de ecclesia Christi, auct. Bailly. *Divione*, 1780, 2 *vol. in*-12. *bas.*

70. Conférences ecclésiastiques du diocèse de Lodève, (par J. G. de Souillac.) *Paris*, 1749, 4 *vol. in*-12. *bas.*

71. Quadragesimale opus, per Oliverium Maillardum. *Parisiis, J. Parvus*, 1498, *in*-8. *goth. v. éc.* = Antonini confessionale. *Parisiis, Jehan Petit*, 1502, *in*-8. *goth. v. m.*

72. Sermones fratris G. Barelete. *Rothomagi*, 1515, *in*-8. *goth. v. éc.*

73. Sermones estivales de tempore vener. Santii Porta ordinis predicat. *Lugduni*, 1517, *in*-4. *goth. v. m.*

74. Sermones discipuli de tempore et sanctis. *Lugduni*, 1529, *in*-4. *goth. v. f.*

75. Sermones quadragesimales Mich. Menoti. *Parisiis*, 1530, *in*-8. *goth. m. r.*

76. Sermones dominicales J. Raulin. *Paris.* 1542, *in*-8. *goth. v. m.*

77. Sermons de Guerricus, abbé d'Igny, traduits du latin. *Paris*, 1546, *in*-8. *vél.*

78. Sermons de l'évesque de Valence, (Jean de

Montluc,) et Instructions. *Paris*, *Vascosan*, 1558 et 1559, *in*-8. *v. f.*

79. Sermons de Bourdaloue. *Lyon*, 1750, 15 *vol. in*-12. *bas.* = Pensées du même. *Paris*, 1752, 3 *vol. in*-12. *bas.*

80. Sermons de Massillon. *Paris*, 1782, 13 *vol. in*-12. *v. m.*

81. Panégyriques et Oraisons funèbres du P. de la Rue. *Paris*, 1740, 3 *vol. in*-12. *v. m.* = Sermons de Le Boux. *Rouen*, 1766, 2 *vol. in*-12. *bas.*

82. Sermons de dom Regnier. *Lyon*, 1761, 3 *vol. in*-12. *bas.* = Du P. Perrin. *Liége*, 1768, 3 *vol. in*-12. *bas.*

83. Sermons de Torné. *Paris*, 1765, 3 *vol. in*-12. *bas.* = Sermons nouveaux, (par le P. d'Alegre.) *Avignon*, 1776, 3 *vol. in*-12. *bas.*

84. Sermons et Panégyriques de l'abbé Clément. *Paris*, 1770, 7 *vol. in*-12. *v. m.*

85. Sermons du P. Griffet. *Liége*, 1773, 3 *vol. in*-12. *bas.* = Du P. de Neuville. *Rouen*, 1778, 2 *vol. in*-12. *bas.*

86. Sermons du P. de Neuville. *Paris*, 1776, 8 *vol. in*-12. *v. m.*

87. Sermons de l'abbé Poulle. *Paris*, 1781, 2 *vol. in*-12. *bas.* = De de la Tour-du-Pin. *Paris*, 1769, 4 *vol. in*-12. *bas.*

88. Sermons du P. Elisée. *Paris*, 1785, 4 *vol. in*-12. *bas.* = De Cambacérès. *Paris*, 1781, 3 *vol. in*-12. *bas.*

89. Sermons du P. Geoffroy. *Lyon*, 1788, 4 *vol. in*-12. *bas.* = Sermons du P. Barutel. *Toulouse*, 1788, 3 *vol. in*-12. *bas.*

90. Prônes de Cochin. *Paris*, 1787, 4 *vol. in*-12. *bas.* = Panégyriques des saints, par Ballet. *Paris*, 1766, 2 *vol. in*-12. *bas.*

91. Sermons et Panégyriques de J. Abbadie. *Amst.* 1760, 3 *vol. in*-12. *bas.* = Esprit de Saurin, ou

Tchaubeck

p.

p.

p.

p.

p.

p.

Tchaubeck

Chimot.

Tchaubeck

idem

Mc Bain

la même

92. gre. pxt

gaudefroy

p.

techener

idem

revedu imparfait d'un filet. ~~certaine~~

p.

Decourtine.

pautier

guerard.

gaudefroy.

extraits de ses sermons. *Paris*, 1776, 2 *vol. in*-12. *bas.*

Théologie mystique, etc.

92. Le trésor de sapience. *In*-4. *goth. m. n. dent. à froid.*

Joli Manuscrit sur Vélin, du XVe siècle, orné de 11 miniatures.

93. Les allumettes du feu divin, pour faire ardre les cueurs humains en l'amour de Dieu, par P. Doré. *Paris*, 1538, *in*-8. *goth. v. b.*

94. A. Sucquet via vitæ æternæ, iconibus illustrata per Boetium à Bolswert. *Antuerp.* 1620, *in*-8. *fig. v. f.*

95. Le pélerinage de deux sœurs Colombelle et Volontairette vers leur bien-aymé en la cité de Jérusalem, par Boetius à Bolswert, et trad. en franç. *Bruxelles*, 1684, *in*-12. *fig. v. éc.*

96. Les triomphes de l'amour de Dieu, en la conversion d'Hermogène, par F. Philippe d'Angoumois. *Paris*, 1631, *in*-4. *fig. de Crispin de Pas. v. f.*

Théologie hétérodoxe, etc.

97. Traité des religions, contre ceux qui les estiment toutes indifférentes, par Amyraut. *Saumur*, 1631, *in*-8. *v. m.*

98. Le livre des Marchands, fort utile à toutes gens, pour cognoistre de quelles marchandises on se doibt garder d'estre trompé. *Lyon, petit in*-8. *m. bl. tab.*

99. Le même ouvrage. *Geneve, par Gab. Cartier*, 1582, *in*-18. *v. m.*

100. Advertissement très utile du grand profit qui reviendroit à la chrestienté, s'il se faisoit inventaire de tous les corps saints et reliques, qui sont tant en Italie qu'en France, etc. par J. Calvin. *De l'imprimerie de François Jaquy, sans date, in*-32. *m. r.*

101. Renversement de la morale chrétienne, par les désordres du monachisme, en hollandois et en françois. *Hollande*, 2 *part. en* 1 *vol. in*-4. *fig. m. r.*

102. Etat de l'Homme dans le péché originel, (imité de Beverland.) 1714, *in*-8. *v. f.*

103. Le même ouvrage. *Imprimé dans le monde*, 1740, *pet. in*-12. *v. f.*

On a ajouté à cet exemplaire un dessin colorié.

104. Système de la nature, par Mirabaud, (le b. d'Holbach.) *Londres*, 1770, 2 *vol. in*-8. *bas.*

105. Le même ouvrage. *Londres*, 1774, 2 *vol. in*-8. *v. m.*

106. Essai sur les préjugés, (par d'Holbach.) *Paris*, 1793, 2 *tom. en* 1 *vol. in*-8. *cart.*

107. L'Alcoran de Mahomet, trad. de l'arabe par Du Ryer. *Amst.* 1770, 2 *vol. in*-12. *fig. v. m.*

108. La religion des Mahométans, tirée du latin de Reland. *La Haye*, 1721, *in*-12. *fig. v. b.*

JURISPRUDENCE.

109. Les reigles et constitutions de la réforme de Fontevrault. *In*-24. *m. noir.*

Manuscrit de 702 pages sur papier.

110. Factum pour les religieuses de Sainte-Catherine-lès-Provins, contre les PP. Cordeliers, (par A. Varet.) *Doregnal*, 1668, *in*-12. *v. b.* = Toillette de l'archevêque de Sens, ou réponse au Factum des filles Sainte-Catherine-lès-Provins, contre les PP. Cordeliers, (par J. Burluguay.) 1669, *in*-12. *v. j.*

111. Discours sur l'Impuissance de l'homme et de la femme, auquel est déclaré que c'est qu'impuissance, comment elle se connoit, etc. par V. Tagereau. *Paris*, 1612, *in*-8. *v. f.*

Doyen

Racine

Ronand.

girond.

idem

Lacorniere

idem 107. cous.

Racine

110. C.

julien

girond.

le titre doublé. Baillot.

Doyen

Racine

Idem

Simonet.

90 vol. La Courrière

118. Wei. Julien

P

Cordier

P.

La Courrière

Racine

112. Capitulaire auquel est traité qu'un homme né sans testicules apparens, et qui a néanmoins toutes les autres marques de virilité, est capable des œuvres du mariage, par S. Roulliard. *Paris*, 1600, *in-8. m. r. dent.*

113. Traité de la dissolution du mariage pour cause d'impuissance, (par le Pr. Bouhier.) *Luxembourg*, 1735, *in-8. v. m.*

114. De l'Esprit des loix, par Montesquieu. *Amst.* 1784, 4 *vol. in-12. bas.*

115. Essai sur l'histoire générale des tribunaux des peuples anciens et modernes, par Des Essarts. *Paris*, 1778, 8 *vol. in-8. v. m.*

116. Causes célèbres et intéressantes, avec les jugemens qui les ont décidées; recueillies par Gayot de Pitaval. *Paris*, 1734, 20 *vol. in-12. v. b.*

117. Causes célèbres et intéressantes de toutes les cours souveraines du royaume, avec les jugemens qui les ont décidées. *Paris*, 1773, *et ann. suiv.* 158 *tom. rel. en* ~~89~~ *vol. in-12. v. m.*

118. Plaidoyer de Freydier avocat à Nismes, contre l'introduction des cadenats, ou ceintures de chasteté. *Montpellier*, 1750, *in-8. fig. m. r.*

119. Procès contre Georges, Pichegru et autres. *Paris*, 1804, 8 *vol. in-8. fig. dem. rel.*

120. Traité de la police, par N. de la Marre. *Paris*, 1705, 4 *vol. in-fol. fig. v. m.*

121. Traité sur la police de Londres, par Colquhoun, trad. de l'angl. *Paris*, 1807, 2 *vol. in-8. dem. rel.*

122. Charte turque, ou organisation religieuse, civile et militaire de l'empire ottoman, par Grassi. *Paris*, 1825, 2 *vol. in-8. br.*

SCIENCES ET ARTS.

PHILOSOPHIE.

Philosophes anciens et modernes.

123. Histoire critique de la Philosophie, par Deslandes. *Amst.* 1756, 4 *vol. in*-12. *v. m.*

124. Ocellus Lucanus en grec et en françois, trad. par Batteux, et histoire des causes premières, par le même. *Paris,* 1768, 2 *vol. in*-8. *v. éc.*

125. Œuvres de Sénéque le philosophe, trad. par Lagrange. *Paris, an III,* (1795,) 7 *vol. in*-8. *v. r.*

126. Analyse des traités des bienfaits et de la clémence, de Sénèque, en latin et en françois. *Paris, Barbou,* 1776, *in*-12. *v. m.* = Les Veillées philosophiques, par Villeterque. *Paris, an* III, (1795,) 2 *vol. in*-8. *br.*

127. Œuvres philosophiques de la Mettrie. *Berlin,* 1774, 2 *vol. in*-8. *bas.* = Œuvres complettes de Freret. *Londres,* 1775, 2 *vol. in*-8. *bas.*

128. Analyse de la philosophie du chancelier Bacon, (par Deleyre,) avec sa vie. *Leyde,* 1778, 2 *vol. in*-12. *v. porph.*

129. Œuvres philosophiques de Hume, trad. de l'angl. *Londres,* 1788, 5 *vol. in*-12. *v. éc.* = Pensées philosophiques du même. *Paris,* 1767, *in*-12. *v. m.* = Le génie du même. *Paris,* 1770, *in*-12. *v. éc.*

130. Mélanges philosophiques de sir J. Mackintosh, trad. de l'angl. *Paris,* 1829, *in*-8. *br.* = Principes généraux de droit politique, par Pagès. *Paris,* 1817, *in*-8. *br.*

Malafait.

Certaines

124. cous.

Simonet.

p.

girond.

127. cous. leier.

p.

p.

p.

131. Cour.

Racine

maze

techener

p.

136. d.

Chinot.

Racines

p.

140. Mel.

maze

MORALE.

Philosophes anciens et modernes qui ont écrit sur la morale.

131. La Morale d'Épicure, par Batteux. *Paris*, 1758, *in*-12. *v. m.*

132. Les Caractères de Théophraste, trad. du grec, avec les Caractères ou les Mœurs de ce siècle, par de La Bruyere. *Paris*, 1692, *in*-12. *v. f. dent.*
On a écrit en marge les noms des personnages.

133. Les Caractères de Théophraste, trad. du grec, (par M. Belin de Ballu.) *Paris*, 1790, 2 *vol. in*-8. *bas.*

134. La Touche naïfve pour esprouver l'amy et le flateur, inventée par Plutarque, et mise en françois par A. Dusaix. *Paris*, 1545, *in*-18. *m. vert. dent.*

135. La Morale universelle, par d'Holbach. *Tours*, 1792, 3 *vol. in*-8. *v. f.*

136. La Description de l'isle de portraiture, et de la ville des portraits, (par C. Sorel.) *Paris*, 1659, *in*-12. *vél.*

137. Mœurs et caractères du XIXe siècle, par Gallais. *Paris*, 1817, 2 *vol. in*-8. *bas.* = Réflexions sur le suicide, par la baronne de Staël. *Paris*, 1814, *in*-8. *dem. rel.*

138. Caractères et réflexions morales, par le vicomte L. C. (Latour Dupin Gouvernet.) *Paris*, 1820, *in*-8. *br.* = De la Solitude, par Zimmermann, trad de l'allem. *Paris*, 1825, *in*-8. *br.*

139. Le Spectateur, trad. de l'angl. d'Addisson. *Amst.* 1732, 7 *vol. in*-12. *v. m.*

140. Le même ouvrage. *Paris*, 1754, 9 *vol. in*-12. *v. m.*

141. Variétés morales et amusantes, trad. de l'angl. (par Blanchet.) *Paris*, 1784, 2 *vol. in*-12.

bas. = Tablettes d'un curieux, ou Variétés historiques littéraires et morales, (par Sautreau de Marsy.) *Paris*, 1789, 2 *vol. in*-12. *bas.*

142. L'Hermite de la Chaussée d'Antin, et Guillaume-le-Franc-Parleur, par M. E. Jouy. *Paris*, 1814, 7 *vol. in*-12. *v. f. dent.*

143. De la sagesse, par Charron. *Paris*, 1607, *in*-8. *v. f.*

144. De la passion du jeu, par Dusaulx. *Paris*, 1779, *in*-8. *bas.*

145. La fable des abeilles, ou les fripons devenus honnêtes gens, trad. de l'angl. (de Mandeville.) *Londres*, 1740, 4 *vol. in*-12. *v. f.*

146. Hermippus redivivus, ou le triomphe du sage sur la vieillesse et le tombeau, (par Cohausen, etc.) *Paris*, 1789, 2 *vol. in*-8. *bas. dent.*

ÉCONOMIE.

Traités économiques ou de l'Éducation, etc.

147. Rapport sur l'instruction publique, par M. de Talleyrand-Périgord. *Paris*, 1791, *in*-4. *br.*

148. Dictionnaire historique d'éducation, par Fillassier. *Paris*, 1784, 2 *vol. in*-8. *bas.* = Dictionnaire poétique d'éducation, par Delacroix. *Paris*, 1775, 2 *vol. in*-8. *bas.*

149. Du perfectionnement moral, ou de l'éducation de soi-même, par de Gerando. *Paris*, 1824, 2 *vol. in*-8. *dem. rel.*

150. Le Mentor moderne, ou instructions pour les garçons, par Mme Le Prince de Beaumont. *Paris*, 1772, 12 *vol. in*-12. *v. m.*

151. Extrait du journal de mes voyages, ou Histoire d'un jeune homme, par Pahin de la Blancherie. *Paris*, 1775, 2 *vol. in*-12. *v. m. Gr. Pap. de Holl.*

152. Traité de l'éducation des femmes, et cours

Mazeo.

p.

p.

Merlino

Mazeo | 147. Aug.

gardefroy.

p. | 149. Bro. et cous.

151. Wei.

p.

La Conniere

Decoration

guillemot.

Baillot.

idem

Lacouriere

p.

Latouriere

th. Barrais fils.

Decoration

p.

techener

p

p.

p.

complet d'instruction, (par Mme de Miremont.) *Paris*, 1779, 4 *vol. in*-8. *cart.*

153. Les Veillées du château, par Mme de Genlis. *Maestricht*, 1784, 4 *vol. in*-12. *bas.* 3 . 40.

154. Le Portefeuille des enfans; mélange d'animaux, fruits, habillemens, etc. *Paris*, 1786, 2 *vol. in*-4. *fig. dem. rel.* 6 . 5.

155. Bibliothéque des enfans, par Berquin. *Genève*, 1796, 28 *vol. in*-18. *fig. bas.* 10 . 95.

156. Le Courrier des enfans, par L. F. Jauffret. *Paris*, 1796, 16 *vol. in*-18. *v. éc.* = Le Courrier des adolescens, par le même. *Paris*, 1797, 5 *vol. in*-18. *v. éc.* 6.

157. Jeu zoologique et géographique, par Jauffret. *Paris*, an VII, (1799,) *in*-4. *v. rac. fig. color.* 2 . 60.

158. Cahier de dessin représentant les jeux de l'enfance et de la jeunesse, avec des explications. *Paris*, 1807, *in*-4. *obl. cart. fig. color.* = Les Jeux de la poupée. *Paris*, 1806, *in*-4. *obl. fig. cart.* 5

159. Le premier livre élémentaire, ouvrage propre à occuper agréablement les enfans. *Leipzig*, 1803, *in*-8. *dem. rel. avec* 50 *planches coloriées.* 3 . 30.

160. Le même, en allemand. *Dem. rel. fig. color.* 3 .

161. La Morale du premier âge, ou historiettes instructives et amusantes à l'usage des enfans, par Lohr, trad. de l'allem. *Leipsic*, 1809, *in*-8. *cart.* 30 *planches color.* 3 . 30.

162. De l'Éducation physique de l'homme, par Friedlander. *Paris*, 1815, *in*-8. *br.* = L'homme considéré dans ses rapports avec l'atmosphère, par Leprieur. *Paris*, 1825, 2 *vol. in*-8. *br.* 2 . 80.

163. Trattato de' costumi, di G. Della Casa; le Galathée, ital. et franç. *In Lione*, 1573, *in*-8. *m. citr.* 9 . 50

164. Dictionnaire des gens du monde, (par Sticotti.) *Paris*, 1770, 5 *vol. in*-8. *bas.* 2 . 35.

161 Double dem-rel ~~en allemand~~ fig. color . . — 2 . 65.

trois ouvrages élémentaires en allemand, dont 2 avec des figures coloriées. in 4°. cart — — — 6 . 50.

POLITIQUE.

Traités particuliers du Royaume ou de la République et de leur administration, etc.

165. Considérations politiques sur les coups d'Estat, par G. Naudé. *Sur la copie de Rome,* (*Hollande,*) *à la sphère,* 1679, *pet. in*-12. *v. f.*

166. L'Utopie de Th. Morus, trad. en franç. par Gueudeville. *Leide,* 1715, *in*-12. *fig. v. éc.*

167. Traité politique, par W. Allen, trad. en franç. où il est prouvé par l'exemple de Moyse et par d'autres, que tuer un tyran, titulo vel exercitio, n'est pas un meurtre. *Lugduni,* 1658, *in*-18. *m. r.* Édition renouvelée.

168. Recherches sur la nature et les causes de la richesse des nations, trad. de l'angl. de Smith, par Blavet. *Paris,* 1800, 4 *vol. in*-8. *v. rac. Pap. Vél.*

169. Traité philosophique et politique sur le luxe, par Pluquet. *Paris,* 1786, 2 *vol. in*-12. *v. m.* = Considérations politiques sur les coups d'État, par G. Naudé. 1712, *in*-12. *v. b.*

170. Le Pornographe, ou idées d'un honnête homme sur un réglement pour les prostituées, (par Retif de La Bretonne.) *Londres,* 1769, 2 *vol. in*-8. *v. m.* = La Police de Paris dévoilée, par P. Manuel. *Paris, l'an* II, (1794,) 2 *tom. en* 1 *vol. in*-8. *bas.*

171. Mémoires sur les hôpitaux civils de Paris, par Clavareau. *Paris,* 1805, *in*-8. *br.*

172. État des prisons, des hôpitaux et des maisons de force, par J. Howard, trad. de l'angl. *Paris,* 1791, 2 *vol. in*-8. *fig. bas.*

173. Des Prisons, de leur régime et des moyens de l'améliorer, par Danjou. *Paris,* 1821, *in*-8. *br.* = Histoire gén. des prisons sous le règne de

Baillot.

Techener

166. Aug.

p.

p.

la Courière

chimot.

Me Boise

Certaine

~~julienne~~
Racine

revendu le premier avec deux trous et des piqûres.

p.

Simonet

p.

Techener

p.

183. Cours.

Buonaparte. *Paris*, 1814, *in*-8. *br.* = Histoire du donjon et du château de Vincennes, (par Beauchamp.) *Paris*, 1807, 3 *vol. in*-8. *br.*

Traités sur les divers états, sur le commerce, etc.

174. Institution d'un prince, par Duguet. *Londres*, 1750, 4 *vol. in*-12. *v. m.*

175. Aristippe, ou de la Cour, par Balzac. *Rouen*, 1657, *in*-12. *m. vert. dent.*
Le titre est manuscrit.

176. Le Breviaire des courtisans, par de Laserre. *Rouen*, 1642, *in*-8. *fig. v. b.* = Le Prince de Machiavel. *Amst.* 1686, *in*-12. *v. r.*

177. De l'Industrie française, par le comte Chaptal. *Paris*, 1819, 2 *vol. in*-8. *br.*

178. Collection de Mémoires et Correspondances officielles sur l'administration des colonies, par Malouet. *Paris*, *an* x, (1802,) 5 *vol. in*-8. *dem. rel.*

179. La Richesse de la Hollande, (par Mich et Luzac.) *Londres*, 1778, 5 *vol. in*-12. *v. m.*

180. Tableau du commerce de la Grèce, depuis 1787 jusqu'en 1797, par Félix Beaujour. *Paris*, 1800, 2 *vol. in*-8. *bas.*

181. Des monnoyes, augment et diminution du pris d'icelles, par F. Grimardet. *Paris*, 1586, *in*-8. *v. f.*

182. Traité des monnoies, par Abot de Bazinghen. *Paris*, 1764, 2 *tom. en* 1 *vol. in*-4. *v. m.* = Recueil des monnoies tant anciennes que modernes, par de Salzade. *Bruxelles*, 1767, *in*-4. *v. m.*

Métaphysique, etc.

183. Traité philosoph. de la foiblesse de l'esprit humain, par Huet. *Amst.* 1723, *in*-12. *v. f.* = Paradoxe sur l'incertitude, vanité et abus des sciences, trad. du lat. de H. C. Agrippa, (par L. Mayerne-Turquet.) 1603, *in*-12. *dem. rel.*

184. Traité historique et critique des principaux signes qui servent à manifester les pensées, par A. Costadau. *Lyon*, 1720, 8 *vol. in*-12. *fig. v. b.*

185. Traité de l'opinion, par Legendre. *Paris*, 1735, 6 *vol. in*-12. *v. m.*

186. De la vérité; ce que nous fûmes, ce que nous sommes, ce que nous devrions être, par Grétry. *Paris*, 1801, 3 *vol. in*-8. *v. éc.*

187. Des erreurs et des préjugés répandus dans les diverses classes de la société, par Salgues. *Paris*, 1818, 3 *vol. in*-8. *br.*

188. De l'homme considéré moralement, de ses mœurs, et de celles des animaux, par Delamétherie. *Paris*, 1802, 2 *vol. in*-8. *dem. rel.*

189. L'erreur combattue, où il est prouvé que le monde ne va pas de mal en pis, par Rampalle. *Paris*, 1641, *in*-8. *v. f.* = Réflexions sur le maintien et sur les moyens d'en corriger les défauts, par Merian, maître de danse. *Gotha*, 1760, *in*-12. *cart.*

190. Amusemens philosophiques sur le langage des bestes, (par le P. Bougeant.) *Paris*, 1739, *in*-12. *v. b.* = Réflexions sur l'âme des bestes. 1740, *in*-12. *v. b.*

Traités sur les opérations des esprits, de la cabale, de la magie, etc.

191. Recueil de Dissertations anciennes et nouvelles sur les apparitions, les visions, etc. par Lenglet Dufresnoy. *Paris*, 1751, 2 *vol. in*-12. *v. m.*

192. Dictionnaire infernal, par J. A. S. Collin de Plancy. *Paris*, 1818, 2 *vol. in*-8. *br.* = Réalité de la magie et des apparitions, ou Contrepoison du Dictionnaire infernal. *Paris*, 1819, *in*-8. *br.*

193. Histoires, disputes et discours des illusions et impostures des diables, des magiciens infames,

Rey et gravier

p.

Dentu

Racine

techener

meilhac

ajouté 2 vol in 8.

p.

191. schm. x + gre. j

fayolle

gaudefroy

Racine

techener

194. gre. x+ techener.

195. Sne. schm. mz+ piqué

196. schm. az+ trop piqué

197. schm. pz+ gre. h+

techener

p.

rajouté 2 vol. de nollet Cordier

p.

sorcières et empoisonneurs, etc. par J. Wier. 1579, *in-8. m. bl.*

194. La Démonomanie des sorciers, par J. Bodin. *Paris*, 1580, *in-4. m. v. dent.*

195. Quatre livres des spectres, ou apparitions et visions d'esprits, anges, démons, etc. par P. Le Loyer. *Paris*, 1586, *in-4. rel. en peau.*

196. Histoire véritable arrivée en la ville de Beauvais, touchant les conjurations et exorcismes faits à Denise de la Caille, possédée par le diable. *Paris*, 1623, *in-8. v. f.*

197. Histoire de Magdelaine Bavent, religieuse du monastère de Saint-Louis de Louviers, avec sa confession générale, où elle déclare les abominations, impiétez et sacriléges qu'elle a pratiqué et veu pratiquer, tant dans ledit monastère, qu'au sabat, et les personnes qu'elle y a remarquées. Ensemble l'arrest donné contre Mathurin Picard, Thomas Boullé et ladite Bavent, tous convaincus du crime de magie. *Paris*, 1652, *in-4. v. éc.*

198. L'histoire des imaginations extravagantes de M. Oufle, (par Bordelon.) *Paris*, 1754, 2 *vol. in-12. m. r.*

Physique.

199. Dictionnaire de physique, par Brisson. *Paris*, 1781, 2 *vol. in-4. v. m. et atlas dem. rel.*

200. Les entretiens physiques d'Ariste et d'Eudoxe, par le P. Regnault. *Paris*, 1745, 5 *vol. in-12. fig. v. m.*

201. Leçons de physique expérimentale, et l'art des expériences, par Nollet. *Paris*, 1775, *et Amst.* 1770, 9 *vol. in-12. fig. v. m.*

202. Cours de physique expérimentale et théor. par Sauri. *Paris*, 1777, 4 *vol. in-12. fig. bas.* = Elémens de logique, par le même. *Paris*, 1773, 4 *vol. in-12. bas.*

203. Opuscules de physique animale et végétale, par Spallanzani. *Paris,* 1787, 3 *vol. in-8. fig. v. m.* = Elémens d'Histoire naturelle, par Millin. *Paris, l'an* III, (1795,) *in-8. dem. rel.*

204. L'Art d'observer, par J. Senebier. *Genève,* 1775, 2 *tom. en* 1 *vol. in-8. v. f.*

205. Histoire de l'électricité, trad. de l'anglais de Priestley. *Paris,* 1771, 3 *vol. in-12. fig. bas.*

206. Nouvelles recherches sur les découvertes microscopiques, trad. de l'italien de Spallanzani. *Paris,* 1769, 2 *vol. in-8. fig. bas.*

Histoire naturelle générale, etc.

207. Œuvres complètes de Buffon. *Paris, Imp. roy.* 1774, 40 *vol. in-12. fig. v. m.* savoir : quadrupèdes, 12 *vol.* = Suppl. tom. 5 et 6. = Oiseaux, 18. = Poissons, 1 à 4. = Ovipares et Serpens, 4.

208. Spectacle de la nature, avec l'histoire du ciel, par Pluche. *Paris,* 1764, 11 *vol. in-12. fig. v. m.*

209. Nouveau spectacle de la nature, par Chevignard. *Paris,* 1798, 2 *vol. in-8. bas.*

210. Cours d'Histoire naturelle, ou tableau de la nature, (par de Beaurieu.) *Paris,* 1770, 7 *vol. in-12. fig. bas.*

211. Les Etudes de la nature, par Bernardin de Saint-Pierre. *Paris,* 1792, 5 *vol. in-12. v. f. dent.*

212. Harmonies de la nature, par J. H. Bernardin de Saint-Pierre, publiées par M. Aimé Martin. *Paris,* 1815, 3 *vol. in-8. br.*

213. Histoire naturelle appliquée à la chimie, aux arts, et aux besoins de la vie, par S. Morelot. *Paris,* 1809, 2 *vol. in-8. v. f.*

214. Dictionnaire d'Histoire naturelle, par Valmont Bomare. *Lyon,* 1791, 15 *vol. in-8. bas.*

215. Nouveau dictionnaire d'Histoire naturelle. *Paris, Déterville,* 1803, 24 *vol. in-8. fig. v. m.*

p.

p.

p. le tome 2e est d'un ouvrage de Needham dont le titre commence aussi par nouvelles recherches ajouté 2 vol.

~~Dubois~~ revendu parce qu'il n'y avait que 7 vol. de quadrupèdes et 5 de la theorie de la terre

certaine

Chobec

Dubois

p.

p.

poullain

p.

Maze

Dubois

p.

p

218. Mel. Meilhac.

Cretaine

p.

julien

223. Mel.

Mme hurard.

Simonet.

giraud.

martin

216. Dictionnaire des merveilles de la nature, (par Sigaud de la Fond.) *Paris*, 1802, 3 *vol. in-8. v. r.*

Histoire naturelle des Métaux, Minéraux, etc.

217. Traité de minéralogie, par Haüy. *Paris*, 1801, 4 *vol. in-8. et atlas in-4. obl. v. r.*

218. Traité élémentaire de minéralogie, par Brongniart. *Paris*, 1807, 2 *vol. in-8. fig. dem. rel.*

219. Minéralogie à l'usage des gens du monde, par Pujoulx. *Paris*, 1813, *in-8. fig. dem. rel.* = Minéralogie des volcans, par Faujas de Saint-Fond. *Paris*, 1784, *in-8. fig. v. m.*

220. Minéralogie homérique, par Millin. *Paris*, 1816, *in-8. br.* = Manuel du naturaliste, (par Duchesne et Macquer.) *Paris*, 1771, 2 *vol. in-12. v. éc.*

221. Dictionnaire minéralogique et hydrologique de la France, (par Buchoz.) *Paris*, 1772, 4 *vol. in-8. bas.*

222. Catalogue des huit collections qui composent le Musée minéralogique de S. de Drée. *Paris*, 1811, *in-4. fig. br.*

223. Mémoires pour servir à l'histoire des pétrifications dans les 4 parties du monde, (par Bourguet.) *La Haye*, 1742, *in-4. fig. v. m.*

224. Spicilegium quarumdam rerum naturalium subterranearum Lipsiæ collect. *Lipsiæ*, 1769, *in-fol. dem. rel.* 21 *pl. color.*

225. Le parfait Joaillier, trad. du lat. de Böece de Boot. *Lyon*, 1644, *in-8. parch. fig. en bois.* = Des pierres précieuses et des pierres fines, par L. Dutens. *Bâle*, 1778, *in-12. bas.*

226. Histoire des joyaux et des principales richesses de l'Orient et de l'Occident. *Paris*, 1665, *in-12. v. b.* = Traité des pierres de Théophraste, trad. du grec. *Paris*, 1754, *in-12. v. m.*

227. Traité des pierres précieuses, et de la manière

de les employer en parure, par Pouget. *Paris*, 1762, *in*-4. *fig. v. éc.*

228. Traité des pierres précieuses, des porphyres, granits, etc. par Brard. *Paris*, 1808, 2 *vol. in*-8. *fig. dem. rel.*

229. La Physique occulte, ou traité de la baguette divinatoire, (par de Vallemont.) *La Haye*, 1722, 2 *vol. in*-12. *fig. v. b.*

Agriculture et Jardinage.

230. Histoire de l'agriculture des Gaulois, par Rougier de la Bergerie. *Paris*, 1829, *in*-8. *br.* = Pomologie physiologique, ou traité du perfectionnement de la fructification, par Sageret. *Paris*, 1830, *in*-8. *br.*

231. Conpost et kalendrier des bergers. *In*-4. *goth. dem. rel.* Imparfait.

232. Œuvres de Bernard Palissy, publiées par Faujas de Saint-Fond. *Paris*, 1777, *in*-4. *bas.* = Le Cannaméliste françois, par Gilliers. *Nancy*, 1768, *in*-4. *fig. bas.*

233. Le théâtre d'agriculture, par Olivier de Serres. *Paris*, 1804, 2 *vol. in*-4. *br.*

234. La nouvelle Maison rustique, (par Liger.) *Paris*, 1790, 2 *vol. in*-4. *fig. bas.*

235. Maison rustique, pour servir à l'éducation de la jeunesse, par Mme de Genlis. *Paris*, 1810, 3 *vol. in*-8. *dem. rel.*

236. Dictionnaire domestique portatif, (par Roux, etc.) *Paris*, 1762, 3 *vol. in*-8. *bas.* = Dictionnaire botanique et pharmaceutique, (par N. Alexandre.) *Paris*, 1791, *in*-8. *bas.*

237. Essai sur les moyens d'améliorer l'agriculture en France, par de Morogues. *Paris*, 1822, 2 *vol. in*-8. *br.*

238. Discours œconomique, non moins utile que récréatif, monstrant comme de cinq cent livres

p.

Simonet.

~~julien~~ n° 231 le dernier f[euill]et y trouve avec le nom de l'imprimeur.

julien — imprimé a paris, par guiot Marchant, l'an 1496,

a la fin de ce volume se trouve relié le recueil des histoires

Mme huzard — troyennes, imprimé a lyon l'an 1490, par michel topie.

Martin — il est imparfait d'un ~~plusieurs feuillets, et en autres de~~ seul feuillet, qui est celui

Mme huzard. — de la souscription

Cette Edition est decrite par M. dibdin dans les aedes

p. — althorpianae, tom 2e page 246 et suiv. mais elle n'est point

exacte, nous avons collationné cet exemplaire sur celui de la

Rouanet. — bibliothèque du Roi.

277. Bro. it (?)

Racine — un f[euill]et dechiré, et du texte emporté.

Mᶜ huzard.

p.
gaudefroy

p.

La couriere

rendu pour un feuillet cassé Mᶜ Khac
La couriere
girard.

p.
La couriere

une fois employées, l'on peut tirer par an quatre mille cinq cent livres de proffict honneste, par Prudent le Choiselat. *Au fauxbourg S.-Germain-lez-Paris, par Fleury Bourriquant, in-12. cart.*

239. Instruction pour les jardins fruitiers et potagers, par de la Quintinye. *Paris*, 1739, 2 *vol. in-4. fig. v. m.*

240. Descriptions pittoresques de jardins dans le goût le plus moderne. *Leipzig*, 1802, *in-4. fig. bas.*

241. Essai historique et patriotique sur les arbres de la liberté, par Grégoire. *Paris, l'an* II, (1794,) *in-18. br.*

Botanique.

242. Dictionnaire élémentaire de botanique, par Bulliard. *Paris, an* VII, (1799,) *in-8. fig. v. éc.* = Principes de botanique, par Ventenat. *Paris, an* III, (1795,) *in-8. fig. cart.*

243. Anatomie des plantes, par Grew, trad. de l'angl. *Paris*, 1675, *in-12. fig. v. m.* = Histoire naturelle du cacao et du sucre, (par de Chelus.) *Paris*, 1719, *in-12. fig. v. b.*

244. Calendrier de Flore, ou études de fleurs d'après nature, (par Mlle Victorine de Chastenay.) *Paris*, 1802, 3 *vol. in-8. v. r.*

245. Abécédaire de Flore, ou langage des fleurs, par de la Chenaye. *Paris*, 1811, *in-8. cart. Gr. Pap. Vél. fig. color.*

246. Recueil de mousses et lichens fait dans la Toscane en 1801. *In-8. obl. m. r. dent.* = Recueil de plantes au nombre de 25, dans des feuilles de papier. *In-12. dans un portefeuille de m. vert.*

Le premier de ces recueils est composé de 25 feuillets sur chacun desquels est une plante avec son nom.

247. Histoire des plantes d'Europe, par Gilibert. *Lyon*, 1798, 2 *vol. in-8. bas.*

248. Plantes de la France, décrites et peintes d'après

nature, par Jaume Saint-Hilaire. *Paris*, 1800, *4 vol. gr. in-8. v. f. dent. fig. color.*

Histoire des Animaux, Oiseaux, etc.

249. Dictionnaire raisonné des animaux, ou le règne animal, par La Chenaye-des-Bois. *Paris*, 1759, *4 vol. in-4. v. m.*

250. Lettres sur les animaux, par Le Roy. *Paris*, 1781, *in-12. m. vert. dent.*

251. Essais philosophiques sur les mœurs de divers animaux étrangers, (par Foucher d'Obsonville.) *Paris*, 1783, *in-8. v. éc.* = Notice des insectes de la France réputés venimeux, par Amoreux. *Paris*, 1789, *in-8. fig. dem. rel.*

252. Histoire des oiseaux peints dans tous leurs aspects, par Martinet. *Paris*, 1790, *7 vol. in-8. v. r. et fragment du 8e. fig. color.*

253. Amusemens des dames dans les oiseaux de volière, par Buchoz. *Paris*, 1785, *in-12. bas.* = Aviceptologie françoise, ou Traité des ruses dont on se sert pour prendre les oiseaux, (par Bulliard.) *Paris, l'an* III, (1795,) *in-12. fig. bas.*

254. Histoire naturelle des perroquets, par F. Le Vaillant. *Paris*, 1804, *2 vol. in-4. dem. rel. dos de m. r. fig. color. Pap. Vél.*

255. Recueil de treize planches gravées par Martinet, représentant des papillons coloriés. *In-4. obl. dem. rel.*

256. Dissertation sur l'araignée, par Bon. *Paris*, 1710. = Mémoire pour servir à commencer l'histoire des araignées aquatiques, (par de Lignac.) *Paris*, 1748. = Dissertation sur l'utilité de la soie des araignées, par Bon. *Montpellier*, 1726, *in-8. dem. rel.*

257. L'Aurélien, ou histoire naturelle des chenilles, chrysalides et papillons anglais, avec

Simonet.

p.

250. cous.

le 2d taché. 251. det. 6f-25c.

abry

merlin

Mr huzard Diminué pour imperfection d'une planche 15 fr.

la meme

Walckenaer

256. vei. audo.

257. ins.

reverdu imparfait d'adire planches dans les 78.

meilhac.

Cretaine

meilhac

Idem

marcel

marcel.

p.

La Couriere

~~girard~~

p.

Racine

p.

les plantes dont ils se nourrissent, par M. Harris. *Londres*, 1794, *in-4. m. r. dent. fig. color.*

258. La Conchyliologie, par d'Argenville. *Paris*, 1757, *in-4. fig. v. m.* = Recueil des planches pour la nouvelle édition de la Conchyliogie, de 1 à 78. *In-4. dem. rel.*

259. Les Délices des yeux et de l'esprit, ou Collection des différentes espèces de coquillages que la mer renferme, par G. W. Knorr. *Nuremberg*, 1764, *les parties* 1 *à* 4 *rel. en* 2 *vol. in-4. v. m. fig. color.*

260. Recueil de 20 planches de coquilles, gravées par Reboul. *In-4. dem. rel.*

261. Le Cabinet du jeune naturaliste, trad. de l'angl. de T. Smith. *Paris*, 1810, 6 *vol. in-12. fig. br.*

Mélanges d'histoire naturelle.

262. Première centurie de planches représentant les animaux, les végétaux et les minéraux, par Buchoz. *Paris, in-fol. max. dem. rel.*
Cent planches doubles coloriées, et en noir.

263. J. Jonstoni Historia naturalis de quadrupedibus, de avibus, de insectis, etc. *Amstel.* 1657, 5 *part. en* 1 *vol. in-fol. fig. v. b.*

264. Abrégé d'Histoire naturelle des quadrupèdes vivipares et des oiseaux, par Holandre. *Aux Deux-Ponts*, 1790, 4 *vol. et atlas in-8. v. éc.*

Médecine.

265. Médecine domestique, trad. de l'angl. de Buchan, par J. D. Duplanil. *Paris*, 1789, 5 *vol. in-8. bas.*

266. Les Promenades printanières de A. L. T. M. C. (A. Le Tartier.) *Paris*, 1586, *in-18. v. b.*

267. Rapports du physique et du moral de

l'homme, par Cabanis. *Paris*, 1805, 2 *vol. in*-8. *dem. rel.*

268. Histoire naturelle de la femme, par J. L. Moreau, de la Sarthe. *Paris*, 1803, 3 *vol. in*-8. *fig. v. r.*

269. Traité du riz, contenant son essence, ses causes et merveilleux effets, etc. par L. Joubert. *Paris*, 1579, *in*-8. *m. r.*

270. Traité des causes physiques et morales du rire, (par Poinsinet de Sivry.) *Amst.* 1768, *in*-12. *cart.*

271. Le Miroir de la beauté, et santé corporelle, par L. Guyon. *Lyon* 1625, *in*-8. *v. b. t.* 1er. = Recherches sur l'origine des idées que nous avons de la beauté et de la vertu, trad. de l'angl. (de Hutcheson.) *Amst.* 1749, 2 *tom. en* 1 *vol. in*-8. *v. b.*

272. Nouveaux secrets exprimentez pour conserver la beauté des dames, tirés des Mémoires de Digby, chancelier de la reine d'Angleterre. *La Haye*, 1700, 2 *vol. pet. in*-8. *m. cit.*

273. Histoire des personnes qui ont vécu plusieurs siècles et qui ont rajeuni, avec le secret du rajeunissement, tiré d'Arnaud de Villeneuve, par de Longeville Harcouet. *Paris*, 1716, *in*-12. *v. b.*

274. Dictionnaire de la conservation de l'homme, ou d'hygiène et d'éducation physique et morale, par L. C. H. Macquart. *Paris*, *an* VII, (1799,) 2 *vol. in*-8. *v. éc.*

275. Dictionnaire des alimens, vins et liqueurs, (par Briand.) *Paris*, 1750, 3 *vol. in*-12. *v. m.*

276. Le bon usage du thé, du caffé, et du chocolat, pour la préservation des maladies, par de Blegny. *Lyon*, 1687, *in*-12. *fig. v. b.* = Traités très rares, concernant l'histoire naturelle et les arts, (publ. par Buchoz.) *Paris*, 1780, *in*-12. *v. porph.*

Meilhac

Gaudefroy.

Racine

~~Lec[illegible]er.~~
La Courière

~~Idem~~ — reste du imparfait de deux feuillets
Racine

Medin

~~Chalus~~.
Schanbeck

p.
Racine

Racine

Cordier

p.

gaudefroy

Racine

Mc Boilo

p.

techener

reverdus pour des piqures

Doyen Moore

techener

Racine

La couriere

p.

277. Journal des gourmands, ou l'épicurien français, par Grimod de la Reynière. *Paris*, 1806, *et ann. suiv.* 16 *vol. in*-12. *cart.*

278. De l'Irritation et de la folie, par Broussais. *Paris*, 1828, *in*-8. *br.*

279. De la maladie d'amour, ou mélancholie érotique, par J. Ferrand. *Paris*, 1623, *in*-8. *v. f.*

Anatomie, etc.

280. Nouvelles découvertes sur les parties de l'homme et de la femme qui servent à la génération, etc. *Varsovie*, 1701, *in*-8. *fig. v. m.*

281. La Génération de l'homme, ou tableau de l'amour conjugal, par N. Venette. *Hambourg*, 1745, 2 *vol. in*-12. *v. m.*

282. Nouvel essai sur la mégalantropogénésie, par Robert le jeune. *Paris*, 1803, 2 *vol. in*-8. *br.*

283. Lucina sine concubitu, trad. de l'angl. (de J. Hill, par Moet,) et concubitus sine Lucina, trad. de l'angl. (de R. Roe, par de Combes.) *Londres*, 1752, *in*-12. *dem. rel.*

284. Des Hermaphrodites, accouchemens des femmes, etc. par J. Duval. *Rouen*, 1612, *pet. in*-8. *dem. rel. fig. en bois.*

285. Th. Bartholinus et J. H. Meibomius, de usu flagrorum in re medica et veneria, etc. *Francof.* 1670, *in*-8. *vél.*

286. De l'usage du Fouet, par rapport à la médecine et à l'acte vénérien, trad. du latin de T. Bartholin. *In*-12. *m. r.*
Manuscrit sur papier.

287. Traité contre la saignée, suivi de quatre essais de médecine, par J. A. Gay. *Paris*, 1808, *in*-8. *m. r. dent. tabis.*

288. Considérations sur les hernies abdominales, par Jalade-Lafond. *Paris*, 1822, 2 *vol. in*-8. *fig. br.*

Chimie et alchimie.

289. Traité élémentaire de chimie, par Lavoisier. *Paris, an* IX, (1801,) 3 *vol. in-8. fig. v. r.*

290. Elémens d'histoire naturelle et de chimie, par Fourcroy. *Paris*, 1786, 4 *vol. in-8. v. m.* = Leçons de chimie, par le même. *Paris*, 1782, 2 *vol. in-8. v. m.*

291. Elémens de chimie, par J. A. Chaptal. *Paris*, 1796, 3 *vol. in-8. v. éc.*

292. Chimie appliquée aux arts, par Chaptal. *Paris*, 1807, 4 *vol. in-8. fig. dem. rel.*

293. Histoire de la philosophie hermétique, (par Lenglet-Dufresnoy.) *Paris*, 1742, 3 *vol. in-12. m. r.*

294. Le Paradis terrestre, auquel l'on trouvera la pierre philosophale, etc. par G. de Castaigne. *Paris*, 1615, *pet. in-8. v. f.*

Mathématiques; astrologie, etc.

295. Récréations mathématiques et physiques, par Ozanam. *Paris*, 1778, 4 *vol. in-8. fig. v. m.*

296. Traité de géométrie-pratique et de mécanique, par Sauveur, 2 *vol. in-fol. v. b. M[ss] sur papier, avec des figures dessinées et lavées.* = Elémens de géométrie à l'usage des enfans de France, 1727, *in-fol. v. m. manuscrit sur papier, fig.*

297. Essai sur le nivellement, (par Busson-Descars.) *Paris*, 1805, *in-8. fig. br.*

298. La fisionomia dell' huomo, di G. B. della Porta. *In Venetia*, 1652, *in-8. fig. en bois. vél.*

299. Essai sur la physiognomonie, par J. G. Lavater. *La Haye*, (1783,) 3 *vol. in-4. fig. dem. rel. dos de m. r. et le 4e br.*

300. L'art de connaître les hommes par la physionomie, par G. Lavater. *Paris*, 1806, 9 *vol. in-8. fig. cart.*

poullain

p.

p.

simonet.

techener

verdun

garnot.

p.

p. ajouté 3 vol.

Racine

Lafitte rendu imparfait de 7 planches

fontaine

goin

Racine

Racine

malafait.

La Courrier

p.

p.

Racine

Dem

308. Mel.

309. Mel.

Maze

Racine

301. Physiologie, ou l'art de connaître les hommes sur leur physionomie, extrait de Lavater, par Plané. *Meudon*, 1797, 2 *vol. in*-8. *v. rac.*

302. The juvenile Lavater, or a familiar explanation of the passions of Le Brun. by G. Brewer. *London*, *in*-12. *fig. cart.*

303. Le Lavater des dames, ou l'art de connaître les femmes sur leur physionomie. *Paris*, 1808, *in*-18. *v. f. dent.* 30 *fig. coloriées.*

304. Dissertation sur les variétés naturelles qui caractérisent la physionomie des hommes, par P. Camper, trad. du holl. par H. J. Jansen. *Paris*, 1791, *in*-4. *fig. v. rac. dent.* = Le même ouvrage, trad. par D. B. Quatremère-d'Isjonval. *Utrecht*, 1791, *in*-4. *fig. v. r. dent.*

305. L'art de juger de l'esprit et du caractère des hommes sur leur écriture, (par Hocquart.) *Paris*, 1812, *in*-16. *fig. v. f.*

306. L'art de se rendre heureux par les songes. *Francfort*, 1746, *in*-12. *v. éc. dent.*

307. Histoire du canal de Languedoc, rédigée par les descendans de P. P. Riquet de Bonrepos. *Paris*, 1805, *in*-8. *dem. rel.*

308. Essai sur la musique ancienne et moderne, par J. B. de la Borde. *Paris*, 1780, 4 *vol. in*-4. *fig. bas.*

309. Mémoires, ou essais sur la musique, par Grétry. *Paris*, 1812, 3 *vol. in*-8. *dem. rel.*

ARTS.

Traités des arts libéraux et mécaniques, etc.

310. L'érudition universelle, ou analyse de toutes les sciences, des beaux-arts, etc. par de Bielfeld. *Berlin*, 1768, 4 *vol. in*-12. *v. m.* = De l'éducation des enfans, par Locke, trad. de l'angl. *Lausanne*, 1759, 2 *vol. in*-12. *v. m.*

311. Dictionnaire des notions primitives, ou abrégé des élémens de toutes les connaissances humaines, (par Puget de Saint-Pierre.) *Paris*, 1773, 4 *vol. in*-12. *v. m.*

312. Dictionnaire des sciences et des arts, par Lunier. *Paris*, 1806, 3 *vol. in*-8. *v. porph. dent.*

313. Essai d'une histoire des révolutions arrivées dans les sciences et dans les beaux-arts, par Roujoux. *Paris*, 1811, 3 *vol. in*-8. *dem. rel.*

314. Alphabets de toutes les nations, gravés par Théod. de Bry. *Francfort*, 1596, *pet. in*-8. *v. f. dent. l. r.*

315. Alphabet de dissemblables sortes de lettres, en vers alexandrins, par J. de la Rue. *Paris*, *in*-8. *obl. dem. rel.*

316. Lettres tant romaine que de forme, en leur fleur et perfection, avec leur vraye proporcion reduites au pied du compas, par P. le Bé. *Paris*, 1601, *in*-8. *obl. fig. dem. rel. dos de m. r.*

317. Principes d'écriture, par Poncelet, en vingt-six feuilles. *In-fol. max. cart.*
Manuscrit sur papier.

318. Nouveau dictionnaire de chiffres à deux et trois lettres, au nombre de 2924, par Darnaud. *Paris*, *in*-4. *obl. fig. v. rouge. dent. à froid.*

319. Manuel typographique, par Fournier. *Paris*, 1764, 2 *vol. in*-8. *fig. v. éc.*

BEAUX-ARTS.

Arts du dessin et de la peinture, etc.

320. Dictionnaire des beaux-arts, par Millin. *Paris*, 1806, 3 vol. *in*-8. *v. r.*

321. Essai sur les beaux-arts, et particulièrement sur le salon de 1817, par Miel. *Paris*, 1817, *in*-8. *fig. bas.* = Recueil de différentes pièces sur les arts, par Winckelmann, trad. de l'allem. *Paris*, 1786, *in*-8. *bas.*

p.

maze

La Courière

Leber

auvray

Deflorcinne

La Courière

Deflorcine

p.

p.

garnot. 320. wei.

Crozet

Racine

Dabin

324. gre. xt duc. xt

Dabin

Techener

Racine

Dabin

idem

330. fie. it gre. xt mel. anty Chimot.

Dabin

Deflorcine

Dabin

Girand.

322. Cabinet des singularités d'architecture, peinture, sculpture, etc. par Florent le Comte. *Paris*, 1699, 3 *vol. in*-12. *v. f.*

323. Dictionnaire des arts de peinture, sculpture et gravure, par Watelet. *Paris*, 1792, 5 *vol. in*-8. *v. éc.*

324. Les beaux-arts en Angleterre, trad. de l'angl. de Dallaway, et publ. par Millin. *Paris*, 1807, 2 *vol. in*-8. *dem. rel.*

325. De l'Allégorie, ou traités sur cette matière, par Winckelmann. *Paris, l'an* VII, (1799) 2 *vol. in*-8. *v. éc.* = Lettres familières de Winckelmann. *Paris*, 1781, 2 *vol. in*-8. *bas.*

326. Analyse de la beauté, trad. de l'angl. de G. Hogarth, par Jansen. *Paris*, 1805, 2 *vol. in*-8. *fig. v. r.*

327. Des portraits, ou Traité pour saisir la physionomie, par J. B. de Rubeis, en ital. et franç. *Paris*, 1809, *in*-4. *fig. br.*

328. Les principes du dessin, par G. de Lairesse. *Amst.* 1746, *in-fol. fig. v. m.*

329. Traité élément. des règles du dessin, par Bosio. *Paris, an* IX, (1801,) *in*-12. *fig. dem. rel.*

330. Dictionnaire des arts du dessin, par Boutard. *Paris*, 1826, *in*.8. *dem. rel.* = Dictionnaire hist. des musiciens, par Choron et Fayolle. *Paris*, 1810, 2 *vol. in*-8. *dem. rel.*

331. Le Pausanias français; état des arts du dessin en France à l'ouverture du XIXe siècle: salon de 1806. *Paris*, 1806, 1 *tom. en* 2 *vol. gr. in*-8. *fig. dem. rel.*.

332. Nouveau livre de principes d'ornemens, d'après les dessins de Gillot, gravé par Huquier. *In*-4. *fig. dem. rel.*

333. Traité de la peinture et de la sculpture, par Richardson. *Amst.* 1728, 3 *tom. en* 2 *vol. in*-8. *v. f.* = Discours prononcés à l'académie de pein-

ture de Londres, par J. Reynolds, trad. de l'angl. *Paris,* 1787, 2 *vol. in*-8. *bas.*

334. Principes de caricatures, suivis d'un essai sur la peinture comique, par F. Grose, trad. de l'angl. *Paris,* 1802, *in*-8. *fig. cart.*

335. Histoire de la peinture en Italie, (par Beyle.) *Paris,* 1817, 2 *vol. in*-8. *br.*

336. Choix de tableaux modernes de la galerie de Mme la duchesse de Berry, par Landon. *Paris,* 1823, *in*-8. *fig. cart.*

337. La danse des morts, comme elle est dépeinte dans la ville de Basle, dessinée et gravée par Mat. Merian. *Basle,* 1756, *in*-4. *fig. cart.*

338. Hogarth illustrated by J. Ireland. *London,* 1793, 3 *vol. gr. in*-8. *fig. v. r.*

GRAVURE.

Traités de l'art de la gravure, etc.

339. De la manière de graver à l'eau forte et au burin, par A. Bosse. *Paris,* 1758, *in*-8. *fig. bas.*

340. Essai sur l'origine de la gravure en bois et en taille-douce, par Jansen. *Paris,* 1808, 2 *vol. in*-8. *fig. dem. rel.*

341. Idée générale d'une collection complète d'estampes, (par Heineken.) *Leipsick,* 1771, *in*-8. *fig. v. m.*

342. Dictionnaire des graveurs anciens et modernes, par F. Basan. *Paris,* 1789, 2 *vol. in*-8. *fig. bas.*

343. Notices générales des graveurs et des peintres, par Huber. *Dresde,* 1787, 2 *vol. in*-8. *bas.*

Les deux volumes sont intercalés de papier blanc.

344. Manuel des curieux et des amateurs de l'art, par Huber et Roste. *Zurich,* 1797, *les tom.* 1 à 5 *in*-8. *bas. intercalés de papier blanc.*

345. Dictionnaire des monogrammes, chiffres, etc.

Remoillenet.

potier

p.

julien

Deflorenne

338. nov.

La rivière

Deflorenne

idem

gaudfroy.

D. florenne

idem

guibert.

345. sne.

346. gre. it p.

gab. warie

348. Bri. Deflorenne

girond.

p.

p.

Durand.

gab. warie

354. Bri. techener

Deflorenne

p.

p.

sous lesquels les peintres, graveurs, etc. ont déguisé leurs noms; trad. de l'allem. de J. F. Christ, (par Sellius.) *Paris,* 1750, *in-8. fig. v. m.*

346. Essai sur les nielles, gravures des orfévres florentins du xve siècle, par Duchesne aîné. *Paris,* 1826, *in-8. fig. br.*

347. Manuel de l'amateur d'estampes, par Joubert. *Paris,* 1821, 3 *vol. in-8. br.*

348. Catalogue raisonné de l'Œuvre de Rembrandt, par A. Bartsch. *Vienne,* 1797, 2 *vol. in-8. fig. dem. rel.*

Recueil de gravures, etc.

349. Recueil de gravures d'après l'antique, par F. Perrier. *Rome,* 1638, *in-fol. fig. bas.*

350. Icones deorum. *Antuerp. Phil. Gallœus excudebat,* 1573, *in-4. fig. dem. rel.*

351. Apollon et les muses, calendrier pour l'année 1807. *Paris, in-4. v. r. dent. fig. en couleurs.*

352. Recueil contenant des estampes sur divers sujets, extraites de différens livres, dont plusieurs représentent des costumes. *in-fol. dem. rel.*

353. Capricci di varie figure di Jac. Callot. *Pet. in-8. obl. vél.*

354. Recueil d'estampes gravées par E. de la Belle, contenant les métamorphoses d'Ovide, les rois, les reines, etc. 2 *vol. pet. in-8. m. r.*

Exemplaire aux armes d'Élisabeth Charlotte, palatine du Rhin, duchesse d'Orléans.

355. Cartes des rois de France, et autres figures, par de la Belle. *In-*18. *v. j.* = Les jeux de cartes des rois de France, par le même. *Paris,* 1664, *in-*18. *parch.*

356. Œuvres choisies de Sébastien Le Clerc. *Paris,* 1784, *in-4. fig. dem. rel.*

357. Divers dessins de figures, par Séb. Le Clerc. *In-*8. *obl. v. b.*

358. Recueil de figures gravées par Bern. Picart. *In-8. v. b.*

359. Le Microcosme, contenant divers tableaux de la vie humaine représentez en figures. *Amst. in-4. m. dent.*

360. Singeries ou différentes actions de la vie humaine représentées par des singes; gravées d'après Huet. *Paris, in-4. obl. fig. v. m.*

12 planches.

361. Mascarades recueillies et gravées par R. Boissart. 1597, *in-4. v. f. 24 planches.*

362. Il Calotto resuscitato. *Amsterd.* 1716, *in-4. fig. v. b.*

Recueil de 48 figures grotesques, avec des explications en français et en hollandais.

363. Collection de différens sujets gravés, savoir: de petits emblêmes, de devises, de fables, d'énigmes, etc. avec des explications. *Paris, in-fol. obl. fig. v. m.*

364. Recueil d'estampes gravées par Martinet. *In-8. dem. rel.*

365. Livre de termes d'animaux et leurs antipathies, fort utile pour le dessin. *Paris, in-8. fig. parch.*

366. Cinq livres de différens morceaux, à l'usage de tous ceux qui s'appliquent aux beaux-arts, par Oppenort et de la Joue. *Paris, in-fol. fig. cart.*

367. Recueil de petits sujets et culs-de-lampe utiles aux artistes. *Paris, Chereau, in-4. fig. dem. rel.*

368. Livre de vases, 1760. = Figures françoises, nouvellement inventées par Octavien, gravées par Surugue. *Paris,* 1725. = Figures dessinées d'après nature, du bas peuple à Rome. *Paris,* 1756, *in-4. cart.*

369. Un volume renfermant six cent cinq fron-

p.

p.

gaudefroy
leber.

Deflorenne

p.

girond.

p.

p.

370

Racine

Durand j^e

idem

Deflorenne

Simonet.

Baillot.

Racine

idem

idem

tispices de livres, gravés et publiés en différens pays, tous collés sur du papier blanc. *In-fol. v. b.*

Ce recueil est curieux.

Figures pour des ouvrages imprimés.

370. Soixante-treize figures pour les contes de la reine de Navarre. *In-4. m. r.*

Le titre, qui est manuscrit, porte ce qui suit : toutes les épreuves sont tirées avant l'édition, et ce qu'on appelle *épreuves de graveurs.* 1787.

371. Collection de 108 figures, d'après Marillier, pour le cabinet des fées. *In-4. dem. rel.*

Belles épreuves.

372. Collection de 110 estampes, d'après Marillier, pour les OEuvres de le Sage et de l'abbé Prévost. *In-4. dem. rel.*

Belles épreuves.

373. Recueil de 58 estampes, d'après Marillier, pour les OEuvres de Tressan, de Caylus, et le supplément des Mille et une nuits. *In-4. bas.*

374. Figures pour l'histoire de l'état présent de l'empire ottoman, de Briot. *Paris,* 1670. = Divers exercices de cavalerie, par della Bella. *Pet. in-4. obl. v. b.*

Recueils de portraits.

375. Portraits d'hommes et de femmes illustres du recueil de Fulvius Ursinus, avec l'explication de J. Lefebvre, trad. (par Baudelot.) *Paris,* 1710, *in-4. fig. m. r.*

376. Recueil de portraits, connus sous le nom de chronologie collée. *In-4. obl. v. b.*

377. Monumenta clarorum doctrina præcipuè toto orbe terrarum virorum collecta, in æs incisa a S. Rybisch. *Francof. ad Mœn.* 1587, *in-fol. fig. v. b.*

378. Icones divers. hominum fama et rebus gestis illustrium. *Metis,* 1591, *in-4. fig. cart.*

379. Les vrais pourtraits des hommes illustres,

plus 44 emblèmes chrétiens, trad. du lat. de Théodore de Bèze. *Genève*, 1581, *in-4. v. b. fig. en bois.*

380. Collection de portraits gravés par Desrochers. *In-4. dem. rel.*

381. Portraits des hommes illustres gravés au trait, avec des explications. *In-4. v. f.*

Ce vol. contient 144 portraits de la galerie historique publiée par Landon.

382. Recueil de portraits. *In-4. rel. en vélin vert,* dont plusieurs portraits des rois et reines de France, extraits du Mézeray de Guillemot.

383. Recueil de portraits pour l'histoire de France de Velly. *Paris,* 1786, *in-4. dem. rel.*

Les tomes 1 et 2.

384. Portraits des personnages célèbres de la révolution, par F. Bonneville. *Paris,* 1796, 3 *vol. in-4. fig. dem. rel.*

385. Les vrais pourtraits de quelques unes des plus grandes dames de la chrestienté, déguisées en bergères, avec des explications en françois et en hollandois. *Amst.* 1640, *in-4. obl. vél. fig. de Crispin de Pas.*

386. Le miroir des plus belles courtisanes de ce temps. *Pet. in-4. obl. fig. v. m.*

387. Serie di 12 ritratti di persone facete, che servono divertire il pubblico fiorentino. *In-fol. cart. fig. coloriées.*

COSTUMES.

Recueil d'ouvrages sur les Costumes, etc.

388. Recueil de 19 vol. in-8. et brochures sur les habillemens, la coiffure, les modes, etc. *rel. et broch.* dont : Histoire des Modes françoises, (par Molé.) 1777, *in-12.* = L'art de la coiffure des femmes. 1783, *in-12.* etc.

389. Recueil de pièces contenant : Les modes, dia-

Remoinenet.

381.

girond.

Malafait.

p.

gaudefroy

385. deb. ait

idem

386. deb. nt

auvray

388. C.

techener

techener.

~~potier~~
racine
Racine

idem

394. C. Racine

~~395. C.~~ techener

396. C. gaudefroy

Dans ce volume il y a aussi
les deux traités de trotallien ou n° suivant idem

Racine

techener

logue, extrait d'un livre et commençant à la page 123. = Les nouvellistes du Luxembourg, nouvelle, 1728. = Répertoire des lectures faites au Musée des Dames. *Paris*, 1788, *in*-12. *bas.*

390. Notes, observations, etc. sur les costumes, les usages, etc. par M. de la Mesangère.

Manuscrit autographe. Le tout est renfermé dans un carton obl. *in*-8. d'environ un pied de long, et entièrement rempli.

391. La décoration d'humaine nature, et aornement des dames, par André Le Fournier. *Paris*, 1531, *pet. in*-8. *goth. v. f.*

392. Trois livres de l'embellissement et ornement du corps humain, trad. du lat. de J. Liebaut. *Paris*, 1582, *in*-12. *dem. rel. dos de m. r.*

393. L'art d'embellir, tiré du sens de ce sacré paradoxe: La sagesse de la personne embellit sa face, par de Flurance Rivault. *Paris*, 1608, *in*-12. *v. f.*

394. Manuel de la toilette et de la mode. *Dresde*, 1776, 11 *part. en* 3 *vol. in*-32. *bas.*

395. Manuel des toilettes. *Paris*, *pet. in*-12. *fig. mout. r.*

396. Esthétique de la toilette, ou du beau dans la toilette. *Leipzig*, *in*-8. *fig. cart.*

397. Traité de l'estat honneste des chrestiens en leur accoustrement. *Genève*, 1580, *in*-8. *v. f.*

398. Le même ouvrage. = Deux traités de Fl. Tertulian, l'un des parures, l'autre des habits et accoustremens des femmes chrestiennes. 1580. = Arrest de la Cour contenant réglement pour les armes, etc. des gentilshommes, et de leurs femmes, et pour la réformation des habits et tiltres selon la qualité des personnes. 1625, *in*-8. *v. f.*

399. Déclaration faite par le Roy sur les difficultés que l'on fait sur l'édit des habillemens de soye, publié le 14 d'aout 1549. *Paris*, 1549, *in*-12. *goth.* = Ordonnance du Roy pour le réglement et réformation de la dissolution et superfluité

qui est ès habillemens et ornemens d'iceux, et de la punition de ceux qui contreviendront à ladite ordonnance. *Paris,* 1583, *pet. in-8. dem. rel.*

400. Destruction de l'orgueil mondain, ambition des habitz et autres inventions nouvelles, extraites de la Sainte-Ecriture, par F. Grandin. *Paris,* 1558, *in-8. parch.*

401. Bref et utile discours sur l'immodestie et superfluité d'habits. *Lyon,* 1577, *in-4. dem. rel.*

402. Remontrance charitable aux dames et damoiselles de France, sur leurs ornemens dissolus, pour les induire à laisser l'habit du paganisme et prendre celuy de la femme pudique et chrestienne, (par F. Estienne.) *Paris,* 1581, *in-8. v. porph. dent.*

403. Miroir de la vanité des femmes mondaines, par L. de Bouvignes. *Namur,* 1675, *pet. in-12. dem. rel.*

404. Lettre d'un docteur de Sorbonne à une dame de qualité, touchant les dorures des habits des femmes, (par J. Gerbais.) *Paris,* 1696, *in-12. v. m.*

405. Traité contre l'amour des parures et le luxe des habits, (par Gaultier.) *Paris,* 1779, *in-12. v. m.*

406. Recherches sur les habillemens des femmes et des enfans, par Alphonse Le Roy. *Paris,* 1772, *in-12. v. éc.* = Dégradation de l'espèce humaine, par l'usage des corps à baleine, par Bonnaud. *Paris,* 1770, *in-12. v. éc.*

407. L'ami des femmes, ou lettres d'un médecin concernant l'influence de l'habillement des femmes sur leurs mœurs et leur santé, etc. par Marie de Saint-Ursin. *Paris,* 1805, *in-8. v. r.* = Etudes sur l'homme, par Meister. *Paris,* 1804, *in-8. v. r.*

408. Le chancre, ou couvre-sein féminin, ensemble le voile, ou couvre-chef feminin, (par J. Polman.) *Douay,* 1635, *in-8. parch.*

techener.

idem

gaudefroy

La courière

idem

idem

idem

techener

403. C.

408. sne.

avec un 2^d lettre discours particulier
Contre les filles et femmes mondaines, Baillot.
decouvrant leur sein, et portant des
moustaches, paris, 1640. julien

411. C.

412. C, deb. ai + Leber
le 1er traité a onze planches 11 } 40 auvray
le 2e — — vingtneuf. 29 }
remarquez l'importance de la planche 19 dans Racine
la premier traité. idem

Baillot.

416. Kop.

techener

p.

Leber

409. Discours particulier contre les femmes desbraillées de ce temps, par P. Juvernay. *Paris*, 1637, *pet. in*-8. *m. r.*

410. De l'abus des nuditez de gorge, (par J. Boileau.) *Paris*, 1677, *in*-12. *v. b.*
Le haut du titre est déchiré.

411. Traité contre le luxe des coeffures, avec une satyre contre l'indécence des quêteuses, (par de Vassets.) *Paris*, 1694, *in*-12. *bas.* = Extrait d'une lettre à M. Regis, sur la structure des cheveux, par Chirac. *Montpellier*, 1688, *in*-12. *v. b.*

412. Le jardin de la noblesse françoise, dans lequel on peut cueillir leur mannière de vettements. 1629. = Le théâtre de France, contenant la diversité des habits, selon les qualités et conditions des personnes. *Paris*, 1620, *in*-8. *fig. v. r.*

413. Dissertation sur la meilleure forme des souliers, par P. Camper. (*Amst.*) *in*-8. *fig. v. porph.*

414. Recherches et considérations méd. sur les vêtemens des hommes, particulièrement sur les culottes, par Clairian. *Paris*, 1803, *in*-8. *fig. dem. rel.*

415. Traité de l'origine et des progrès du vertugadin. 1733, *in*-12. *cart.*

Costumes des anciens.

416. Costumes des anciens peuples, par Dandré Bardon. *Paris*, 1772, 3 *vol. in*-4. *fig. dem. rel.*

417. Le costume, ou essai sur les habillements et les usages de plusieurs peuples de l'antiquité, par A. Lens. *Liége*, 1776, *in*-4. *fig. dem. rel.*

418. Tableau historique des costumes, des mœurs et des usages des principaux peuples de l'antiquité, et du moyen âge, par R. de Spallart, trad. de l'all. *Metz*, 1804, 7 *vol. in*-8. *v. r. fig. color.* = Planches du tableau historique des costu-

mes, etc. *Metz*, 1810, 7 *tom. en 2 vol. in-fol. obl. cart. fig. color.*

419. Recherches sur les costumes, les mœurs, etc. des anciens peuples, par J. Malliot, publiées par P. Martin. *Paris*, 1804, 3 *vol. in-4. fig. v. r.*

420. Recueil de 53 feuilles d'estampes, représentant 70 figures costumées à l'antique, par Salvator Rosa; suivi de 36 autres figures, ainsi que de celles des apôtres, etc. par Callot. *In-4. dem. rel.*

Costumes généraux des modernes.

421. Recueil de la diversité des habits qui sont de présent en usage tant es pays d'Europe, Asie, Afrique et isles sauvages; le tout fait après le naturel. *Paris*, 1562, *in-8. vél. fig. en bois.*

422. Recueil d'estampes, *in-fol. vél.* contenant : Habitus variarum orbis gentium, 34 planches. = Europæ diversarum gentium habitus antiqui. = Figures d'anatomie de divers animaux et d'oiseaux. = Figures antiques dessinées à Rome, par Perrier. = Livre nouveau de diverses nations, par W. Baur, et autres.

Plusieurs de ces figures sont gravées en bois, elles sont aussi de différents formats, et collées sur du papier in-fol.

423. De gli habiti antichi et moderni de diverse parti del mondo, fatti da C. Vecellio. *In Venetia*, 1590, *in-8. v. r. dent. fig. en bois.*

424. Habiti antichi, overo raccolta di figure delineate del Titiano e da C. Vecellio, conforme alle nationi del mondo. *In Venetia*, 1664, *in-8. v. b. fig. en bois.*

425. Diversarum nationum habitus editi a P. Bertellio. *Patavii*, 1594, *in-8. dem. rel. fig. en bois.*

426. Costumes civils actuels de tous les peuples connus, avec une notice historique, par Sylvain

De Florenne 419. C.

Simonet. le titre sale

~~Moore~~ imparfait de plus de 120 pages.
Racine
423. Bor. Sne. k
Moore

Techener

426. Kop.
Racine
Techener très mal relié

Audot.

428. Bor. imparfait de 16 feuillets Techener
Racine

Audot.

Ehrardt
Techener
Racine

Le noir
Le normant.

Defer

Le normant.

Defer

Maréchal. *Paris*, 1788, 4 *vol. in-4. v. r. fig. coloriées.*

427. Recueil des habillements de différentes nations, anciens et modernes, et en particulier des vieux ajustements anglois, d'après Holbein, Van-Dyck et Hollar, en anglois et en françois. *Londres*, 1757, 2 *vol. in-4. v. éc.*

Avec 240 planches coloriées.

428. Gynæceum, sive theatrum mulierum in quo præcipuarum omnium per Europam in primis nationum, gentium, populorum, etc. fæmineos habitus videre est, auct. J. Amano, et F. Modio. *Francof.* 1586, *in-4. v. b. fig. color.*

429. Costumes des femmes de divers pays, publ. par M. de la Mesangère. *Paris*, 1827, *in-4. br. Pap. Vél.* 100 *fig. color.*

Il manque 27 planches dans cette suite.

430. Le même ouvrage. *In-4. br. Pap. Vél.*

Il y manque les mêmes planches.

431. Recueil de costumes d'après A. Bosse et autres. = Documenti d'amore di F. Barberino. *In-4. fig. v. b. en tout* 52 *pièces.*

432. Diverses modes dessinées d'après nature, par B. Picart. *Paris, in-fol. dem. rel.*

Chaque feuille contient 4 estampes collées sur un papier blanc.

433. Recueil de 19 planches de costumes dessinés par Watteau, et gravées. *In-8. dem. rel.*

434. Designs of modern costume, etc. by H. Moses. (*London*,) *in-4. obl. br.* 29 *plates.*

Costumes des ordres religieux et militaires.

435. Briefve histoire de l'institution de toutes les religions, avec leurs habits, gravés par C. Fialetti. *Paris*, 1658, *in-4. fig. v. m.*

436. Histoire des ordres religieux de l'un et de l'autre sexe, par A. Schoonebeek. *Amst.* 1695, 2 *tom. en* 1 *vol. in-12. fig. v. b.*

437. Ordinum religiosorum in ecclesia militanti catalogus, a P. Bonanni. *Romæ*, 1714, 4 *vol. in-4. v. f.* 490 *planches coloriées.*

438. Recueil de costumes religieux, trad. du lat. de P. Bonanni, en allemand. *Nuremberg*, 1724, 3 *part. en* 1 *vol. in-4. vél. avec* 325 *gravures.*

439. Histoire des ordres religieux et militaires, du P. Helyot. *Paris*, 1792, 8 *vol. in-4. fig. cart.*

440. Histoire du clergé séculier et régulier, des ordres religieux de l'un et l'autre sexe, etc. *Amst.* 1716, 4 *vol. pet. in-8. fig. v. éc.*

441. Recueil de tous les costumes des ordres religieux et militaires, par Bar. *Paris*, 1778, 6 *vol. in-fol. v. éc. dem. rel. et cart. fig. color.*

442. Mascarades monastiques et religieuses de toutes les nations du globe, par G. C. Rabelli. *Paris*, 1793, *in-8. dem. rel. fig. color.*

443. Courte description des ordres des femmes et filles religieuses, par A Schoonebeek. *Amst. in-8. fig. dem. rel.*

444. Figures de différents habits de chanoines réguliers, en ce siècle, avec un discours, par Du Moulinet. *Paris*, 1666, *in-4. fig. v. b.*

445. Histoire des ordres de chevalerie, par Hermant. *Rouen*, 1698, *in-12. fig. v. b.*

446. Histoire des ordres militaires, ou des chevaliers des milices séculières et régulières, etc. *Amst.* 1721, 4 *vol. pet. in-8. fig. v. éc.*

Costumes des théâtres.

447. Recherches sur les costumes et sur les théâtres de toutes les nations, tant anciens que modernes, (par le Vacher de Charnois.) *Paris*, 1790, *in-4. v. r. fig. color.*

448. Costumes des théâtres, commencé en 1804. *Paris, Martinet, nos* 1 *à* 300, 3 *vol. in-8. dem. rel. fig. color.*

moore

girond

moore

Decourtiers.

440. Schm. e[+]

perquet — Vendu sans aucun rapport il y a deux volumes dont beaucoup de planches se repetent, mais rangées dans un ordre different. le livre n'est pas complet —

le meme

girond.

idem

p.

ajouté 4 vol in 12.

potier

p.

le normant.

p.

giroud.

idem

p.

Le normant.

lechener

giroud.

Le Roy

449. Recueil de costumes coloriés, dont : Costumes des théâtres. = Italiens. = Français du XVIIIe siècle. = Modes et caricatures de l'an XI, (1803,) etc. 9 *vol. in-8. dem. rel.*

450. Costumes et annales des grands théâtres de Paris. *Paris,* 1786, 6 *vol. in-8. dem. rel. dos de m. r. fig. color.*

451. Costumes des grands théâtres de Paris, accompagnés de notices. 2 *vol. in-8. fig. dem. rel.*

452. Histoire du théâtre italien depuis la décadence de la comédie latine jusqu'à 1660, par C. Riccoboni. *In-4. dem. rel.*

Ce volume, sans aucun discours, se compose des différents costumes du théâtre italien.

453. Nouveaux desseins d'habillements à l'usage des ballets, opéras, comédies, etc. par Gillot. *in-8. fig. v. m.*

COSTUMES DE DIFFÉRENS PAYS.

Costumes français.

454. Magasin des modes nouvelles, françaises et anglaises. 1787, *in-8. v. m. fig. color.* = Journal de la mode et du goût, par Le Brun. 1790 à 1792, 3 *vol. in-8. dem. rel. fig. color.* = Le Messager des dames. *Paris,* 1797, *in-8. fig. dem. rel.*

455. Costumes la plupart français, dessinés par Misbach en 1804, modes, croquis faits par lui sur place, l'année précédente, avec des explications manuscrites, par M. de la Mesangère. 32 planches coloriées, *in-4. dem. rel.* = Costumes du département de Jemmapes, dessinés sur les lieux par M. Pêcheux, en 1806, 11 planches coloriées. *In-4. dem. rel.*

456. Dictionnaire étymologique, descriptif et anecdotique du luxe français dans l'habillement des femmes, par M. de la Mesangère.

Manusc. autographe, renfermé dans deux portefeuilles in-8.

457. Galerie des modes et costumes français dessinés d'après nature, année 1778. *Paris*, 1779, *in-fol. m. r. fig. color.*

458. Vingt cahiers de dessins au crayon, de modes, meubles, etc. *In-12. cart.*

459. Neuf volumes, *in-8. dem. rel.* savoir : Cabinet des modes, 1785 *et* 1786, 3 *vol.* = Magasin des modes, 1786, 3 *vol.* = Tableau du goût et des modes de Paris. *Paris*, *l'an* VI, (1798) 2 *vol. Le tout avec figures coloriées.*

460. Journal des dames et des modes, par M. de la Mesangère. *Paris*, 1797-1829, 36 *vol. in-8. v. r. et dem. rel.* = Costumes parisiens de la fin du XVIIIe siècle, et du commencement du XIXe, ouvrage commencé le 1er juin 1797, et allant jusqu'à la fin de 1825. *Paris*, 28 *vol. in-8. m. vert.*

Ce recueil contient 2373 planches coloriées, qui sont les planches de l'ouvrage ci-dessus.

461. Modes françaises, ou histoire pittoresque du costume en France, depuis août 1818 jusqu'à juillet 1821. *Paris*, 1821, 3 *vol. in-8. cart. dent. fig. coloriées.*

462. Recueil de 33 costumes parisiens, d'après Horace Vernet. *In-fol. en feuilles. fig. color.*

463. Modes de Paris, costumes d'enfans. *In-4. dem. rel.* 24 *planches coloriées.*

464. Cris de Paris, par Poisson. *Paris, in-4. fig. v. m.*

465. Costumes des femmes du pays de Caux, publiés par M. de la Mesangère. *Paris*, 1827, *in-4. br. Pap. Vél.* 105 *pl. color.*

Il manque 12 planches dans cette suite.

466. Le même ouvrage. *In-4. br. Pap. Vél.*

Il y manque les mêmes planches.

467. Evidens designatio receptissimarum consuetudinum ornamenta quædam et insignia continens, magistratui et academiæ argentinensi à majoribus relicta. *Argent.* 1605, *in-12. fig. m. r.*

Ehrart.

Mancel

Ehrart.

idem

techener

Ehrart.
techener
p.
giroud.

idem

467. deb. mm^t

Mancel

Leber

Mr Boile

Caucette

Durand ainé

acheté 192 fr. lenormant.

Mr Boile

Racine

acheté 400 fr. Lenormant

Lechener

acheté 240 fr. Durand ainé

Leber

R..

Costumes italiens, allemands, etc.

468. Divers costumes gravés à Venise, par Ferd. Bertelli, en 1563. *In-4. dem. rel.*
55 planches.

469. Journal du luxe et des modes, en allemand. *Weimar, août* 1798 *à septembre* 1813, 8 *vol. in-8. dem. rel. et le reste en cahiers, fig. color.*
Il manque les années 1801 et 1806.

470. Journal des fabriques, des manufactures et des modes, en allemand. *Leipsick, janvier* 1799 *à juin* 1803, 54 *cahiers gr. in-8. br. fig. color.*

471. Habillemens des États de S. M. l'Empereur Roi. *Vienne, in-4. br.* 50 *planches coloriées, avec les explications en allemand.*

472. Costumes des États héréditaires de la maison d'Autriche, avec des explications, par Bertrand de Molleville, et trad. en anglois. *Londres,* 1804, *in-fol. m. bl. dent. Pap. Vél.* 50 *planches color.*

473. Statistique de la Bavière, par J. Hazzi, en allem. le tome 1er avec des costumes coloriés. *Nuremberg,* 1801, *in-8. fig. v. éc.*

474. Uniformes de l'armée prussienne sous le règne de Frédéric II. *Nuremberg,* 1759, *in-4. v. b. fig. color.* = Les mêmes sous le règne de Frédéric-Guillaume II. *Postdam,* 1789, *in-4. cart.* 136 *planches coloriées.*

475. The costume of Great Britain, designed, engraved, and written by W. Pyne. *London,* 1808, *in-fol. cuir de Russie, dent. Pap. Vél.*
60 plates coloured. Reliure anglaise.

476. The mirror of the graces; or the english lady's costume. *London,* 1811, *in-12. v. f. dent. Pap. Vél. fig. doubles, en noir et color.*

477. Costumes de l'empire de Russie, représentés en 73 planches coloriées, avec des descriptions

en anglais et en français. *Londres*, 1803, *in-fol. m. r. dent. Pap. Vél.*

478. Les strelits, ancienne et seule milice de Russie, jusqu'au temps de Pierre-le-Grand, dessinés et gravés par le Prince, et des costumes chinois gravés au trait. *In-fol. dem. rel.* = Recueil de divers portraits des principales dames de la Porte du Grand-Turc, par G. de la Chapelle. *Paris, in-fol. fig. dem. rel.*

479. Costumes de la Turquie représentés en 60 gravures, avec des explications en anglais et en franç. *Londres*, 1802, *in-fol. m. r. dent. fig. color.*

480. Costumes de la Chine, représentés en 60 gravures, avec des explications en anglais et en français, par G. H. Mason. *Londres*, 1800, *in-fol. m. r. dent. Pap. Vél. fig. coloriées.*

481. The costume of China illustrated with 48 coloured engravings, by W. Alexander. *London*, 1805, *in-fol. m. r. dent. Pap. Vél.*

482. Les punitions des Chinois, representées en 22 gravures, avec des explications en anglais et en français. *Londres*, 1801, *in-fol. cuir de Russie, dent. Pap. Vél. fig. coloriées. rel. angl.*

483. Les divers pourtraicts et figures faites sur les meurs des habitants du Nouveau Monde. 13 planches gravées. = Les cinq sens de nature, par Hacquard, 1624, *in-8. obl. fig. cart.*

Architecture, etc.

484. Règles des cinq ordres d'architecture, par de Vignole, gravés par Lepautre. *Paris, in-8. fig. dem. rel.*

485. Règles des cinq ordres d'architecture, par de Vignole, trad. de l'ital. *Paris*, 1764, *in-8. fig. v. m.*

486. Livre d'architecture de J. Androuet du Cerceau. *Paris*, 1611, *in-fol. fig. v. f.* = Les plus

Simonet.

fontaine — reversé imparfait d'une feuille, dans le 1er traité.

idem fontaine — reversé imparfait d'une planche que l'on avait coupée
acheté 240 fr.

Durand ainé. — acheté 216

Defer — acheté 192.

Chéradé — acheté 200.

Lenoir

p.

gabin

Deflorenne — reversé pour une planche qui était double
et une qui manquait

486. Mel.

Dabin

Racine

490. gre. x+

Racine

492. no. Lenormant.

p.

+ vol. girond.

p.

ajouté le vol. p.

excellents bastiments de France, par le même. *Paris*, 1576, 2 *tom. en* 1 *vol. in-fol. fig. v. f.*

487. Architecture moderne, ou l'art de bâtir, par C. A. Jombert. *Paris*, 1764, 2 *vol. in-4. fig. v. m.*

488. Le guide de ceux qui veulent bâtir, par Le Camus de Mézières. *Paris*, 1781, 2 *vol. in-8. dem. rel.*

489. Rapport sur les sépultures, par Cambry. *Paris, an* VII, (1799,) *in-4. fig. cart.* = Des sépultures nationales, et particulièrement de celles des rois de France, par le Grand d'Aussy, publié par de Roquefort. *Paris*, 1824, *in-8. br.*

490. Temples anciens et modernes, ou observations hist. et crit. sur les plus célèbres monumens d'architecture grecque et gothique, (par Mai.) *Paris*, 1774, *in-8. fig. v. éc.*

491. Antiquæ urbis splendor, hoc est præcipua ejusd. templa, amphiteatra, etc. studio J. Lauri. *Romæ*, 1612, *in-4. obl. fig. v. b.*

492. Vues des châteaux de France, par Silvestre et autres. 1650, 2 *vol. in-4. obl. fig. v. b.*

493. Recueil choisi des plus belles vues des palais, châteaux, et maisons royales de Paris et des environs, par Rigaud, au nombre de 106 pièces. *Paris, in-fol. obl. fig. v. m.*

Art militaire, etc.

494. Fl. Végèce, Frontin, Ælien, et Modeste, trad. en franç. *Paris*, 1536, *in-fol. goth. obl. fig. en bois.*

495. Les ruses de guerre de Polyen, et les stratagèmes de Frontin, trad. du grec. *Paris*, 1770, 3 *vol. pet. in-12. v. m.*

496. Les fortifications du chev. A. de Ville. *Lyon*, 1628, *in-fol. fig. v. b.*

497. Les travaux de Mars, ou la fortification nouvelle, par A. Manesson Mallet. *Paris*, 1671, 3 *vol. in-8. fig. v. b.*

498. L'art militaire françois, pour l'infanterie, (par P. Giffart.) *Paris*, 1696, *fig.* = Exercice de l'infanterie françoise. 1759, *in-8. fig. bas.*

499. Description curieuse des 60 drapeaux de la garde nationale de Paris. *Paris*, 1790, *in-8. dem. rel. fig. color.*

500. Tableaux historiques des campagnes d'Italie, depuis l'an IV, (1796,) jusqu'à la bataille de Marengo, etc. *Paris*, 1806, *gr. in-fol. v. r. dent. fig. Pap. Vél.*

501. Traité des armes, des machines de guerre, des feux d'artifice, etc. par de Gaya. *Paris*, 1678, *in-12. v. éc. fig. en bois.*

502. La Pyrotechnie, ou art du feu, par Vanoccio Biringuccio, trad. de l'ital. *Paris*, 1572, *in-4. cart.*

503. Traité des feux d'artifice pour le spectacle, par Frezier. *Paris*, 1747, *in-4. fig. m. r.*

Art gymnastique, etc.

504. L'Ecuyer des Dames, ou lettres sur l'équitation, par Pons-d'Hostun. *Paris*, 1806, *in-8. fig. dem. rel.*

505. Les Animaux savans, ou exercices des chevaux de Franconi. *Paris*, 1816, *in-8. obl. fig. cart.*

506. Lettres sur les arts imitateurs en général, et sur la danse en particulier, par Noverre. *Paris*, 1807, 2 *vol. in-8. dem. rel.*

507. La danse ancienne et moderne, ou traité historique de la danse, par Cahusac. *La Haye*, 1754, 3 *vol. in-12. v. m.*

508. De la Danse, par Moreau de Saint-Mery. *Parme, Bodoni*, 1801, *in-18. cart.*

509. Histoire des pêches, des découvertes et des établissemens des Hollandois dans les mers du nord, par B. de Reste, trad. du holl. *Paris*, 1791, 3 *vol. in-8. fig. v. r.*

Leber

girard.

Mancel

~~Simonet~~

guenou

Cazette

techener

Cazette

505. Bel. h^t.
506. ettel.

Racine

gaudefroy.

Cortaine

Racine

p.

p.

p.

mouillé p.

Mc huzard.

Racine

ajouté un cahier infolio. p.

517.C. Desflorenne

Merlin

marcel

Arts mécaniques et métiers, etc.

510. Dictionnaire de l'industrie, (par Duchesne.) *Paris, an* IX, (1801,) 6 *vol. in*-8. *v. porph.*

511. Dictionnaire raisonné des arts et métiers, mis en ordre par Jaubert. *Lyon*, 1801, 5 *vol. in*-8. *v. éc.*

512. Encyclopédie méthodique, Manufactures, arts et métiers, par Roland de la Platière. *Paris*, 1785, 3 *vol. in*-4. *bas. et planches, t.* 1 *et* 2. *dem. rel.*

513. Théâtre des instrumens mathématiques et méchaniques de J. Besson. *Genève*, 1594, *in-fol. fig. dem. rel.*

514. Description des machines et procédés spécifiés dans les brevets d'invention, etc. par C. P. Molard. *Paris*, 1811, *in*-4. *fig. br.*
Le tome 1er.

515. Livre artificieux et très proufitable pour pointres, tailleurs des images et d'antiques, orfeubres et plusieurs autres gens ingénieuses. *Anvers*, 1540, *in*-4. *v. f. fig. en bois.*

516. Arts du brodeur, du cordonnier, de la lingère, du perruquier et du tailleur. *Paris*, 1767 *et ann. suiv.* 5 *vol. in-fol. fig. dem. rel.*

517. Les singuliers et nouveaux pourtraits de Feder. de Vinciolo, vénitien, pour toutes sortes d'ouvrages de lingerie. *Paris*, 1587, 2 *vol. in*-4. *fig. vél. vert.* = Les excellents eschantillons, patrons et modèles, du même. *Paris*, 1623, *in*-4. *fig. dem. rel.* = Nouveaux pourtraicts de point coupé et dentelles en diverses formes. *Montbeliard*, 1598, *in*-4. *fig. dem. rel.*

518. L'art de tricoter, développé dans toute son étendue, par Netto et Lehmann. *Leipzig*, 1802, *in-fol. obl. avec* 25 *planches enluminées.*

519. L'art du tailleur, ou application de la géomé-

trie à la coupe de l'habillement, par M. Compaing. *Paris*, 1828, *gr. in-4. fig. br. Pap. Vél.*

520. Le dessinateur pour les fabriques d'étoffes d'or, d'argent et de soie, par Joubert de l'Hiberderie. *Paris*, 1774, *in-8. fig. v. m.*

521. La fidelle ouverture de l'art du serrurier, par M. Jousse. *La Flèche*, 1627, *in-fol. v. b. fig. en bois.*

522. L'art du menuisier-carossier, par Roubo. *Paris*, 1771, *in-fol. fig. br.*

523. L'art du menuisier en meubles, et de l'ébéniste, par Mellet. *Paris*, 1825, *in-8. fig. br.* = Art de la chaussure. *Paris*, 1824, *in-8. br. fig. color.*

524. Recueil contenant des dessins de meubles en couleurs. *In-fol. parch.*

525. Collection de meubles et objets de goût, comprenant fauteuils, divans, draperies de croisées, tables, commodes, bibliothéques, pendules, voitures, etc. pour les années 1802 à 1815. *Paris*, 8 *vol. in-4. dem. rel.* 421 *pl. color.*

526. Modèles de meubles de décorations d'appartemens, avec des explications en allem. *Leipsik*, 34 *cahiers*, *in-4. fig. br.*

527. Cahier de draperies, par Osmond, tapissier. *Paris*, *in-4. obl. cart.* 50 *planches.*

528. The cabinet-maker, and upholsterer's guide, or repository of designs for household furniture, etc. by Heppelwhite. *London*, 1789, *in-fol. fig. v. r.*

529. L'art du peintre, doreur, vernisseur, par Watin. *Paris*, 1802, *in-8. v. r.*

530. L'art de la porcelaine, par le comte de Milly. *Paris*, 1771, *in-fol. fig. v. m.*

531. Recueil de planches relatives à la manière de servir et de découper le gibier, le poisson, etc. *in-4. v. m.*

532. L'encyclopédie perruquière, par Beaumont. *Paris*, 1757, *in-12. fig. dem. rel.*

Desflorennes

mancel

523. bel. 6+

mancel

Shrapt.

Desflorennes

auvray

mancel

p.

p.

audot.

Racine

533. C. Crozet.

ajouté un volume, dans lequel il y a du texte et des tableaux qui ne sont pas dans les deux volumes. Durand ainé.

ajouté un vol. contenant quelques nos du journal art des coiffeurs. techener.

p.

Schobec

538. 8vo. m2[+] poulain j^ne

p.

garnot.

techener

533. Recueil de pièces, savoir : Essai sur l'art de la frisure, par Duplessis. 1760. = L'encyclopédie perruquière, par Beaumont. *Paris,* 1762, *fig.* = Traité de la nature des cheveux, et de l'art de coëffer, par Tissot. *Paris,* 1776. = Le parfait ouvrage, ou essai sur la coëffure, trad. du persan, par l'Allemand. 1776, *in-12. m. v.*

534. L'art de la coëffure des dames, par Le Gros. *Paris, pet. in-4. fig. dem. rel.* = Supplément de l'art de la coëffure des dames françoises, par le même. *Paris,* 1768, *in-4. v. j. fig. color.*

535. Modes de Paris, art du coeffeur. *In-8. obl. dem. rel.* 100 *planches coloriées.*

BELLES-LETTRES.

Principes généraux de littérature et de grammaire.

536. Traité des études, par Rollin. *Paris,* 1755, 4 *vol. in-12. v. m.* de deux reliures différentes. = Entretiens d'un jeune prince avec son gouverneur, (par Grivel.) *Paris,* 1785, 4 *vol. in-12. bas.*

537. Principes de la littérature, par Batteux. *Paris,* 1774, 5 *vol. in-12. v. m.*

538. Lycée, ou cours de littérature ancienne et moderne, par La Harpe. *Paris, an* VII, (1799,) 17 *vol. in-8. bas.*

539. Cours de littérature françoise, extrait des meilleurs auteurs, par de Lévizac. *Paris,* 1807, 4 *vol. in-8. dem. rel.*

540. Traité de la formation méchanique des langues, (par de Brosses.) *Paris, an* IX, (1801,) 2 *vol. in-12. v. f.*

541. Le monde primitif analysé et comparé avec

le monde moderne, par A. Court de Gebelin. *Paris*, 1787, 9 *vol. in-4. fig. v. m.*

542. Grammaire générale, par Beauzée. *Paris*, 1767, 2 *vol. in-8. v. m.*

Grammaires et Dictionnaires des langues latine, française, etc.

543. Dictionarium universale latino-gallicum. *Paris*. 1805, *in-8. dem. rel.* = Dictionnaire universel françois-latin, par Lallemant. *Paris*, 1785, *in-8. bas.*

544. Glossarium ad scriptores mediæ et infimæ latinitatis, auct. C. Dufresne, Dom. du Cange, cum supplemento D. P. Carpentier. *Paris*. 1733, *et* 1766, 10 *tom. en* 8 *vol. in-fol. v. m. et v. b.*

545. Project du livre intitulé, de la Precellence du langage françois, par H. Estienne. *Paris, Mamert Patisson*, 1579, *pet. in-8. v. r.*

546. Dictionnaire étymologique des mots français dérivés du grec, par J. B. Morin. *Paris*, I. I. 1809, 2 *vol. in-8. v. f.*

547. Trésor des recherches et antiquités gauloises et françoises, réduites en ordre alphabét. par P. Borel. *Paris*, 1655, *in-4. v. b.*

Avec des notes manuscrites par M. de la Mesangère.

548. Les étymologies de plusieurs mots françois, contre les abus de la secte des hellénistes de Port-Royal, par P. Labbe. *Paris*, 1661, *in-12. cart.* = Dictionnaire néologique, (par Desfontaines.) *Amst.* 1747, *in-8. v. b.*

549. Dictionnaire étymologique de la langue françoise, par G. Menage. *Paris*, 1694, *in-fol. v. b.*

550. Le même, (publié par A. F. Jault.) *Paris*, 1750, 2 *vol. in-fol. v. m.*

551. Dictionnaire étymologique de la langue française, par B. de Roquefort. *Paris*, 1829, 2 *vol. in-8. br.*

Bohaire

p.

Lenormant. un volume mouillé.

Techener

Schobec.

Techener

Simonet.

Crétaine

Schobec

551. Mel.

p.

553. Mel.

Moore

Silvestre

Simonet.

Mouillé querard.

Lacouriere

p.

porquet.

maze

porquet.

maze

techener

Chimot.

552. Dictionnaire du vieux langage françois, par Lacombe. *Paris*, 1766, *in*-8. *v. éc.* = Supplément au Dictionnaire du vieux langage, par le même. *Paris*, 1767, *in*-8. *v. éc. Pap. Fort.*

553. Glossaire de la langue romane, avec le supplément, par J. B. B. Roquefort. *Paris*, 1808 *et* 1820, 3 *vol. in*-8. *v. f.*

554. Dictionnaire roman, walon, celtique et tudesque, (par D. J. François.) *Bouillon*, 1777, *in*-4. *v. m.*

555. Les origines de quelques coutumes anciennes, et de plusieurs façons de parler triviales, (par J. Moisant de Brieux.) *Caen*, 1672, *pet. in*-12. *m. r.*

556. Archéologie française, ou vocabulaire des mots anciens tombés en désuétude, par C. Pougens. *Paris*, 1821, 2 *vol. in*-8. *br.*

557. Deux dialogues du nouveau langage françois italianizé, (par H. Estienne.) *In*-8. *parch.*

558. Le livre jaune, contenant quelques conversations sur les logomachies, c'est-à-dire sur les disputes de mots, (par de Boze.) *Basle*, 1748, *in*-8. *cart.*

559. Thrésor de la langue françoise, tant anc. que moderne, par J. Nicot. *Paris*, 1606, *in-fol. v. b.*

560. Dictionnaire universel de la langue françoise, par Furetière. *La Haye*, 1727, 4 *vol. in-fol. v. f.*

561. Dictionnaire universel françois et latin, de Trevoux. *Paris*, 1771, 8 *vol. in-fol. v. m.*

562. Abrégé du dictionnaire de Trevoux, par Berthelin. *Paris*, 1762, 3 *vol. in*-4. *v. m.*

563. Dictionnaire de la langue françoise, par P. Richelet. *Lyon*, 1759, 3 *vol. in-fol. v. m.*

564. Dictionnaire de l'académie françoise. *Paris*, 1802, 2 *vol. in*-4. *v. m.*

565. Le Dictionnaire des halles, ou extrait du Dictionnaire de l'académie françoise, (par Ar-

taud.) *Bruxelles*, 1696, *in*-12. *v. b.* = Des mots à la mode, et des nouvelles façons de parler, par de Callières. *Paris*, 1698, *in*-12. *v. b.*

566. Dictionnaire grammatical de la langue françoise, (par Féraud.) *Paris*, 1786, 2 *vol. in*-8. *dem. rel.*

567. Dictionnaire crit. de la langue françoise, par Féraud. *Marseille*, 1787, 3 *vol. in*-4. *dem. rel.*

568. Nouveau Dictionnaire de la langue française, par C. Laveaux. *Paris*, 1820, 2 *vol. in*-4. *v. r.*

569. Néologie, ou vocabulaire des mots nouveaux, à renouveler, etc. par L. S. Mercier. *Paris*, 1801, 2 *vol. in*-8. *v. r.* = Recueil des annales de grammaire. *Paris*, 1823, *in*-8. *br.*

570. Synonymes français, par Roubaud. *Paris*, 1796, 4 *vol. in*-8. *v. m.*

571. Nouveau choix de synonymes français, par Le Roy de Flagis. *Paris*, 1812, 2 *vol. in*-8. *br.*

572. Dictionnaire des synonymes de la langue française, par Girard, Beauzée, etc. *Paris*, 1801, 3 *vol. in*-12. *v. éc.* = Synonymes français, par Diderot, d'Alembert, etc. *Paris, an* IX, (1801,) *in*-12. *bas.*

573. Dictionnaire de synonymes françois, par T. de Livoy, revu par Beauzée. *Paris*, 1788, *in*-8. *bas.* = Remarques sur le dictionnaire de l'académie franç. par Feydel. *Paris*, 1807, *in*-8. *v. f.*

574. Nouveau Dictionnaire universel des synonymes français, par M. F. Guizot. *Paris*, 1809, 2 *vol. in*-8. *v. f.*

575. Les épithètes françoises, par Daire. *Lyon*, 1759, *in*-8. *v. m.* = Des homonymes français, par Philipon-la-Madelaine. *Paris*, 1806, *in*-8. *v. r.*

576. Dictionnaire des épithètes françaises, par Levée. *Paris*, 1817, *in*-8. *bas.* = Dictionnaire du bas langage, ou des manières de parler usi-

p.

p.

Meilhac.

Laurent.

p.

Bleuet.

p.

p.

p.

Lances

maze

Lacouviere

p.

581. Kop.

moore

p.

Labitte

techener

Ideme

techener

tées par le peuple, (par d'Hautel.) *Paris*, 1808, 2 *vol. in*-8. *dem. rel.*

577. Encyclopédie littéraire, ou nouveau dictionnaire d'éloquence et de poésie, (par Calvel.) *Paris*, 1772, 3 *vol. in*-8. *br. en cart.*

578. Dictionnaire françois de la langue oratoire et poétique, par Planche. *Paris*, 1819, 3 *vol. in*-8. *v. f. dent.*

579. Dictionnaire des termes appropriés aux arts et aux sciences, etc. pouvant servir de supplément au dictionnaire de l'académie française, par F. Raymond. *Paris*, 1824, *in*-4. *br.*

580. Dictionnaire comique, satyrique, etc. par Le Roux. *Pampelune*, 1786, 2 *vol. in*-8. *bas.*

581. Nouvelles recherches sur les patois, ou idiomes vulgaires de la France, par J. J. Champollion Figeac. *Paris*, 1809, *in*-12. *dem. rel.* = Dictionnaire comique, satyrique, etc. par Le Roux. *Amst.* 1750, *in*-8. *v. m.*

582. Dictionnaire languedocien-françois, (par de Sauvages.) *Nismes*, 1785, 2 *tom. en* 1 *vol. in*-8. *bas.*

583. Nouveau Dictionnaire français-allemand, et allemand-français. *Strasbourg*, *an* VIII, (1800,) 2 *vol. in*-4. *bas.*

Rhéteurs et Orateurs latins et français.

584. Bibliotheca rhetorum, auct. G. F. Le Jay. *Parisiis*, 1725, 2 *vol. in*-4. *v. b.*

585. Les fleurs du bien dire, recueillies ès cabinets des plus rares esprits de ce temps, (par F. Des-Ruës.) *Langres*, 1603. = Lieux communs et très élégantes sentences. *Lyon*, 1603. = Les marguerites françoises, ou deuxième partie des fleurs du bien-dire, par F. Des-Ruës. *Lyon*, 1603, *pet. in*-12. *vél.*

586. Excellente apologie et défense de Lysias, sur

le meurtre d'Eratosthène, surpris en adultère, trad. du grec. *Lyon*, 1576, *in*-8. *v. m.*

587. OEuvres de Cicéron, trad. en français, (par Demeunier, etc.) *Paris*, 1783, 8 *vol. in*-12. *bas.*

588. Oraisons choisies de Cicéron, trad. en franç. par de Wailly, avec le texte en regard. *Paris*, *Barbou*, 1778, 3 *vol. in*-12. *v. m.* = Entretiens de Cicéron sur la nature des dieux, trad. en franç. par l'abbé d'Olivet. *Paris*, 1775, 2 *vol. in*-12. *v. m.*

589. La république de Cicéron, d'après le texte de l'abbé Mai, trad. par M. Villemain, avec le texte en regard. *Paris*, 1823, 2 *vol. in*-8. *br.*

590. Recueil d'éloges, dont : Eloge de Louis XVI, = de madame Elisabeth, = des académiciens de Montpellier, etc. 7 *vol. in*-8. *rel. et br.*

Poètes grecs et latins.

591. Odes d'Anacréon, en grec, avec la trad. en vers franç. par de Saint-Victor. *Paris*, 1813, *in*-12. *fig. v. uni. dent. Pap. Vél.*

592. Lucrèce, en latin et en français, trad. par Lagrange. *Paris*, 1768, 2 *vol. in*-12. *fig. v. éc.*

593. Traduction en prose de Catulle, Tibulle et Gallus, (par de Pesay,) avec le texte en regard. *Paris*, 1771, 2 *vol. in*-12. *v. m.*

594. Traduction complète des poésies de Catulle, par F. Noël, avec le texte en regard. *Paris*, 1803, 2 *vol. in*-8. *v. r.*

595. Elégies de Tibulle, suivies des baisers de Jean Second, trad. en franç. avec le texte en regard, par Mirabeau. *Paris*, 1798, 3 *vol. in*-8. *fig. v. éc.*

596. Elégies de Tibulle, trad. en vers franç. avec le texte en regard, par de Carondelet-Potelles. *Paris*, 1807, *in*-8. *br.*

597. Traduction d'une ancienne hymne sur les fêtes

Mme Boisse

P.

Dentu

Mme Boisse

P.

M. Boisse

P.

martin

P.

P.

P.

p.

Simonet.

moore

p.

p.

poullain j.

la couriere

La couriere

608. Mel.

609. Mel.

p.

Mr Noise

p.

Martin

de Vénus, (par le P. Sanadon,) avec le texte. *Paris*, 1728, *in*-18. *cart.*

598. Elégies de Properce, trad. en français, avec le texte en regard, par de Longchamps. *Paris*, 1772, *in*-8. *v. m.*

599. Les Œuvres de Virgile, trad. en franç. avec le texte en regard. *Paris*, 1780, 4 *vol. pet. in*-12. *v. m.* — 6. 5.

600. Le Virgile travesti, en vers burlesques, par Scarron. *Paris*, 1705, 2 *vol. in*-12. *v. éc.* — 4. 40.

601. Q. Horatii Flacci Opera, æneis tabulis incidit J. Pine. *Londini*, 1733, 2 *vol. in*-8. *v. m.* — 21. 50

602. Eadem, cum annot. J. Bond. *Aurelianis*, 1767, *in*-12. *v. m.* — 2. 95.

603. Œuvres d'Horace, trad. par Sanadon, avec le texte en regard. *Paris*, 1756, 3 *vol. in*-12. *v. m.* — 2.

604. Les mêmes, trad. en françois, avec des remarques, par Sanadon. *Amsterd.* 1756, 8 *vol. in*-12. *v. m.* — 4. 5.

605. Œuvres d'Horace, trad. par Campenon et Després, avec le texte en regard. *Paris*, 1821, 2 *vol. in*-8. *cart.* — 5-15

606. Les Métamorphoses d'Ovide, trad. en franç. par Banier. *Paris*, 1768, 3 *vol. in*-12. *v. m.*

607. Silves de P. P. Stace, trad. en fr. avec le texte en regard, par Souquet de la Tour. *Paris*, 1802, *in*-8. *v. r.* — 3. 80.

608. Œuvres d'Ausone, trad. en françois par Jaubert, avec le texte. *Paris*, 1769, 4 *vol. in*-12. *v. b.* — 4. 95 D

609. Œuvres complètes de Claudien, trad. en franç. avec le texte en regard. *Paris*, *an* VI, (1798,) 2 *vol. in*-8. *bas.* — 4. 50 D

610. Les comédies de Plaute, trad. par Gueudeville. *Leide*, 1719, 10 *vol. in*-12. *fig. v. m.* — 3. 95.

611. P. Terentii comœdiæ. *Parisiis*, *Leloup*, 1753, 2 *vol. in*-12. *v. m.* — 3. 85.

trois traductions d'horace, chacune en 2 vol. petit in 12. v. — 3. 10.

608 double v. rac. — 4. 10

612. Les comédies de Térence, en latin et en français, trad. par le Monnier. *Paris*, 1771, 3 *vol. in*-12. *bas.*

Poètes latins modernes, etc.

613. Recueil de 31 *vol. in*-8. *et in*-12. *rel.* de poètes latins modernes, dont : Commirius, 2 *vol.* = Santolius, 3 *vol.* = Rapinus, 3 *vol.* = Cossartius, = Huetius, = Vanierius, = Musæ rhetorices, 2 *vol.* = Poemata didascalica, 3 *vol. etc.*

Ce numéro pourra être détaillé.

614. Recueil de nouvelles poésies galantes, critiques, latines et françoises. *Londres*, 2 *part. en* 1 *vol. in*-12. *m. r.*

615. Baptistæ Mantuani carmina. *Parisiis*, *Joh. Petit*, 1509. = Elegiæ Fausti. = Juvencii carmina evangelica. *Rothomagi*, *impensa J. Petit*, 1509. = Homerus in Iliade, translatus de græco in latinum, per Pindarium. *Sine loco et anno*, *in*-4. *v. éc.*

Ce dernier opuscule est probablement imprimé aussi à Paris. Le titre porte une figure gravée en bois où se trouve le chiffre CIB.

616. Antithèse des faicts de Jésus-Christ et du Pape, mise en vers françois. *Rome*, 1600, *in*-8. *v. f. fig. en bois.*

617. Humanæ salutis monumenta, Ariæ Montani studio constructa. *Antuerp.* 1571, *in*-8. *fig. dem. rel.*

618. Le zodiaque de la vie humaine, trad. du latin de M. Palingene, par J. B. C. de la Monnerie. *Londres*, 1733, 2 *tomes en* 1 *vol. in*-12. *m. r. dent.*

619. Imitations du latin, de Jean Bonnefons. *Paris*, 1610, *in*-8. *v. f.* = Parnassus poeticus biceps N. Nomesseii. *Lugd.* 1613, *in*-12. *bas.*

p.

p - - - - 10 vol. - - - - 5
p - ———— 10 — 10 - —— 4
p - - —— 11 — 10 - —— 4 . 5
31 13 . 5

gaudefroy

techener

~~te~~ber
Cretaine.

p.

gaudefroy.

idem

tache d'huile a la fin
verso imparfait dans le haut d'une page,
ou l'on a refait 2 moitié de lignes.

le 2e tom piqué

p.

pourri à la fin, ou un peu piqué Crétaine

piqué dans le bas p.

avec l'écuelle de falence double p.

giroud.

Crétaine

p.

627. ambr.

Racine

Simond

620. F. J. Desbillons fabulæ æsopiæ. *Parisiis, Barbou*, 1778, *in*-12. *v. m.* = P. d'Ebulo carmen de motibus siculis, edente E. Engel. *Basil.* 1746, *in*-4. *v. m.*

621. Hartmanni Schopperi de omnibus illiberalibus artibus liber, versu elegiaco conscriptus. *Francof.* 1574, *in*-8. *fig. v. b.*

622. Nebulo nebulonum, hoc est joco-seria modernæ nequitiæ censura, auct. J. Flitnero. *Francof.* 1620, *in*-12. *fig. m. r.*

623. Les pieuses récréations du R. P. Angelin Gazée, mises en françois par Remy. *Rouen*, 1633, *pet. in*-12. *v. f.* = L'escholé de Salerne, ensuite le poème macaronique, en vers burlesques, (par L. Martin.) *Paris*, 1664, *in*-12. *cart.*

624. Auspex, omen Ludovico Magno Francorum regi invictissimo pro novo anno exhibitum, a Lazaro Francisco Dagobert, Polono, anno 1682, mense januario, delineavit et scripsit idem qui obtulit. *In-fol. max. cart.*

Manuscrit sur Vélin, composé de huit feuillets, dont cinq sont ornés de devises peintes. Chaque page est encadrée d'ornemens en or.

625. Histoire maccaronique de Merlin Coccaie, (trad. du lat. de T. Folengo.) *Paris*, 1606, (1734,) 2 *vol. in*-12. *v. éc.*

626. Antonius de Arena Provençalis, ad suos compagnones, etc. *Stampatus in stampatura stampatorum*, 1670, *in*-12. *v. b.*

Collections de Poètes français.

627. Choix de poésies originales des Troubadours, par M. Raynouard. *Paris*, 1816, 6 *vol. in*-8. *br.*

628. Les poètes françois depuis le XIIe siècle jusqu'à Malherbe. *Paris*, 1824, 6 *vol. in*-8. *br.*

629. Fabliaux, ou contes des XIIe et XIIIe siècles,

publ. par Le Grand d'Aussy. *Paris*, 1779, *in*-8. *v. m. Les tom.* 1 *à* 3.

630. Le même ouvrage. *Paris, Renouard*, 1829, 5 *vol. in*-8. *fig. br. Pap. Vél.*

631. Poètes françois, imprimés par Coustelier, savoir : La farce de Pathelin. = Faifeu. = Coquillart. = Martial de Pâris. = Villon, et Cretin. *Paris*, 1723, 6 *vol. in*-12. *v. m.*

632. Recueil des plus belles pièces des poètes françois depuis Villon jusqu'à Benserade. *Paris*, 1692, 5 *vol. in*-12. *v. b.*

633. Le même ouvrage. *Amst.* 1692, 5 *vol. petit in*-12. *v. f.*

634. Le même ouvrage. *Paris*, 1752, 6 *vol. petit in*-12. *v. m.*

635. Fables inédites des XIIe, XIIIe et XIVe siècles, et fables de La Fontaine rapprochées de celles de tous les auteurs qui avoient, avant lui, traité les mêmes sujets, par A. C. M. Robert. *Paris*, 1825, 2 *vol. in*-8. *fig. br.*

636. La Fontaine et tous les fabulistes, par Guillon. *Paris*, 1803, 2 *vol. in*-8. *bas.*

637. Recueil de fables de différens auteurs, 59 *vol. in*-8. *et in*-12. dont : Fables d'Esope, = de Phèdre, = de La Fontaine, = de Richer, = d'Aubert, = de Boisard, = de Desbillons, = de Gay, = de Le Bailly, = de Ginguené, = de Guichard, etc. etc.
Ce numéro pourra être détaillé.

638. Recueil des meilleurs contes en vers. *Paris*, 1774, *in*-8. *v. éc.*

639. Recueil des meilleurs contes en vers. *Londres*, (*Paris*,) 1778, 4 *vol. in*-18. *fig. v. porph.*

640. Estrenes. nihil. nemo. quelque chose. tout. le moyen. si peu que rien. on. il. (par P. Girard et J. Passerat.) *A Caen*, 1596, *in*-8. *vél.*

641. Recueil des plus beaux vers de Malherbe, Racan, Maynard, etc. *Paris*, 1638, *in*-8. *m. r.*

gaudefroy

Lenormant. — ~~il manque~~ rendu le tome 1er de ~~Martial~~ Martial de paris retrouvé, et donné avec le normant.

La Courière.

Dobrée

Racine

p.

p.

64 vol. atlier

637. C.

p.

giroud.

[illegible]cerard. —

gaudefroy — coute 4 f.

Racine

p.

gaudefroy

p.

p.

p.

p.

p.

La courrière

p.

642. Poésies choisies de Corneille, Benserade, Bois-Robert, etc. *Paris*, 1657, *in*-12. *v. b.* = Œuvres de Saint-Amant. *Lyon*, 1668, *in*-12. *v. b.*

643. L'eslite des bouts rimez de ce temps. *Paris*, 1649, *in*-16. *parch.* = Nouveau recueil des plus beaux énigmes de ce temps. *Paris*, 1659, *in*-12. *vél.*

644. La guirlande de Julie, offerte à Mlle de Rambouillet, par le marquis de Montausier. *Paris*, 1784, *in*-8. *br.*

645. Le poète melé. *Annecy*, 1669, *in*-8. *v. f.* = Fleurs morales et sentences préceptives, par J. Bosquet. *Mons*, 1587, *in*-8. *parch.*

646. Le tableau de la vie et du gouvernement des cardinaux Richelieu et Mazarin et de Colbert. *Cologne*, 1693, *in*-8. *v. f.*

647. Nouveau siècle de Louis XIV, ou poésies anecdotes, etc. (par Sautreau de Marsy et Noel.) *Paris*, 1793, 4 *vol. in*-8. *dem. rel.*

648. Encyclopédie poétique, par de Gaigne. *Paris*, 1778, 17 *vol. in*-8. *dem. rel.*

649. L'Almanach des Muses. *Paris*, 1764 *à* 1802, 37 *vol. in*-18. *dem. rel.*
Il manque les années 1796 et 1797.

650. Les quatre saisons du Parnasse, ou choix de poésies légères, (publ. par Fayolle.) *Paris*, 1805, 16 *vol. in*-12. *dem. rel.*

651. Elite de poésies fugitives, (par Luneau de Boisjermain.) *Londres*, 1769, 5 *vol. in*-12. *v. m.*

652. Héroïdes, ou lettres en vers, par Blin de Sainmore, Colardeau, etc. *Paris*, 1767, 3 *vol. in*-8. *fig. v. f.*

653. Parnasse des dames, publ. (par E. de Sauvigny.) *Paris*, 1773, 9 *vol. in*-8. *v. éc.*

654. Recueil de pièces, dont: Caquet bon bec, la Poule à ma tante, poëme, (par de Junquières.) 1763. = Recueil de pièces choisies pour la toilette des dames à la grecque, etc. *In*-8. *v. m.*

Poètes français.

655. Le roman du Renart, publ. par Méon. *Paris*, 1826, 4 *vol. in*-8. *br.*

656. Le roman de Rou, et des ducs de Normandie, par R. Wace, publ. par F. Pluquet. *Rouen*, 1827, 2 *vol. in*-8. *br.*

657. Poésies de Marie de France, publiées par de Roquefort. *Paris*, 1820, 2 *vol. in*-8. *br.* = Le débat de deux demoiselles, suivi de la vie de Saint-Hareng. *Paris*, 1825, *in*-8. *br.*

658. L'ordène de chevalerie, poëme de Hues de Tabary, (publ. par Barbazan.) *Paris*, 1759. = Le castoiement, ou instruction d'un père à son fils, (publ. par le même.) *Paris*, 1760, *in*-12. *v. m.*

659. Le Dodechedron de fortune, livre non moins plaisant et récréatif, que subtil et ingénieux, par Jean de Meun. *Paris*, 1615, *in*-8. *v. éc.*

660. La grande danse macabre des hommes et des femmes. *Troyes*, *in*-4. *v. b. fig. en bois.*

661. Les vigiles du roi Charles VII, composées par Martial de Paris. *Paris*, *Robert Bouchier, pour Guil. Eustace*, *in-fol. goth. bas. fig. en bois.*

662. Les hymnes communs de l'année, nouvellement traduictz de langue latine en vers françois, par N. Mauroy. *Troyes*, *Jehan Lecoq*, 1527, *pet. in*-4. *goth. m. r. dent. fig. en bois.*

663. OEuvres de Cl. Marot. *La Haye*, 1700, 2 *vol. in*-12. *v. f.*

664. Les mêmes, avec les OEuvres de J. et de M. Marot. *La Haye*, 1731, 6 *vol. in*-12. *v. b.*

665. OEuvres de Louise Charly, Lyonnoise, dite Labé. *Lyon*, 1762, *in*-12. *v. f.*

666. Les sept livres des honnestes loisirs de M. de La Motte Messemé. *Paris*, 1587, *in*-12. *v. b.* = Les dévots élancemens du poète chrétien, par

Lance 655. gui.
656. fie. x+
Dobrée

Racine 658. gre. p+

Simonet.

idem

p. 660. Sne. gui. dug.

Lantel. une forte piqure dans la marge du bas

giron.
Lanté.
Racine

Fontaine renchéri imparfait d'une feuille
Racine

ajouté la 2de semaine qui est gatée	Mme Xurard.
	p.
	gaudefroy
	Racine
	idem
	idem
	gaudefroy.
	Racine
revendu, piqué	~~gaudefroy~~ Lanté
Mouillé et piqué.	Lanté
	Rouanet.
	Racine
	Lanté
	p.

A. de Ramberviller. *Paris*, 1601, *pet. in-12. fig. v. f.*

667. Première semaine, ou création du monde, par Saluste du Bartas. *Lyon*, 1608, 2 *vol. in-12. bas.*

668. Les mimes, enseignemens et proverbes de A. de Baif. *Tolose*, 1612, *in-12. v. f.*

669. Le Parnasse satyrique du sieur Théophile. 1625, *in-8. m. r.*

Les pages 205 à 208 sont raccommodées, et il y manque une partie des vers.

670. L'Echo de mort de Sion, pour la prospérité des armes du roi, au sujet des guerres de ce temps, par C. P. Lecomte. *Paris*, 1627, *in-8. v. f.*

671. Uranie pénitente, par M. I. Le Clerc. *Rouen*, 1628, *pet. in-12. v. j.* = Billets en vers, par de Saint-Ussans. *Paris*, 1688, *in-12. v. m.*

672. La saincte Franciade, contenant la vie, gestes et miracles de sainct François, poëme, (par J. Corbin.) *Paris*, 1634, *in-8. m. r. l. r.*

673. L'Imitation de Jésus-Christ, trad. en vers, par P. Corneille. *Paris*, 1673, *in-18. fig. m. n.*

674. Les Chevilles de maître Adam, menuisier de Nevers. *Rouen*, 1654, *in-12. v. f.*

675. Le Villebrequin de maître Adam. *Paris*, 1663, *in-12. v. b.*

676. La Pucelle, ou la France délivrée, par Chapelain. *Paris*, 1656, *in-12. fig. v. b.*

677. Le Pain bénit de l'abbé de Marigny. 1673, *in-12. v. f.* = Les enluminures du fameux almanach des jésuites, (par le Maistre de Sacy.) *Liége*, 1683, *in-12. v. b.*

678. La lyre du jeune Apollon, ou la muse naissante du petit de Beauchasteau. *Paris*, 1657, 2 *part. en* 1 *vol. in-4. fig. v. b.*

679. La ville de Paris en vers burlesques, par Berthaud. *Paris*, 1660, *in-12. v. m.* = L'allée de

la seringue, ou les noyers, poëme, (par Lenoble.) *In-12. v. m.*

680. Le vainqueur dans les chaînes, à la charmante Dorimène, pour le triomphe de la violette, par Palaprat. *Tolose*, 1666, *in-8. v. f.* = Les épigrammes de Gombauld. *Paris*, 1657, *in-12. v. b.*

681. Contes et nouvelles en vers, par de La Fontaine. *Amst.* 1685, 2 *tom. en* 1 *vol. in-8. v. f. fig. de Romain de Hooghe.*

682. Les mêmes. *Paris, Didot,* 1795, 2 *vol. in-12. m. r. dent. Pap. Vél. avec les figures de Desenne.*

683. Fables choisies mises en vers, par J. de La Fontaine; édition gravée en taille-douce, les figures par Fessard, le texte par Montulay. *Paris,* 1765, 6 *vol. in-8. m. r. Pap. de Hollande.*

684. Les mêmes, stéréotype d'Herhan. *Paris,* 1810, *in-12. m. r. dent. Pap. Vél.*

685. Les mêmes, avec un comment. par M. Nodier. *Paris,* 1818, 2 *vol. in-8. fig. cart. Pap. Vél.*

686. OEuvres de Boileau, avec les notes de de Saint-Marc. *Amst.* 1775, 5 *vol. in-12. fig. v. m.*

687. La Madeleine au désert de la sainte Baume, poëme, par le P. Pierre de Saint-Louis. *Lyon,* 1700, *in-12. v. m.*

688. OEuvres diverses de Vergier. *Amst.* 1731, 2 *vol. in-12. v. j.* = La belle vieillesse ou les anciens quatrains de Pibrac, etc. *Paris,* 1747, *in-12. bas.*

689. Fables nouvelles, par de La Motte. *Amst.* 1727, *in-12. fig. v. porph. dent.*

690. Histoire des amours et des infortunes d'Abelard et d'Eloïse, mise en vers satiri-comi-burlesques, (par Armand.) *Cologne, P. Marteau,* 1724, *in-12. v. j.*

691. OEuvres complètes de Grécourt. *Paris,* 1796, 4 *vol. in-8. fig. cart.*

Racine

giroud.

p.

Baillot.

garnot.

p.

Racine

p.

gaudefroy

idem

p.

girond.

p.

techener

p.

Baillet.

maze

Racine

giraud

Racine

techener

Racine

Rouanet.

Racine

692. Les mêmes, de la même édition. 4 *vol. in*-8. *v. r. dent. Pap. Vél. fig. avant la lettre.* 17.

693. Les mêmes, de la même édition. 4 *vol. in*-8. *v. r. dent. Pap. Vél. fig. avant la lettre et les eaux-fortes.* 22.

694. L'art de péter, poëme. *En Westphalie*, 1751. = Le Déjeûné de la Rapée, et la Pipe cassée, (par Vadé.) *A la Grenouillère*, *in*-12. *v. porph.* 2

695. Recueil des Œuvres de Mme du Bocage. *Lyon*, 1770, 3 *vol. in*-8. *v. m.*

696. Œuvres choisies de Gresset. *Paris, Didot jeune, l'an* II, (1794.) *in*-18. *fig. m. r. dent. Pap. Vél.* 3.-35.

697. Œuvres complètes du cardinal de Bernis. *Londres*, 1771, 2 *tom. en* 1 *vol. in*-12. *v. porph. dent.* = Les sens, poëme, (par Durosoy.) *Londres*, (*Paris*,) 1766, *in*-8. *fig. v. f. dent.* 2-60.

698. Les mois, poëme, par Roucher. *Paris*, 1779, 4 *vol. in*-18. *bas.*

699. Le balai, poëme héroï-comique, (par du Laurens.) *Constantinople*, (*Paris*,) 1791, *in*-12. *bas.* = Passe-Tems des mousquetaires, ou les loisirs bien employés, (par Desbies.) *Pet. in*-8. *v. éc.* 5.

700. Les quatre heures de la toilette des dames, poëme, par de Favre. *Paris*, 1779, *in*-4. *fig. v. b.*

701. Tributs offerts à l'Académie de Marseille, par M. de Pastoret. *Paris*, 1782, *in*-18. *v. b.* = Le potpourri de Ville-d'Avray, (par Moreau.) *Paris*, 1781, *in*-18. *v. b.* 3.-40-

702. Les loisirs des bords du Loing, ou recueil de pièces fugitives, (par Pelée de Varennes.) 1784, *in*-12. *m. vert. dent.* 9.95-

Imprimé sur papier rose, et à la fin des échantillons de papiers fabriqués avec différentes substances.

703. Les quatre âges de l'homme, poëme, (par Allix.) *Paris*, 1784. = Bergeries et opuscules 5-60.

E

692 Double meme condition livre — 12-60.

694 Double m.r — 2-85.

poétiques de mademoiselle Dormoy l'aînée. *Paris*, 1784, *in*-18. *m. r.*

704. Les mêmes bergeries. *Paris*, 1784, *in*-18. *v. éc.* = L'occasion et le moment, par Mérard de St.-Just. (*Paris, Didot*,) 1782, 2 *vol. in*-18. *v. j.*

705. Fables et contes mis en vers, (par Mérard de Saint-Just.) 1788, *in*-12. *v. porph.*

Au bas du titre, on a imprimé ce qui suit : *Édition tirée à 25 exemplaires, et les 25 en Pap. Vél.*

706. Essai de fables nouvelles, suivies de poésies diverses, par Didot fils aîné. *Paris, Didot*, 1786, *in*-12. *v. éc. dent. Pap. Vél.* = Contes et épigrammes, par le cit. (Gobet.) *Paris, l'an* VIII, (1800,) *in*-12. *cart.*

707. Poésies diverses de M. de Bonnard. *Paris*, 1791, *in*-8. *cart.* = Les proverbes de Salomon et l'Ecclésiaste, mis en vers françois, par P. Perrot. *Paris*, 1602, *in*-12. *v. m.*

708. Fables et OEuvres posthumes de Florian. *Paris*, 1792, 2 *vol. in*-8. *dem. rel. et v. j.* = Fables, par le Marchant de la Viéville. *Paris*, 1804, *in*-8. *v. éc.*

709. La jacobinéide, poème héroï-comique, (par Marchant.) *Paris*, 1792, *in*-8. *cart.* = La lanterne magique patriotique, par Dorfeuille, etc. *in*-8. *cart.* = Le journal des rieurs, ou le Démocrite français, par Martainville. *Les* n°s 1 *à* 11, *in*-8. *cart.*

710. Pièces fugitives de Pierre Piery. *Basle*, *in*-8. *obl. m. r.*

711. OEuvres de Ponce Denis (Ecouchard) le Brun. *Paris*, 1811, 4 *vol. in*-8. *br.*

712. OEuvres diverses de Delille, savoir : La pitié, la conversation et l'imagination. *Paris*, 1804 *et suiv.* 4 *vol. in*-12. *v. éc. et dem. rel.*

713. Contes de P. P. Gudin. *Paris*, 1814, 2 *vol. in*-8. *v. r.*

714. Poésies de la princesse de Salm. *Paris*, 1817,

p.

Racine — Revers du imparfait d'un titre, il y en a une

[illegible] girard. — la 2de partie, il n'y en a pas a la premiere:

p.

p.

giran.

p.

poullain

p.

p.

p.

ajouté 4 vol. p.

Cordier

ajouté la maçonnerie, poème, 1820, giraud.
in 8°-br.

718. C.

Cailette

Racine

721. Mel.

M de Jolcinne Cailette

La Cournière

in-8. *br.* = Opuscules poétiques du gén. Carnot. *Paris*, 1820, *in*-8. *br.* = L'année champêtre, poème, par A. Murville. *Paris*, 1808, *in*-8. *br.*

715. Geoffroi Rudel, ou le troubadour, poème, par de Lantier. *Paris*, 1825, *in*-8. *fig. br.*

716. La chasse au tir, poème. *Paris*, 1827, *in*-8. *fig. br. Pap. Vél.*

717. Poésies européennes, par L. Halevy. *Paris*, 1828, *in*-8. *cart.* = Tableaux poétiques, par de Resseguier. *Paris*, 1828, *in*-8. *br.*

Auteurs dramatiques français, etc.

718. Histoire universelle des théâtres de toutes les nations, (par Coupé, etc.) *Paris*, 1779, 12 *part. en* 6 *vol. in*-8. *fig. dem. rel.*

719. Recherches sur les théâtres de France, par de Beauchamps. *Paris*, 1735, 3 *vol. in*-8. *m. vert.*

720. Histoire du Théâtre françois, (par les frères Parfaict.) *Amst.* 1735, 15 *vol. in*-12. *mout. puce.*

721. Bibliothèque du Théâtre françois, depuis son origine, (par le duc de La Vallière.) *Dresde*, (*Paris*,) 1768, 3 *vol. in*-8. *v. m.*

722. Dictionnaire des théâtres de Paris, (par les frères Parfaict.) *Paris*, 1756, 7 *vol. in*-12. *v. m.*

723. Le Mistère de la passion Jesuscrist jouée à Angiers.

Édition sans date, sans nom de lieu ni d'imprimeur. Petit in-fol. gothique, v. m.

Nous serions portés à croire que cette édition est la même que celle annoncée dans la *Bibliographie instructive*, Belles-Lettres, tome 1er, n° 3187, et dans le *Manuel du Libraire*, tome 2, page 641, parce que le corps du volume se rapporte à la description que l'on en donne dans ces deux ouvrages. Nous ne trouvons de différence que dans les pièces préliminaires, que l'on dit dans la *Bibliographie* être composées de huit feuillets, y compris le titre, tandis qu'il n'y en a que sept dans cet exemplaire. Cependant il ne manque rien dans le texte de ces pièces préliminaires, parce que nous l'avons comparé avec celui d'une autre édition in-folio du même Mistère. Le reste du volume est aussi bien complet. L'auteur de la *Bibliographie* met lui-même en doute l'authenticité du titre et de la souscription manuscrits qu'il annonce. Celui-ci porte au bas de la première colonne du verso du huitième et dernier feuillet de la signature G : *Fin du mistère de la passion.*

Le premier feuillet où se trouve le titre est doublé, sauf les deux lignes imprimées qui ne sont point collées par derrière. Il y a quelques feuillets raccommodés, comme cela arrive presque toujours dans ces anciens livres, et quelques lettres du titre courant du haut des pages sont atteintes par la rognure. On a effacé douze vers avec de l'encre; il serait facile de la faire enlever. Tout le reste du volume est bien conservé.

Dans tous les cas, cette édition est de la plus grande rareté, puisque nous n'avons pas pu trouver ici un autre exemplaire pour le comparer, et que celui décrit dans la *Bibliographie* était aussi le seul connu. Il se trouvait chez Gaignat, tome 1er, n 1895.

724. Tragédies de Jehan de la Taille. *Paris*, 1574, *in*-8. *cart.*

Le titre est gâté et le vol. mouillé.

725. OEuvres de Molière. *Amst.* 1698, *avec la sphère*, 4 *vol. pet. in*-12. *fig. v. r.*

726. Les mêmes. *Amst.* 1766, 8 *vol. in*-12. *fig. v. f.*

727. Le théâtre de Quinault. *Amst.* 1697, 2 *vol. in*-12. *v. b.*

728. OEuvres complètes de Regnard. *Paris*, 1783, 6 *vol. pet. in*-12. *v. m.*

729. Les OEuvres de théâtre de Dancourt. *Paris*, 1738, 8 *vol. in*-12. *v. j.* = OEuvres de Rivière Dufresny. *Paris*, 1747, 4 *vol. in*-12. *v. m.*

730. OEuvres de Destouches. *Amst.* 1772, 10 *tom. en* 5 *vol. in*-12. *bas.*

731. OEuvres de la Chaussée. *Paris*, 1762, 5 *vol. pet. in*-12. *v. m.*

732. De l'opéra en France, par M. Castil-Blaze. *Paris*, 1820, 2 *vol. in*-8. *br.* = Vaux de Vire d'Olivier-Basselin, poète normand du XIVe siècle, publ. par Dubois. *Caen*, 1821, *in*-8. *br.*

Crozet.

girond.

p.
Dabin

p. 727. Aug.

p.

p.

girond. ajouté 3 vol. in 8°.

marcel

732. Kop. le 2d.

p.

735. Kop. cheap.

p.
Racine

potier

Idem

741. Kop. Crozat.

La Courier

743. Kop.

p.

733. Histoire anecdotique du Théâtre italien, (par Desboulmiers.) *Paris*, 1769, 7 *vol. in*-12. *v. m.*

734. Annales du Théâtre italien, par d'Origny. *Paris*, 1788, 3 *vol. in*-8. *dem. rel.*

1-75.

Collections de chansons, etc.

735. Recueil de chansons choisies, et vaudevilles pour servir à l'histoire anecdote depuis 1600, jusques et y compris le règne de Louis XV. 11 *vol. in*-4. *v. m. et vél.* 45.. D°

Manuscrit sur papier.

736. Chansons choisies, avec les airs notés. *Londres*, 1784, 6 *vol. in*-12. *v. éc.* 3.

737. Esope en belle humeur, ou fables d'Esope mises en vaudevilles. *Paris*, *in*-18. *fig. m. r.* 2.

738. Les rossignols spirituels liguez en duo, dont les meilleurs accords relèvent de P. Philippes, organiste. *Valenciennes*, 1616, *in*-18. *v. b.*

Plusieurs feuillets sont rognés par le haut.

739. La pieuse alouette, avec son tire-lire, ou chansons spirituelles, (par A. de la Chaussée.) *Valenciennes*, 1609, 2 *vol. in*-12. *v. porph. dent.*

6-50.

740. La philomèle séraphique, ou elle chante les dévots et ardens soupirs de l'ame pénitente, etc. (par frère Jean l'évangéliste, d'Arras.) *Tournay*, 1632, 2 *vol. in*-8. *v. f.* 9-95.

741. Les chansons de Gaultier Garguille. *Londres*, 1658, (1758,) *in*-12. *m. bl.* 9-95.

742. Festin joyeux, ou la cuisine en musique, en vers libres. *Paris*, 1738, *in*-12. *v. m.* 1.50.

743. Choix de chansons, par de la Borde. *Paris*, 1773, 4 *tom. en* 2 *vol. in*-8. *fig. v. r.* 12-95 D°

744. Les apropos de société, par Laujon. 1776, 3 *vol. in*-8. *dem. rel.*

745. Mes passetemps, chansons, par Despréaux. *Paris*, 1806, 2 *vol. in*-8. *dem. rel.* = Idylles et

5.

contes champêtres, par Le Clerc. *Paris, an* VI, (1798,) 2 *vol. in-8. dem. rel.*

746. Chansons nouvelles, par de Piis. *Paris, in-12. fig. v. f. dent. Pap. Vél.*

747. Los obros de Pierre Goudelin. *Toulouso,* 1713, *in-12. v. b.*

748. Noei bourguignon de gui Barozai, (B. de la Monnoye.) *Ai Dioni,* 1720, *in-12. v. f. avec la musique.*

Poètes italiens, allemands, etc.

749. L'enfer, le purgatoire et le paradis, trad. de l'ital. du Dante, (par Artaud.) *Paris,* 1812, 3 *vol. in-8. br.*

750. L'enfer, poëme du Dante, trad. de l'ital. avec le texte en regard, par de Rivarol. *Paris,* 1788, *in-8. bas.*

751. Il Petrarca. *In Lione, Rovillio,* 1551, *in-18. parch.*

752. Les Œuvres amoureuses de Pétrarque, italien et franç. trad. par Placide. *Paris,* 1671, *in-12. v. b.* = Le génie de Pétrarque, ou imitation en vers françois de ses plus belles poésies, (par Roman.) *Avignon,* 1778, *in-12. bas.*

753. Choix de poésies allemandes, trad. par Huber. *Paris,* 1766, 4 *vol. in-12. v. m.*

754. Stultifera navis, per S. Brandt vulgari sermone et rythmo teutonico fabricata, per J. Locher latino carmine reddita. *Paris. G. de Marnef,* 1498, *in-4. bas. fig. en bois.*

755. Poésies de Haller, trad. de l'all. *Berne,* 1775, *in-8. v. éc.* = La femme poussée à bout, comédie, trad. de l'angl. *Sur l'imprimé à Londres, (Hollande,)* 1700, *pet. in-12. v. m.*

756. Poétique anglaise, par M. Hennet. *Paris,* 1806, 3 *vol. in-8. v. r.*

757. Le paradis perdu de Milton, trad. de l'anglais

p.

th. barrois fils.

p.

p.

p.

p.

p. ajouté 2 vol. dont un [illegible] du genie de petrarque

ft en mauvais etat et imparfait de quelques lignes au 1er feuillet

cretaine le second imparfait de 7 feuillets 754. Sne.

gaudefroy

p.

garnot.

p.

Racine

Decouvertes

p.

p.

p.

p.

rd. en 3 vol. Racine

767. gre. det garnot.

idem

p.

giraud
Racine

(par Dupré de Saint-Maur.) *Paris*, 1765, 4 *vol. in*-12. *v. m.*

758. Les nuits d'Young, trad. de l'angl. par le Tourneur. *Paris*, 1770, 4 *vol. in*-12. *v. m.* 2. 30.

759. The fables of Flora, by Langhorne. *London*, 1804, *in*-12. *fig. v. r.* = Moore's fables. *London*, 1799, *in*-12. *fig. v. r. dent.* 3. 60.

760. Poetical sketches of Scarborough, illustrated by 21 engravings coloured of humorous subjects, by J. Green. *London*, 1813, *in*-8. *cart. Pap. Vél.* 6. 50.

761. Ossian, fils de Fingal; poésies galliques, trad. de l'angl. de Macpherson, par le Tourneur. *Paris*, *an* VII, (1799,) 2 *vol. in*-8. *fig. v. m.* 4. 15.

762. Satyre du prince Cantemir, trad. du russe. *Londres*, 1750, *in*-12. *m. r.* 2. 55.

MYTHOLOGIE.

Fables et Apologues.

763. Les fables égyptiennes et grecques, par Pernety. *Paris*, 1786, 2 *vol. in*-8. *bas.*=Dictionnaire mytho-hermétique, par le même. *Paris*, 1787, *in*-8. *bas.* 3.

764. L'Encyclopédie des dieux et des héros, par Libois. *Paris*, 1773, 2 *vol. in*-8. *v. m.*

765. Lettres à Emilie sur la mythologie, par C. A. Demoustier. *Paris*, 1801, 6 *vol. in*-8. *fig. v. éc.* } 10.

766. Arabesques mythologiques, ou les attributs de toutes les divinités de la fable, par Mme de Genlis. *Paris*, 1810, 2 *vol. in*-12. *fig. v. f.* 6. 20.

767. Galerie mythologique, par A. L. Millin. *Paris*, 1811, 2 *vol. in*-8. *fig. v. f. dent.* 22. 10.

768. Dictionnaire portatif de la fable, par Chompré. *Paris*, 1801, 2 *vol. pet. in*-8. *bas.*=Dictionnaire iconologique, par de Prezel. *Paris*, 1779, 2 *vol. pet. in*-8. *v. m.* 3. 95.

769. Fabellæ Æsopicæ, latine. *Ex officina Plantiniana*, 1604, *pet. in*-12. *bas. fig. en bois.* 2. 5.

E iv

759 le second double cart. non rogné — 1. 90.

759 triple cart. — 1. 80.

770. Æsopus in Europa, en hollandois. *La Haye*, 1728, *in-4. fig. v. m.*

Facéties, Plaisanteries, Histoires comiques, etc.

771. Les Métamorphoses, ou l'âne d'or d'Apulée, trad. du lat. *Paris*, 1707, 2 *vol. in*-12. *fig. v. f.*

772. Les mêmes. *Francfort*, 1769, 2 *vol. in*-12. *bas.*

773. Nugæ venales, sive thesaurus ridendi et jocandi. *Londini*, 1741. = Pugna Porcorum, per P. Porcium. *Niverstadii*, 1720, *pet. in*-12. *v. f.*

774. Democritus ridens, sive campus recreationum honestarum. *Amst.* 1655. = Florilegium politicum Arnoldi Fontani. *Amst.* 1659, *pet. in*-12. *fig. mout. r.*

775. Les contes de Pogge Florentin. *Amst.* 1712, *in*-12. *v. b.*

776. La Zucca del Doni. *In Vinegia*, 1551, *in*-8. *v. m. fig. en bois.*

777. La plaisante et joyeuse histoire du grand géant Gargantua, (par F. Rabelais.) *Valence*, 1547. = Second livre de Pantagruel, roy des Dipsodes, restitué à son naturel, par le même. *Valence*, 1547, *in*-16. *v. b. dent. fig. en bois.*

778. Œuvres de Me F. Rabelais. *Amst.* 1711, 5 *vol. in*-12. *fig. v. b.*

779. Les mêmes. *Amst.* 1725, 5 *vol. in*-12. *fig. v. m.*

780. Les mêmes, avec les remarques de le Duchat, ornées de figures de B. Picart. *Amst.* 1741, 3 *vol. in*-4. *v. m.*

781. Le Rabelais moderne, ou les Œuvres de Rabelais mises à la portée de la plupart des lecteurs, (par de Marsy.) *Amst.* 1752, 8 *vol. in*-12. *bas.*

782. Œuvres de Rabelais. *Paris, Bastien*, 1783, 2 *vol. in*-8. *v. éc.*

783. Les mêmes. *Paris, l'an* VI, (1798,) 3 *vol. in*-8. *fig. v. m.*

784. Les mêmes. *Paris, Janet*, 1823, 3 *vol. in*-8. *br.*

Baillot.

p.
Mc huzard.

p.

gaudefroy.

techener. 776. gui.

Racine 778 ou 779. harr.
moore

Certaine relié en 7.
Decourtière
Certaine
garnot.
p.

785. fie. h2t

techener

gaudefroy

p.

Racine

et les touches — Simonet

revendu, la table étant imparfaite — pantier

le titre doublé — Cretaine

pantier

p.

pantier

idem.

piqué — techener

il manque le livre troisième — p.

785. Les mêmes, avec les songes drolatiques de Pantagruel. *Paris*, *Dalibon*, 1823, 9 *vol. in*-8. *fig. et six cahiers des songes*, *br.*

786. Le nouveau Panurge, avec sa navigation en l'isle imaginaire, etc. *La Rochelle, Michel Gaillard*, *pet. in*-12. *v. m.*

787. Recueil fait au vray de la chevauchée de l'asne, faicte en la ville de Lyon, le 1er. septembre 1566. *Lyon*, *in*-8. *m. r. dent.* Rare.

788. J. Meursii elegantiæ latini sermonis, (à N. Chorier.) *Lug. Bat.* (*Paris. Barbou*,) 1774, *in*-8. *v. m.*

789. Le Salmigondis, ou le manège du genre humain, (par Beroalde de Verville.) *Liège*, 1698, *pet. in*-12. *m. r. dent.*

790. Sérées de Guill. Bouchet. *Rouen*, 1635, *in*-8. *v. b.*

791. Les Bigarrures du seigneur des accords, (E. Tabourot.) *Paris*, 1603, 2 *vol. in*-12 *bas.*

792. Les mêmes. *Rouen*, 1640, *in*-8. *v. b.*

793. Les OEuvres de Bruscambille, (Deslauriers,) contenant ses fantaisies, etc. *Rouen*, 1622, *in*-12. *v. f.*

794. Les Fantaisies de Bruscambille, (Deslauriers,) contenant plusieurs discours, et prologues facétieux. *Paris*, 1615, *in*-8. *v. m.*

795. Le même ouvrage. *Rouen*, 1618, *in*-12. *v. porph. dent.*

796. Pensées facetieuses et bons mots de Bruscambille, (Deslauriers.) *Cologne*, 1709, *pet. in*-12. *v. porph.*

797. Les mêmes. *Cologne*, 1741, *in*-12. *v. éc.*

798. Inventaire universel des OEuvres de Tabarin, contenant ses fantaisies, dialogues, etc. *Paris*, 1623, *in*-12. *m. r. dent.*

799. Les Tours de maître Gonin, (par Bordelon.) *Amst.* 1713, 2 *tom. en* 1 *vol. in*-12. *v. b.*

800. La sage folie fontaine d'allegresse, mere de

plaisir, et royne des belles humeurs, trad. de l'italien de A. M. Spelte, par L. Garon. *Lyon*, 1650, *in*-8. *v. b.*

801. L'Enfant Sans Soucy, divertissant son pere Roger Bontemps, et sa mere Boute tout cuire. *Villefranche*, 1682, *in*-18. *cart.*

802. Le Facécieux, drolifique et comique réveil-matin des esprits mélancoliques. *Vaudemont*, 1715, *in*-12. *v. m.*

803. Les Libertins en campagne, mémoires tirés du père de la Joie, ancien aumônier de la reine d'Yvetot. *Imprimée au quartier royal*, 1710, *pet. in*-12. *m. r.*

804. L'Écureuil de la cour, ou veillées divertissantes. *Leyde*, 1718, *in*-12. *v. b.*

805. Nouveaux contes à rire, et aventures plaisantes. *Cologne*, 1722, 2 *vol. in*-12. *fig. m. r.*

806. La Maison des jeux, ou se trouvent les divertissemens d'une compagnie, par des narrations agréables, etc. (par C. Sorel.) *Paris*, 1657, 2 *vol. in*-8. *m. bl.*

807. Amusemens agréables, ou nouveau passetems à la mode, pour la ville et la campagne. *La Haye*, 1738, *in*-12. *v. m.*

808. Amusement philosophique, très sérieux, comique, hist. etc. par de Gueudeville. *La Haye*, 1743. = Le Febricitant philosophe, ou l'éloge de la fièvre quarte, trad. du lat. par le même. *La Haye*, 1743, *in*-12. *v. éc. dent.*

809. L'art de désopiler la rate, (par A. J. Panckoucke.) *Gallipoli*, 1786, 2 *tom. en* 1 *vol. in*-12. *v. porph. dent.* = Le cabinet de Lampsaque, ou choix d'épigrammes érotiques des plus célèbres poètes français. *Paphos*, 1784, 2 *vol. in*-18. *fig. v. éc.*

810. Manuel des oisifs, contenant 700 folies et plus, etc. *Paris*, 1786, 2 *vol. in*-8. *v. éc.*

techener

gaudefroy revendu imparfait des 5 feuillets
racine
idem

baillot.

gaudefroy.
idem 805. Sne.

idem

Radine revendu imparfait de la f[illegible] dans le 1er article
techener

Malafait

julien
p.

techener

simonet.

flouanet.

814 D.B. haillot.

p.

potier

gab. warée

cordier

Lacourière

811. Procèz et amples examinations sur la vie de caresme-prenant, etc. *Paris*, 1605. = Traité de mariage entre Julian Peoger, etc. *Lyon*, 1611. = Copie d'un bail fait par une jeune dame, etc. *Paris*, 1609. = La raison pourquoi les femmes ne portent barbe au menton, etc. *Paris*, 1601, *pet. in-8. v. f.*

Édition renouvelée.

812. Les yeux, le nez et les tetons, ouvrages cu-vrages curieux et galants, composés pour le divertissement d'une certaine dame de qualité. *Amst.* 1716, 1717 et 1720, 3 *part. en* 1 *vol. in-*12. *v. m.*

813. Histoire du prince Aprius, par Esprit, (de Beauchamps.) *Constantinople*, 1729, *in-*12. *m. r. dent.*

814. Les étrennes de la saint Jean, par le comte de Caylus. *Troyes*, 1757, *in-*12. *m. r.*=Mémoires de l'académie des colporteurs, par le même. 1748, *in-*12. *m. r.*

815. Les Écosseuses, ou les œufs de pâques, par le comte de Caylus. *Troyes*, 1745, *in-*12. *v. m.* = Les étrennes de la saint Jean, par le même. *Troyes*, 1751, *in-*12. *v. m.*

816. Le Plat de carnaval, ou les beignets apprêtés par Guillaume Bonnepâte. *A Bonnehuile, chez feuclair, l'an dix-huit cent d'œufs*, (*Paris, Caron*,) *in-*12. *dem. rel. dos de m. r. non rogné.*

Imprimé sur papier rose.

Contes et nouvelles.

817. Le Décameron de J. Boccace, trad. en franç. *Londres*, (*Paris*,) 1757, 5 *vol. in-*8. *m. r. fig. doubles.*

818. Contes de Boccace, trad. en français. *Londres*, 1779, 10 *vol. pet. in-*12. *fig. v. éc.*

819. Les facécieuses nuits de Straparole. 1726, 2 *vol. in*-12. *v. r.*

820. Les cent nouvelles nouvelles. *Cologne*, 1736, 2 *vol. in*-8. *v. m. fig. de Romain de Hooghe.*

821. Contes de Marguerite de Valois, reine de Navarre. *Amst.* 1700, 2 *vol. petit in*-8. *fig. v. f.*
Le titre du tome 1er est déchiré dans le bas.

822. Les nouvelles de Marguerite, reine de Navarre. *Berne*, 1780, 3 *vol. in*-8. *fig. v. m.*

823. Les mêmes. *Londres*, (*Paris*,) 1787, 8 *vol. in*-18. *fig. bas.*

824. Les contes, ou les nouvelles recréations, et joyeux devis, de Bonaventure des Periers, publ. par de la Monnoye. *Amst.* 1735, 3 *vol. in*-12. *v. m.* = Cymbalum mundi, ou dialogues satyriques, par le même. *Amst.* 1732, *in*-12 *v. f.*

825. Les contes et discours d'Eutrapel, par N. Dufail, avec le discours d'aucuns propos rustiques, par le même. 1732, 3 *vol. in*-12 *v. f.*

826. Les neuf matinées du seigneur de Cholieres. *Paris*, 1585, *in*-8. *m. r. dent.*

827. Nouvelles nouvelles, (par J. Donneau de Vizé.) *Paris*, 1663, 3 *vol. pet. in*-12 *v. m.*

828. Les mille et une faveurs, par le chevalier de Mouhy. *Londres*, 1740, 8 *tom, en* 4 *vol. in*-12. *v. b.* = Le pélerin d'amour. *Bergerac*, 1609, 1 *tom. en* 2 *vol. in*-12. *v. f.*

829. Les contes des fées, par Mme d'Aulnoy. *Paris*, 1774, 4 *vol. in*-12. *bas.*

830. La princesse Coque-d'Œuf, et le prince Bonbon, (par Melle de Lubert.) *La Haye*, 1745, *in*-12. *v. m.* = Histoire secrète du prince Croqu'étron et de la princesse Foirette. *A Gringuenaude*, *pet. in*-12. *cart.*

831. L'origine des cabriolets, conte allégorique et méchanique. *A l'isle des chimères*, 1755, *in*-12. *v. m.*

techener.

Racine

idem

porquet.

p.

gaudefroy

Racine

p.

simonet.

techener

maze

julien

Racine

mc Baile

Simonet.

Rorand.

p.

p.

maze

p.

maze

techener.

gaudefroy

p.

p.

giraud.

p.

832. Nocrion, conte allobroge, (par de Caylus.) 1747, *in*-12. *cart.* = Le voyage du valon tranquille, nouvelle historique, (par F. Charpentier.) 1673, *pet. in*-12. *dem. rel.*

833. Contes moraux, par Marmontel. *Paris*, 1776, 3 *vol. in*-8. *fig. v. m.* = Nouveaux contes moraux, par le même. *Paris*, 1801, 4 *vol. in*-8. *v. éc.*

834. Nouveaux contes moraux, par Mme de Genlis. *Paris*, 1802, 3 *vol. in*-12. *bas.* = Contes philosophiques et moraux, par de la Dixmerie. *Orléans*, 1769, 3 *vol. in*-12. *bas.*

835. Contes à ma fille, par J. N. Bouilly. *Paris*, 1810, 2 *vol. in*-12. *fig. v. f.*

836. Contes en prose et en vers, par de Lantier. *Paris*, 1806, 2 *vol. in*-8. *br.* = Contes et poésies diverses de Pons de Verdun. *Paris*, 1807, *in*-8. *br.*

837. Apologues et contes orientaux, par Blanchet. *Paris*, 1784, *in*-8. *bas.* = Fables, par Willemain d'Abancourt. *Paris*, 1777, *in*-8. *bas.*

Romans grecs.

838. Les amours pastorales de Daphnis et Chloé, trad. du grec, de Longus, par Amyot. 1718, *in*-8. *m. r. fig. du Régent.*

839. Le même ouvrage, de Longus, double traduction d'Amyot et d'un anonyme. *Paris*, 1757, *in*-4. *m. r. dent. fig. du Régent.*

840. Le même ouvrage. *Lille*, 1792, *in*-8. *v. f. dent. fig. du Régent.*

841. Le même ouvrage, par P. B.... *Paris*, *an* VI, (1798,) *pet. in*-8. *v. porph. fig. avant la lettre.*

842. Le même ouvrage, trad. par Amyot. *Paris*, 1803, *in*-12. *m. vert. dent. avec une fig.*

Imprimé sur papier rose.

843. Le même, trad. par Amyot, et publ. par Courier. *Paris*, 1821, *in*-8. *br.*

Romans français rangés par ordre alphabétique.

844. Bibliothéque universelle des romans, depuis 1775 jusqu'en décembre 1785. *Paris*, 42 *vol. in*-12. *v. m.*

845. La Bibliothéque bleue, contenant l'histoire de Pierre de Provence, etc. *Liége*, 1787, 3 *vol. in*-12. *dem. rel.*

846. La devise des armes des chevaliers de la table ronde, avec la description de leurs armoiries. *Lyon*, 1590, *in*-18. *fig. m. cit.*

847. Tableau des mœurs françaises, aux temps de la chevalerie, tiré du roman de sire Raoul, et de la belle Ermeline, (par le C. de Vaudreuil.) *Paris*, 1825, 4 *vol. in*-8. *br.*

848. L'ambitieuse grenadine, histoire galante, (par de Prechac.) *Paris*, 1678. = Histoire des reines Jeanne Ire et Jeanne IIe, reines de Naples, comtesses de Provence, (par Guyot.) *Paris*, 1700, *in*-12. *v. m.*

849. L'Adamite, ou le jésuite insensible, nouvelle doctrine. *Cologne*, *Louis le Sincère*, 1684, *in*-12. *v. éc.* = Ainsi va le monde, (par Nougaret.) *Amst.* 1769, *pet. in*-12. *v. éc.*

850. Les amours de Psyché et de Cupidon, avec le poëme d'Adonis, par La Fontaine. *Paris*, *Didot*, 1797, 2 *vol. in*-12. *fig. v. porph. dent. Pap. Vél.*

851. Les amours de Sainfroid, jésuite, et d'Eulalie, fille dévote. *La Haye*, 1748, *in*-12. *v. éc.*

852. Amours des dames illustres de France, sous le règne de Louis XIV. *Cologne*, *P. Marteau*, 2 *vol. in*-12. *fig. v. f.*

853. Amours des dames illustres de nostre siècle, (par Bussy Rabutin.) *Cologne*, 1680, *in*-12. *v. porph.*

854. L'année galante, ou les intrigues secrètes du

Racine

845. sne.

gaudefroy

Racine

idem — revendu le 1er art. imparfait dans l'épitre dédicatoire.

p.

Baillot. — le 1er avec bien des defauts.

idem

gaudefroy

Racine

girond.

Racine

Racine

mr Berise

p.

857. gre. h[t]

potier

Racine

Baillot.

Saingore

Racine

p.

martin

Baillot.

marquis de L***. (L'Etuvière.) *Paris*, 1785. = Les derniers adieux du quai de Gèvres à la bonne ville de Paris. *Paris*, 1787. = Almanach de la Samaritaine, pour 1787. = Almanach en réponse à celui de la Samaritaine. *Paris*, 1788. = Le voisin de la Samaritaine. *Paris*, *in*-18. *dem. rel.*

855. Les aventures de Pomponius, chevalier romain, ou l'histoire de notre temps, (par Labadie.) *Rome*, 1728, *in*-12 *m. r. dent.*

856. Aventures de Télémaque, par de Fénelon. *La Haye*, 1715, *in*-12. *fig. v. b.* = La Télémacomanie, ou la censure de Télémaque, (par Faydit.) *Eleutherople*, 1700, *in*-12. *v. b.*

857. La Caritée, ou le pourtraict de la vraye charité, histoire dévote tirée de la vie de saint Louys, par J. P. Camus, évesque de Belley. *Paris*, 1641, *pet. in*-8. *v. f.*

858. Le comte de Valmont, ou les égaremens de la raison, (par Girard.) *Paris*, 1781, 5 *vol. in*-12. *v. m.*

859. Les Contemporaines, ou aventures des plus jolies femmes de l'âge présent, (par Retif de la Bretonne.) *Paris*, 1780, 21 *vol. in*-12. *fig. dem. rel.*

860. Corinne, ou l'Italie, par Mme de Staël. *Paris*, 1807, 3 *vol. in*-12. *br.* = Histoire admirable du franc Harderad, et de la vierge Aurelia; légende du VIIe siècle, publiée par A. Trognon. *Paris*, 1825, *in*-8. *br.*

861. La Découverte australe, par un homme volant, ou le Dédale français, (par Rétif de la Bretonne.) *Paris*, 4 *vol. in*-12. *fig. v. éc.*

862. Don Alonso, ou l'Espagne, par M. de Salvandy. *Paris*, 1828, 4 *vol. in*-12. *br.*

863. L'Ecole des pères, par Rétif de la Bretonne. *Paris*, 1776, 3 *vol. in*-8. *bas.*

864. La France galante, ou histoires amoureuses

de la cour. *Cologne, P. Marteau,* 1709, *in-*12. *fig. v. j.*

865. Les galanteries des rois de France, (par Vanel.) *Cologne, P. Marteau,* 3 *tom. en* 1 *vol. in-*12. *fig. v. m.*

866. Le même ouvrage. *Cologne,* 1752, 2 *tom. en* 1 *vol. in-*12. *v. m.* = Le Gazetier cuirassé, ou anecdotes scandaleuses de la cour de France, (par Theveneau de Morande.) 1771, *in-*12. *v. m.*

867. Galanteries des rois de France, par H. Sauval. (*Hollande,*) 1731, 2 *tom. en* 1 *vol. in-*8. *v. uni. dent.*

868. Histoire amoureuse de Pierre le Long et de Blanche Bazu, (par de Sauvigny.) *Londres*, 1765, *in-*12. *m. r.* = Le Grelot, ou les etc. etc. etc. (par Baret.) 2 *part. en* 1 *vol. in-*12. *v. m.*

869. Histoire de Gilblas de Santillane, par Le Sage. *Montargis*, 1785, 4 *vol. in-*12. *bas.* = Histoire de la comtesse des Barres. *Bruxelles*, *Foppens*, 1736, *pet. in-*12. *v. f.*

870. Histoire de Gil Blas de Santillane, par Le Sage. *Paris, l'an* IX, (1801,) 4 *vol. in-*12. *tirés sur Pap. Vél. in-*8. *v. r. dent. fig. avant la lettre.*

871. Histoire de Manon Lescaut et du chevalier des Grieux, par l'abbé Prevost. *Paris, Didot*, 1797, 2 *vol. in-*18. *v. f. dent.*

872. Histoire du petit Jehan de Saintré, extrait de la vieille chronique, par de Tressan. *Paris, Didot jeune*, 1791, *in-*18. *fig. m. r. dent. Pap. Vél.*

873. Histoires nouvelles et Mémoires ramassés, (par le comte de Caylus.) *Londres*, (*Paris*,) 1745, *in-*12. *m. r.*

874. Illyrine, ou l'écueil de l'inexpérience, par de Morency. *Paris, an* VII, (1799,) 3 *vol. in-*8. *dem. rel.*

875. Lettres de Ninon de Lenclos au marquis de Sévigné, (par Damours.) *Paris*, 1798, 2 *vol. in-*18. *m. v. Pap. Vél.*

p.

Dabin avec un double du 2e article

Racine

gaudefroy

p.

Racine

maze

Racine

Baillot.

p.

p.

techener

p.

Simonet

gab. warée

ajouté le vol. p.

p.

p.

Racine

gaudefroy.

très taché dans un volume chinot.

876. Lettres d'une fille à son père, (par Rétif de la Bretonne.) *Paris*, 1772, 5 *vol. in*-12. *bas.* = Les Parisiennes, ou caractères pris dans les mœurs actuelles, (par le même.) *Paris*, 1787, 4 *vol. in*-12. *bas.*

877. Lettres d'une Péruvienne, par Mme de Grafigny. *Paris, Didot*, 1797, 2 *vol. in*-12. *v. f. dent. Pap. Vél. fig. avant la lettre.*

878. Lettres portugaises. *Paris*, 1796, 2 *tomes en* 1 *vol. in*-12. *v. gauf. dent. Pap. Vél.*

879. Les Liaisons dangereuses, par Choderlos de La Clos. *Londres*, 1796, 2 *vol. in*-8. *fig. m. vert.*

880. Le Lict d'honneur de Chariclée, où sont introduites les infortunes, et tragiques amours du comte de Melisse, par J. d'Intras. *Paris*, 1609, *in*-12. *v. f.*

881. Les Martyrs, par M. de Chateaubriand. *Paris*, 1809, 2 *vol. in*-8. *dem. rel.*

882. Mémoires de mademoiselle Bontemps, ou de la comtesse de Marlou, par Gueullette. *Amst.* 1738, *in*-12. *v. f.* = Le Miroir, ou la métamorphose d'Orante. *Paris*, 1661, *in*-12. *v. m.*

883. Mémoires de mademoiselle de Mainville, par le marquis d'Argens. *La Haye*, 1736. = L'art de ne point s'ennuyer, par Deslandes. *Amst.* 1715, *in*-12. *v. b.* = Mémoire du comte de Vaxen, ou le faux rabin, par le marquis d'Argens. *Amst.* 1749. = Vie de la duchesse de la Vallière. *Cologne*, 1742, *in*-12. *v. f.*

884. Mémoires historiques et secrets concernant les amours des rois de France, (publ. par d'Argens.) *Paris, vis-à-vis le Cheval de Bronze*, 1739, *in*-12. *dem. rel.*

885. Les Nones galantes, ou l'amour embéguiné, (par d'Argens.) *La Haye*, 1740, *in*-12. *v. m.*

886. Les Nuits de Paris, ou le spectateur nocturne, (par Rétif de la Bretonne.) *Paris*, 1791, 8 *vol. in*-12. *dem. rel.*

887. OEuvres de Pigault le Brun, savoir : La Famille Luceval, 4 *vol.* = L'Homme à projets, 4 *vol.* = M. de Roberville, 4 *vol.* = Une Macédoine, 4 *vol. Paris*, 1806, *et années suiv.* 16 *vol. in*-12. *dem. rel.*

888. Le Paysan perverti, par Rétif de la Bretonne. *Paris*, 1776, 4 *tom. en* 2 *vol. in*-12. *fig. m. r.*

889. Le même. *Paris*, 1776, 4 *vol. in*-12. *fig. bas.* = Le Paysan et la Paysanne pervertis, par le même. *La Haye*, 1784, 4 *vol. in*-12. *bas.*

890. Le Poëte, ou mémoires d'un homme de lettres, (par Desforges.) *Hambourg*, 1798, 4 *vol. in*-12. *bas.*

891. Les Posthumes, lettres reçues après la mort du mari, par sa femme, qui le croit à Florence, par feu Cazotte. *Paris*, 1802, 4 *vol. in*-12. *dem. rel.*

892. Recueil de lettres de Dorval à Emilie. *In*-4. *dem. rel.*

Manuscrit sur papier contenant 74 lettres, et 218 pages ; la première est datée du 14 fructidor an IV.

893. Le Roman bourgeois, par A. Furetière. *Amst.* 1714, 2 *tom. en* 1 *vol. in*-12. *fig. v. f.* = Le Pythagore moderne, ou les aventures du Go....... 1762, *in*-8. *cart.*

894. Romans et contes de Voltaire. *Bouillon*, 1778, 3 *vol. in*-8. *fig. v. r. dent.*

895. Tarsis et Zélie, (par le Vayer de Boutigny.) *Paris*, 1774, 3 *vol. in*-8. *v. f.*

896. Le temple de Gnide, suivi d'Arsace et Isménie, par Montesquieu. *Paris*, *Didot*, 1796, *in*-12. *fig. v. porph. dent. Pap. Vél.*

897. Le temple de Gnide, (de Montesquieu,) mis en vers par Colardeau. *Paris*, *gr. in*-8. *fig. v. f.*

898. Les travaux d'Aristée et d'Amarile dans Salamine, trad. du grec de Théophraste, par Mélidor, (Composé par Cury.) *Caen*, 1629. = Le facé-

p.

p.

p.

La Couriere

p.

la Couriere

Racine

gaudefroy

Certaine

p.

giron.

gaudefroy. relevé du imparfait d'un feuillet

gab-Marie

Ducrard.

p.

Racine

Lacorrière

Gaudefroy

gaté La Corrière

Girod.

Racine

p.

tieux réveil-matin des esprits mélancoliques. *Leide*, 1644, *in*-12. *v. f.*

899. La vie de madame de Brancas, et autres pièces galantes de la cour. *Fribourg*, 1668, *in*-12. *m. r. dent.*

900. Voyages de mylord Céton dans les sept planètes, ou le nouveau Mentor, (par madame Robert.) *Paris*, 1765, 7 *vol. pet. in*-12. *bas.*

901. La vraie histoire comique de Francion, par N. du Moulinet. *Leyde*, 1721, 2 *vol. in*-12. *bas.*

Romans italiens, allemands, etc.

902. Tableau des riches inventions couvertes du voile des feintes amoureuses qui sont représentées dans le songe de Poliphile, (composé en italien par F. Colonne,) dévoilées par Béroalde. *Paris*, 1600, *in*-4. *fig. v. f. dent.*

903. Philoclès, imitation de l'Agathon de Wieland. *Paris*, 1820, 2 *vol. in*-8. *br.* = L'année la plus remarquable de ma vie, par Kotzbuë, trad. de l'allemand. *Paris*, 1802, 2 *vol. in*-8. *v. r.*

904. Les souffrances du jeune Werther, trad. de l'allem. de Goethe, (par M. de la Bédoyère.) *Paris*, 1809, *in*-8. *fig. br.* = Werther, trad. par C. L. Sevelinges. *Paris*, 1804, *in*-8. *br.*

905. Aventures amoureuses de Luzman, chevalier espagnol, et d'Arbolea sa maîtresse, mis d'espagnol en françois. *Rouen*, 1598. = Le réveille-matin des dames, par de la Serre. *Paris*, 1638, *petit in*-12. *v. éc.*

906. Histoire de don Quichotte de la Manche, et les Nouvelles, trad. de l'espagnol de Michel Cervantes. *Amst.* 1768, 8 *vol. in*-12. *fig. v. f.*

907. Don Quichotte de la Manche, trad. de l'espagnol de Cervantes, par Florian. *Paris*, 1799, 3 *vol. in*-8. *fig. v. r.*

908. Clarisse Harlowe, trad. de l'angl. de Richardson, par le Tourneur. *Genève*, 1785, 10 *vol. in*-8. *fig. v. porph.*

909. Le vicaire de Wakefield, par O. Goldsmith, trad. de l'angl. avec le texte en regard, par C. Gin. *Paris*, 1797, 2 *vol. in*-8. *v. r. Pap. Vél.*

910. La vie et les aventures de Robinson Crusoé, trad. de l'anglais, (de D. de Foe.) *Paris*, 1768, 6 *tom. en* 3 *vol. in*-12. *fig. v. m.*

911. Le même ouvrage. *Paris, Panckoucke, an* VIII, (1800,) 3 *vol. gr. in*-8. *fig. m. r. dent. Pap. Vél.*

912. La vie et les opinions de Tristram Shandy, trad. de l'anglais de Sterne. *Paris*, 1777, 4 *vol. in*-12. *bas.*

913. Le même ouvrage. *Paris*, 1785, 2 *vol. in*-12. *v. f.* = Les promenades de Frankly, publiées par sa sœur, trad. de l'angl. *Paris*, 1773, 2 *part. en* 1 *vol. in*-12. *dem. rel. dos de m. bl.*

PHILOLOGIE.

Critiques anciens et modernes.

914. Banquet des savans, par Athénée, trad. par Lefebvre de Villebrune. *Paris*, 1789, 5 *vol. in*-4. *bas.*

915. Dictionnaire littéraire, extrait des meilleurs auteurs anciens et modernes. *Liége*, 1768, 3 *vol. in*-8. *bas.* = Dictionnaire des richesses de la langue françoise, (par Alletz.) *Paris*, 1770, *in*-8. *bas.*

916. Bibliothèque critique, par de Sainjore, (R. Simon.) *Amst.* 1708, 4 *vol. in*-12. *v. b.*

917. Mélanges de critique et de philologie, par Chardon de la Rochette. *Paris*, 1812, 3 *vol. in*-8. *dem. rel.*

918. De la littérature considérée dans ses rapports avec les institutions sociales, par madame de Staël. *Paris, an* VIII, (1800,) 2 *vol. in*-8. *bas.* = Remarques sur quelques ouvrages modernes,

gaudefroy

cretaine

Racine

gaudefroy

p.

Racine

911. gre. ae[+]

Racine

p.

gaudefroy.

maze

ajouté lettre sur les ouvrages de Mme de Stael, in 8.

919. ~~[illegible]~~ Racine

920. fie. p^t y. gre. h^t Idem

p.

Racine

923. ellel.

ajouté un 2e meme edition

grandmanche

Silvestre

p.

927. Beu. C. potier

ce volume porte pour servir d'introduction
a la description de la [illegible]. fayolle

précédées de l'analyse de Delphine de madame de Staël. *Milan*, 1805, *in*-8. *br.*

919. Curiosités de la littérature, trad. de l'anglais par Bertin. *Paris*, 1810, 2 *vol. in*-8. *dem. rel.*

920. Recherches sur les sources antiques de la littérature française, par Berger de Xivrey. *Paris*, 1829, *in*-8. *br.* = Histoire littéraire des dix premiers siècles, par Berington, trad. de l'angl. *Paris*, 1814, 2 *part. in*-8. *br.*

921. Jugement et observations sur la vie et les œuvres de Fr. Rabelais, ou le véritable Rabelais reformé, (par J. Bernier.) *Paris*, 1699, *in*-12. *v. b.* = La guerre des auteurs anciens et modernes, (par Gueret.) *Paris*, 1697, *in*-12. *v. b.*

922. Notices et observations pour préparer et faciliter la lecture des Essais de Montaigne, par Vernier. *Paris*, 1810, 2 *vol. in*-8. *dem. rel.*

923. Observations sur l'Histoire de France, de Velly, Villaret, etc. par Gaillard. *Paris*, 1806, 4 *vol. in*-12. *dem. rel.*

Satyres, Invectives, Défenses, Apologies, etc.

924. Traduction de Pétrone, avec le texte en regard, par Nodot. *Cologne*, 1694, 2 *vol. in*-12. *v. b.*

925. Le même ouvrage. 1709, 2 *vol. in*-12. *fig. m. r. l. r.*

926. Satire de Pétrone, trad. (par Durand,) avec le texte. *Paris*, 1803, 2 *vol. in*-8. *v. r.*

927. Essai sur l'histoire naturelle de quelques espèces de moines décrits à la manière de Linné, (trad. du lat. de I. de Born, par Broussonet.) *Paris*, 1798, *in*-8. *fig. cart.*

928. Lettre sur l'origine, l'habit, le génie et la manière de vivre des PP. capucins. *Cologne*, 1742, *in*-12. *non rel.*

929. Les récréations des capucins, ou description hist. de la vie que mènent les capucins pendant leurs récréations. *La Haye*, 1738, *in*-12. *v. b.*

930. Mémoires pour servir à l'histoire de la calotte, (par Margon, etc.) 1752, 4 *part. en* 1 *vol. in*-12. *v. b.*

931. De la charlatanerie des savans, trad. du lat. de Menken. *La Haye*, 1721, *in*-12. *v. j.* = La Mandarinade, ou histoire comique du mandarinat de l'abbé de Saint-Martin, marquis de Miskou, etc. (par C. G. Porée.) *La Haye*, 1738, *in*-12. *v. m.*

932. Mémoires de l'académie des sciences, inscriptions, etc. de Troyes en Champagne, par Grosley. *Paris*, 1756, 2 *tom. en* 1 *vol. in*-12. *v. f.*

933. Mémoires de l'Académie d'Asnieres. *Paris*, 1783, 2 *part. en* 1 *vol. in*-12. *v. f.* = Mémoires littéraires de Montmartre. *Paris*, 1786, *in*-12. *v. f.* = Eloge de l'âne, (par D. Cajot.) *Paris*, 1769, *in*-12. *v. f.*

934. Mémoires de l'académie des colporteurs, (par le comte de Caylus.) 1748, *in*-12. *fig. m. r.*

935. Le réveil matin fait par M. Bertrand pour réveiller les prétendus savans matématiciens de l'académie royale de Paris, et autres pièces. *Hambourg*, 1674, *in*-8. *fig. vél.*

936. Le petit almanach de nos grands hommes, (par Rivarol et Champcenetz.) *Paris*, 1788, *in*-12. *v. m.* = Almanach nocturne à l'usage du grand monde, pour les années 1740 à 1742, (par Deneufville-Montador.) *In*-12. *v. porph. dent.*

937. Le petit almanach de nos grands hommes, par de Rivarol. *Paris*, 1808, *in*-8. *dem. r.* = Vie politique de tous les députés de la Convention nationale, pendant et après la révolution. *Paris*, 1814, *in*-8. *dem. rel.*

938. Le doyen des almanachs. *Paris*, 1789, *in*-18. *v. porph.* = Etrennes aux amis des 18, ou almanach pour 1798, (par M. Aimé Guillon.) *Paris*, *an* VII, (1799,) *in*-18. *v. éc.*

Ce livre a été supprimé par le Directoire, et l'auteur poursuivi.

Racine

gaudefroy.

Racine

giraud. ajouté un 2e Exemple. v. 6.

gaudefroy

Caussette

Racine + du

giraud.

techener.

Racine

gueroux

girard

potier

Racine

945. ellel.

946. ellel.

avec six brochures. girard

gardefroy

Simonet.

939. Chanson d'un inconnu nouvellement découverte, et mise au jour par le docteur Mathanasius, (par N. Jouin.) *Turin*, 1737, *in*-12. *cart.* = Le chef-d'œuvre d'un inconnu, par Thémiseul de Sainte-Hiacinthe. *Paris*, 1807, 2 *vol. in*-12. *dem. rel.*

940. Le même chef-d'œuvre. *Lausanne*, 1758, 2 *vol. in*-8. *bas.*

941. Le roué vertueux, poëme en prose, (par Coqueley de Chaussepierre.) *Lausanne*, 1770, *in*-8. *fig. cart.* = La cacomonade du docteur Pangloss, (par Linguet.) *Paris*, 1767, *et autres pièces*, *in*-12. *bas.*

942. Histoire de P. de Montmaur, par de Sallengre. *La Haye*, 1715, 2 *vol. in*-8. *fig. v. m.*

943. Le Mastigophore, ou précurseur du zodiaque, auquel par manière apologétique, sont brisées les brides a veaux de maître Ivvain Solanicque, (N. Vivian,) trad. du lat. par R. Grevé, (A. Fusi.) 1609, *in*-8. *v. éc.*

944. Le banquet des sages dressé au logis et aux despens de Me Louys Servin, par C. de l'Espinoeil, (le P. Garasse.) 1617, *in*-8. *m. vert. dent.*

945. Histoire du fameux prédicateur frère Gérunde de Campazas, dit Zotès, trad. de l'esp. de J. Isla. *Paris*, 1822, 2 *vol. in*-8. *br.*

946. Le conte du tonneau, trad. de l'angl. de Swift. *La Haye*, 1757, 3 *vol. in*-12. *fig. v. m.*

947. Le grand mistère, où l'art de méditer sur la garderobe, par Swift, trad. de l'angl. *La Haye*, 1729, *in*-12. *dem. rel. dos de m. r.* = Réflexions sur les grands hommes qui sont morts en plaisantant, par Deslandes. *Amst.* 1776, *in*-12. *cart.*

948. The tour of doctor Syntax, in search of the picturesque. *London*, *in*-8. *cart. Pap. Vél.* 31 *plates coloured.*

949. Mon bonnet de nuit, par Mercier. *Versailles*,

1784, 4 *vol. in*-8. *dem. rel.* = Fictions morales, par le même. *Paris*, 1792, 3 *vol. in*-8. *v. r.*

950. Bibliothéque des petits-maîtres, (par F. C. Gaudet.) *Au Palais-Royal*, 1762, *petit in*-12. *dem. rel.* = Manuel des élégans et des élégantes, (par Rœderer fils.) *Paris*, 1805, *in*-18. *dem. rel.*

951. L'introduction au traité de la conformité des merveilles anciennes avec les modernes, par H. Estienne. *Sur les hasles*, 1607, *in*-8. *v. f.*

952. Apologie pour Hérodote, par Henry Estienne, avec les remarques de le Duchat. *La Haye*, 1735, 3 *vol. in*-12. *v. f.*

953. Réponse à plusieurs injures et railleries, écrites contre Michel de Montagne, dans la logique, ou l'art de penser, (par G. Beranger.) *Rouen*, 1667, *in*-12. *m. r.*

Dissertations critiques, allégoriques et enjouées, etc.

954. Discours facétieux contenant l'éloge de la pauvreté, l'éloge de la laideur, etc. *In*-4. *cart.* Manuscrit moderne sur papier.

955. Eloge de l'enfer. *La Haye*, 1759, 2 *vol. in*-12. *v. m.* = Des perruques, (par de Guerle.) *Paris*, *an* VII, (1799,) *in*-12. *bas.* = De l'âne, par Coupé. 1796, *in*-18. *dem. rel.* = De Nicodème Pantaléon Tire-Point. 1776, *in*-8. *dem. rel.*

956. Stultitiæ laus, Desid. Erasmi declamatio, cum not. var. *Basileæ*, 1676, *in*-8. *fig. v. f.*

957. L'éloge de la folie, trad. du lat. d'Erasme, (par Gueudeville.) *Amst.* 1731, *in*-8. *fig. v. b.*

958. Le même ouvrage, trad. par Barrett. *Paris*, 1789, *in*-12. *fig. bas.*

959. La magnifique doxologie du festu, par S. Roulliard. *Paris*, 1610, *in*-8. *m. r.*

960. L'éloge de l'yvresse, (par Sallengre.) *La Haye*, 1714, *in*-12. *v. f.*

techener.

p.

Racine

952. Mel.

Leber

Fayolle

Gaudefroy -

très mal conditionné.

Garnot.

Techener.

p.

Mc Boite

Malafait.

p.

Racine

Techener

966. C.

Me huzard.

rendu pour une piqure Racine
et vendu avec le no 970, qui était de la même édition.

piqué et mouillé Malafait.

vendu avec 968. Leber

961. L'Éloge de Car, (par d'Allainval.) *Paris*, 1731, *in*-12. *dem. rel.* = La valize ouverte. *Paris*, 1680, *in*-12. *v. éc.*

962. Éloge prononcé par la folie, devant les habitans des Petites-Maisons. *Avignon*, 1760, *in*-12. *v. f.* = La Berlue, (par Poinsinet de Sivry.) *Londres*, 1759.=Éloge de l'ane, (par D. Cajot.) 1782, *in*-12. *v. éc.*

963. Eloge philosophique de l'impertinence, (par de Maimieux.) *Paris*, 1788, *in*-8. *dem. rel.*

964. Panégyrique du sieur Jacques Math. Reinhart, maître cordonnier, par P. Mortier, avec permission de monseigneur l'archevêque de bon sens, 1759. = Oraison funèbre de très habile, très élégant, très merveilleux André Scheling, maître tailleur de Paris. *Vienne*, 1761, *in*-12. *v. m.*

965. The miseries of human life, by J. Beresford. *London*, 1807, 2 *vol. in*-12. *v. f. fig. color.*

966. Les misères de la vie humaine, ou les gémissemens et soupirs exhalés au milieu des fêtes, des spectacles, etc. par J. Beresford, trad. de l'angl. *Paris*, 1809, 2 *vol. in*-8. *dem. rel.*

967. Regrets facétieux, et plaisantes harangues sur la mort de divers animaux, trad. du toscan, (d'O. Landi) en françois, (par François d'Amboise.) *Paris*, 1576, *in*-18. *m. r.*

968. La fameuse compagnie de la Lesine, ou alesne, c'est-à-dire la manière d'épargner, acquérir, et conserver, trad. de l'italien, (de Vialardi.) *Paris*, 1604, *in*-12. *v. f.*

969. Le même ouvrage. *Paris*, 1618, *in*-12. *v. éc.*

970. La contre-lesine, c'est-à-dire, discours et louanges de la libéralité, trad. de l'italien en françois. *Paris*, 1618, *in*-12. *v. f.*

971. Deux plaidoyez d'entre M. Procez appellant de la sentence de M. le sénéchal de raison, ou

son lieutenant, et M. de bon accord, etc. *Paris*, 1570, *in-12. v. porph.*

972. Nouveautés dédiées à gens de différens états, depuis la charrue jusqu'au sceptre, (par Bordelon.) *Paris*, 1724, 2 *vol. in-12. v. b.* = Entretiens des cheminées de Paris, (par Bordelon.) *La Haye*, 1736, *in-12. v. éc.*

973. Le docteur Gelaon, ou les ridiculités anciennes et modernes. *Londres*, 1738, *in-12. v. f.* = Lettres sur la coutume moderne d'employer le vous, au lieu du tu, (par J. Vernet.) *La Haye*, 1752, *in-12. v. éc.*

974. Les chiffons, ou mélange de raison et de folie, par mademoiselle Javotte, ravaudeuse, (par Mague Saint-Aubin.) *Paris*, 1787, *in-12. v. f.*

975. Raison, folie, chacun son mot, petit cours de morale, (par P. E. Lemontey.) *Paris*, 1816, 2 *vol. in-8. br.*

976. Nouvelle école publique des finances, ou l'art de voler sans ailes, par toutes les régions du monde. *Paris*, 1707, *in-12. v. f.*

977. Les tours industrieux, subtils et gaillards de la maltôte, nouvelles galantes. *Paris*, 1708, *in-12. v. b.*

978. Le livre de quatre couleurs, (par Caraccioli.) *Aux 4 élémens, de l'imprimerie de 4 saisons*, 4444, *pet. in-8. m. vert. dent.*

979. Le livre à la mode (par Caraccioli.) *En Europe*, 1759, *pet. in-8. m. vert. dent.*

980. La contre-mode de M. de Fitelieu. *Paris*, 1642, *in-12. v. éc.*

981. Histoire critique des coqueluchons, (par D. Cajot.) *Cologne*, 1762, *in-12. v. f.*

982. Histoire et avantures de milord Pet, conte allégorique. *La Haye*, 1755. = L'Esclavage rompu, ou la société des francs-péteurs, (par de Corvaisier.) 1756, *in-12. cart.*

p.

Racine

973. Bel. h+

p.

gaudefroy

975. Bel. i+

Racine

idem

a la suite nouvelle ecole de finances du n° precedent

Guerard.

Baillot.

Leber.

gaudefroy

potier

potier

La Courière

revendu les arrets d'amour imparfaits de deux feuillets au commencement du glossaire.

Guérard.
Racine

Racine

Racine

Techener

La Courière

Dissertations sur l'amour. Traités critiques et apologétiques de l'un et de l'autre sexe, etc.

983. Dictionnaire d'amour, (par Dreux du Radier.) *La Haye*, 1741, *in*-12. *bas.* = Essai sur l'amour, (par M. Dreux.) *Amst.* (*Paris,*) 1783, *pet. in*-12. *bas.*

984. Dictionnaire contenant les anecdotes historiques de l'amour, (par Mouchet.) *Paris*, 1788, 2 *vol. in*-8. *bas.*

985. Aresta amorum, cum Ben. Curtii Symphoriani explanatione. *Parisiis*, 1544, *in*-8. *v. b.*

986. Les arrets d'amours, avec l'amant rendu cordelier, à l'observance d'amours, par Martial d'Auvergne; avec le glossaire. *Paris*, 1731, *in*-12. *v. m.*

987. Code de l'amour, ou les décisions de Cithère. *Paris*, 1776, 2 *tom. en* 1 *vol. in*-12. *v. m.* = Le Code lyrique, ou réglement pour l'opéra de Paris, (par Meusnier de Querlon.) *A Utopie*, (*Paris,*) 1743, *in*-12. *v. porph.*

988. Les six livres de Mario Equicola d'Alveto, de la nature d'amour, trad. par G. Chappuys. *Paris*, 1584, *in*-8. *v. j.*

989. Amitiez, amours, et amourettes, par le Pays. *Paris*, 1685, *in*-12. *v. m.* = L'Emblême, ou le guerluchon, histoire galante. *Cythère*, 1744, *in*-12. *v. m.*

990. Recueil sur les femmes, 68 *vol. in*-8. *et in*-12. dont : Les Femmes, par M. de Ségur. = Le Code des femmes. = de la grandeur et excellence des femmes au-dessus des hommes, 1713. = Les Femmes savantes, 1718. = Pensées sur les femmes et le mariage. = Apologie des dames. = Les dames retrouvées, 1670. = Du devoir des filles, 1597, *in*-8. *obl. etc.*
Ce numéro pourra être détaillé.

991. La source d'honneur, pour maintenir la corporelle élégance des dames en vigueur, etc. (par Olivier de la Marche.) *Paris*, 1537, *pet. in*-8. *goth. vél. fig. en bois.*

Imparfait de la fin du volume.

992. Les quinze joyes de mariage, auquel on a joint le blason des fausses amours, etc. *La Haye*, 1726, *in*-12. *v. m.*

993. Les abus du mariage, où sont représentées les subtilités déshonnestes, tant des femmes que des hommes, pour se tromper l'un l'autre. 1641, *fig. de Crispin de Pas.* = Les vrais pourtraits de quelques unes des plus grandes dames de la chrestienté, déguisées en bergères. *Amst.* 1640, *in*-4. *v. f. fig. de Crispin de Pas.*

994. Almanach du mariage pour l'année 1735, *Paris*, 1735, *in*-18. *fig. m. bl. dent. tab.* = Almanach des demoiselles. *La Haye*, 1746, *pet. in*-8. *v. f.*

995. La bonté et mauvaistié des femmes, par J. de Marconville. *Paris*, 1566. = De l'heur et malheur de mariage, par le même. *Paris*, 1564. = Recueil mémorable d'aucuns cas merveilleux advenus de nos ans, par le même. *Paris*, 1563, *in*-8. *dem. rel.*

On a coupé un nom sur le titre du premier traité.

996. De la grandeur et de l'excellence des femmes au-dessus des hommes, trad. du lat. de H. C. Agrippa. *Paris*, 1713, *pet. in*-12. *m. bl.*

997. Alphabet de l'excellence et perfection des femmes, par de Lescale. *Paris*, 1631, *in*-12 *v. porph.*

998. L'apothéose du beau sexe. *Londres*, 1741, *in*-12. *v. b.*

999. Philologie, ou apologie des femmes, sources du genre humain, par Poncet de la Grave. *In-fol. non relié.*

Manuscrit sur papier, de plus de 500 pages, écrites à mi-

Barrois l'ainé.

techener

leber.

il manquait a la fin du
l'ouvrage un feuillet d'avis au
lecteur, sans signature. cet avis se trouve dans l'exemplaire
du n° 385.

993. Sne.

gaudefroy.

~~guichard~~ reverdi imparfait d'une feuille dans les 3e traité
guerard.

gaudefroy.

idem

Racine

P.

Dobrée

Racine

merlin

le titre doublé techener

Raillot.

techener

potier

Racine

techener

pothier

potier

marge. M. de la Mésangère a écrit sur l'enveloppe : 144 fr. 6 juin 1810.

1000. L'ami du beau sexe, ou nouvelles réflexions sur l'influence des femmes dans la société, par V. Catalani, trad. de l'ital. avec le texte en regard. *Bourg en Bresse*, 1805, 3 *vol. in*-8. *dem. rel.* 10. 50.

1001. Alphabet de l'imperfection et malice des femmes, par J. Olivier. *Rouen*, 1666, *in*-12. *cart.* 3.

1002. Figures mystiques du riche et précieux cabinet des dames, par A. Duchesne. *Paris*, 1605, *in*-12. *v. f. l. r.* 4. 95.

1003. Le palais des jeux de l'amour et de la fortune, ensemble le royaume de la galanterie, etc. *Paris*, 1663, *in*-12. *v. m.* 14. 5.

1004. Le réveil matin des dames, par de la Serre. *Anvers*, 1656, *in*-12. *m. bl.*

1005. Histoire du temps, ou relation du royaume de coqueterie, (par Hedelin d'Aubignac.) *In*-12. *cart. Le titre est manuscrit.* = Recueil contenant un dialogue du mérite et de la fortune, les maximes et les lois d'amour, etc. *Rouen*, 1667, *pet. in*-12. *v. j.* 2. 60.

1006. Les dames dans leur naturel, ou la galanterie sans façon, sous le règne du grand Alcandre, (par Gatien de Courtilz.) *Cologne, P. Marteau*, 1686, *in*-12. *m. r.* 7. 50.

1007. La logique des amans, ou l'amour logicien, par de Callières. *Paris*, 1668, *in*-12. *v. éc.* = Le caractère d'une femme sans éducation. *Cologne*, *in*-12. *v. b.* 1. 65.

1008. Question célèbre, s'il est nécessaire ou non que les filles soient sçavantes, agitée d'une part par mademoiselle Schurmann, et le sieur And. Rivet, mise en françois par Colletet. *Paris*, 1616, *in*-8. *v. r.* 5.

1009. Le grand dictionnaire des prétieuses, avec la clef, par de Somaize. *Paris*, 1661, 3 *vol. in*-8. *v. f.* 14. 60.

1002 double v. porph. le titre en bon etat — 4. 90.

1010. Le supplément de Tasse Rouzi Friou Titave, aux femmes, ou aux maris pour donner à leurs femmes, (par Bordelon.) *Paris*, 1713, *in*-12. *v. b.*

1011. Le jaloux par force, et le bonheur des femmes qui ont des maris jaloux. *A Fribourch*, 1668, *in*-12. *mout. vert.*

1012. Représentations au lieutenant général de police, sur les courtisannes à la mode, et les demoiselles du bon ton. *Paris*, 1760, *in*-12. *dem. rel.* = Police sur les mendians, les joueurs, les filles prostituées, etc. *Paris*, 1764, *in*-12. *dem. rel.* = Code ou nouveau réglement sur les lieux de prostitution dans la ville de Paris. *Londres*, 1775, *in*-12. *v. m.* = Histoire de la législation sur les femmes publiques, etc. par Sabatier. *Paris*, 1828, *in*-8. *br.*

Sentences, apophthegmes, etc.

1013. Le conseil des sept sages de Grèce, avec le miroir de prudence. *Paris*, 1568, *fig. en bois.* = Les mots dorés du grave et sage Caton, (trad. par François Habert.) *Rouen*, 1581, *in*-16. *vél.*

1014. Adagiorum opus Des. Erasmi. *Lugd. Gryphius*, 1550 *in-fol. v. b.*

1015. Les divers propos mémorables de nobles et illustres hommes de la chrétienté, par G. Corrozet. *Paris*, 1556, *in*-8. *v. m. Le titre est manuscrit.* = Parnasse des poètes, par le même, *In*-18. *v. m. Le titre manque.*

1016. Les paroles remarquables, les bons mots et les maximes des orientaux, (par A. Galland.) *La Haye*, 1694, *pet. in*-12. *v. m.*

1017. Fleurs morales, et sentences perceptives servantes de rencontres à tous propos, par J. Bosquet. *Mons*, 1587, *in*-12. *m. r.*

1018. Trésor de sentences et de maximes morales

Baillot.

Racine

1012. Dru.

p. Rogné à la lettre.

p.

Racine

Gaudefroy

Idem Des feuillets salés.

Racine

p.

1020. guerin. i+ julien

1021. C;

conte g[t]

julien

reverdu imparfait latourier

la 1ere feuille est blanche bailliot
a tous les verso, la feuille n'a
pas été remise en retiration le normant

decourtier

marcelle

gaudefroy

puisées de différens auteurs, en latin, flamand et franç. *Bruxelles*, 1755, 2 *tom. en* 1 *vol. in*-8. *bas.*

1019. Dictionnaire de morale, de science et de littérature, ou choix de pensées ingénieuses et sublimes, etc. *Paris*, 1810, 2 *vol. in*-8. *dem. rel.*

1020. Pensées extraites de Juvenal et de Perse, (par Guérin.) *Paris*, 1803, *in*-12. *cart.*

Imprimé sur papier rose.

1021. Pensées et maximes de J. B. de la Borde. *Paris*, 1802, *in*-12. *v. r. dent. Gr. Pap. Vél.*

1022. Pensées et sentimens de P. H. de la Caroline, (Pinkney Horry.) *Paris*, *Didot l'aîné*, 1805, *in*-12. *v. porph. dent. Pap. Vél.*

Tiré à trente exemplaires.

Proverbes.

1023. Histoire générale des proverbes, adages, sentences, etc. par de Méry. *Paris*, 1828, 3 *vol. in*-8. *br.*

1024. C. Bovilli Samarobrini proverbiorum vulgarium lib. tres. *Parisiis*, *Galliotus Pratensis*, 1531, *in*-8. *vél.*

1025. Bonne réponse à tous propos, livre fort plaisant et délectable, contenant grand nombre de proverbes, etc. trad. d'ital. en franç. *Anvers*, 1555, *in*-18. *parch.*

1026. Recueil des plus illustres proverbes curieux et très rares, divisés en trois livres, au nombre de 215, gravés par J. Lagniet. *In-fol. v. f.*

Les feuilles in-4. sont collées deux à deux sur du papier in-fol.

1027. Dictionnaire des proverbes français, 2e édition, (par M. de la Mesangère.) *Paris*, 1821, *in*-8. *br. Pap. Vél.*

1028. Le même ouvrage, 3e édit. *Paris*, 1823, *in*-8.

Cet exemplaire est préparé pour une quatrième édition, il y a un nombre très considérable d'additions, etc. Il est distribué dans huit portefeuilles.

1029. L'Etymologie, ou explication des proverbes

françois, par Fleury de Bellingen. *La Haye*, 1656, *in*-12. *v. b.* = Dictionnaire des proverbes françois, (par de Backer.) *Brusselles*, 1710, *in*-12. *v. b.* = Dictionnaire des proverbes françois, et des façons de parler comiques, burlesques, etc. *Paris*, 1758, *in*-12. *v. m.*

1030. Matinées Senonoises, ou proverbes françois, (par Tuet.) *Paris*, 1789, *in*-8. *bas*

1031. La comédie des proverbes, pièce comique, (par Montluc, comte de Cramail.) *Troyes*, *in*-8. *dem. rel.*

1032. Les illustres proverbes nouveaux et historiques. *Paris*, 1665, 2 tom. en 1 *vol. in*-12. *v. b.* = Proverbes en rimes, ou rimes en proverbes, par Le Duc. *Paris*, 1665, *in*-12. *v. m.*

1033. Refranès o proverbios españoles traduzidos en lengua francesa, por C. Oudin. *Bruscelles*, 1634, *in*-12. *vél.*

Bons mots, ana et esprits.

1034. Des bons mots et des bons contes, de leur usage, de la raillerie des anciens, etc. (par de Callières.) *Paris*, 1692, *in*-12. *v. r.* = Idées badines, qui renferment la cathégorie des jeux, etc. 1756, *in*-12. *v. m.*

1035. Trente-sept volumes in-12. et in-18. rel. et br. dont: L'esprit des Ana. 2 vol. = Naudæana et Patiniana. = Ducatiana. = Scaligerana. = Parrhasiana. = Perroniana. = Chevræana. = Sevigniana. = Maintenoniana. = Gasconiana, etc.
Ce n° pourra être détaillé.

1036. Ana, ou collection de bons mots, contes, pensées, etc. des hommes célèbres. *Paris*, 1789, 10 *vol. in*-8. *bas.*

1037. Encyclopediana, ou dictionnaire encyclopédique des ana. *Paris*, 1791, *in*-4. *dem. rel.*

1038. Polissonniana, ou recueil de turlupinades,

Racine.

techener. avec un dicre des proverbes de la Mésangère, 1ere édition br.

potier. revendu le 2e art imparfait de la fin

gaudefroy

Racine

marcelle

~~Lequitiana, 1729. 11~~
~~naudeana~~

. 1036. Mel.

marcelle 1037. Mel.

Racine

idem

Racine

idem

Racine

Girond.

Racine

Silvestre

p.

p.

ajouté 3 vol. Racine

p.

potier

quolibets. rébus, etc. (par C. Cherrier.) *Amst.* 1725, *in*-12. *v. b.*

1039. Arlequiniana, (par Cotolendi.) *Paris*, 1694, *in*-12. *v. éc.*

1040. Recueil de 30 *vol. in*-8. *et in*-12. *rel.* intitulés : Esprit, dont ceux de saint François de Sales, 1747, *in*-8. = De Bourdaloue, 1762, *in*-12. = De Montaigne, 1753, 2 *vol. in*-12. = De Molière, 1777, 2 *vol. in*-12. = Du marquis d'Argens. *Berlin*, 1775, 2 *vol. in*-12. *etc.*
Ce n° sera détaillé.

1041. Esprit des meilleurs écrivains françois, ou recueil de pensées ingénieuses, tant en prose qu'en vers. *Paris*, 1777, 2 *vol. in*-8. *bas.*

1042. Anecdotes littéraires, par Raynal. *La Haye*, 1756, 3 *vol. in*-12. *bas.* = Anecdotes hist. littéraires et crit. sur la médecine, la chirurgie, etc. (par Sue.) *Paris*, 1785, 2 *vol. in*-12. *v. m.*

1043. Les nuits anglaises, ou recueil de traits singuliers, d'anecdotes, etc. *Paris*, 1770, 4 *vol. in*-8. *v. f.*

1044. L'esprit de l'Encyclopédie, (par Olivier.) *Paris*, 1798, 12 *vol. in*-8. *bas.*

1045. Jeux d'esprit et de mémoire, (par le marquis de la Chatre.) *Cologne*, 1698, *in*-12. *v. b.*

1046. Magasin d'esprit, par Peyre, (une note ajoute : mort à Passy, en 1811.) 3 *vol. in*-8. *v. m.*
Manuscrit sur papier.

Emblêmes, devises, etc.

1047. Emblemata A. Alciati. *Lugd.* 1551, *in*-8. *cart. fig. en bois.*
Le volume est mouillé.

1048. Livret des emblèmes de André Alciat, mis en rime françoise. *Paris*, 1536, *pet. in*-8. *goth. cart. fig. en bois.*

1049. Les mêmes, trad. en vers françois. *Lyon*, 1549, *in*-8. *dem. rel. fig. en bois.*

1050. Othonis Vænii emblemata Horatiana, latino, german. gallico et belgico carmine illustrata. *Amstel.* 1684, *in*-8. *fig. v. b.*

1051. La morosophie de Guil. de la Perrière, contenant cent emblèmes, en lat. et en franç. *Lyon*, 1553, *in*-8. *v. f. fig. en bois.*

1052. Le théâtre des bons engins, auquel sont contenus cent emblèmes. *Paris*, *in*-8. *v. b. fig. en bois.*

1053. Les emblèmes de G. Rollenhague, mis en vers françois, avec le latin au bas de chaque emblème. *Cologne*, 1611, *in*-4. *fig. vél.*

1054. Linguæ vitia et remedia, emblematice expressa, per Antonium à Burgundia. *Antuerp.* 1631, *in*-32. *obl. fig. dem. rel.* = Emblemata G. Camerarii. *Patavii*, 1626, *in*-32. *obl. fig. parch.* Le titre est manuscrit.

1055. Mundi lapis Lydius, sive vanitas per veritatem falsi accusata et convicta, opera Antonii à Burgundia. *Antuerp.* 1639, *pet. in*-4. *fig. v. m.*

1056. Idea principis christiano-politici, symbolis ci expressa, à D. Saavedra Faxardo. *Paris.* 1660, *pet. in*-12. *fig. v. éc.*

1057. Amoris divini et humani antipathia, emblematis expressa. *Antuerp.* 1629, *pet. in*-8. *v. b. fig. color.*

1058. Les emblèmes d'amour divin et humain, expliqués en vers françois. *Paris*, *P. Mariette*, *pet. in*-4. *fig. v. b.*

1059. Devises et emblêmes d'amour moralisez, gravés par Alb. Flamen. *Paris*, 1672, *in*-12. *fig. v. b.*

1060. Le centre de l'amour découvert soubs divers emblêmes galans et facétieux. *Paris*, 1680, *in*-4. *obl. fig. v. b.* 92 *planches.*

p.

Racine

guerard

julien

Racine ~~il manque le titre~~
imparfait en les planches

le normant — revendu le 1er imparfait de deux pages.

Decourtiers

techener.

idem

gab-warée

techener 1059. gel. et

potier

Racine

p.

Racine

Lairette

Dabin

Racine

potier

Racine

Dabin

truchy

1061. Emblêmes d'amour, en quatre langues. *Londres, in-8. fig. v. f.*

1062. Recueil d'emblêmes sur les règnes de Louis XIII et Louis XIV, avec un madrigal au bas de chaque sujet. *In-8. v. éc.*

1063. Recueil d'emblêmes, par Baudoin. *Paris,* 1685, 3 *vol. in-12. fig. v. b.*

1064. Recueil d'emblêmes, devises, médailles et figures hiéroglyphiques, par Verrien. *Paris,* 1724, *in 8. fig. v. m.*

1065. La philosophie des images, par le P. Menestrier. *Paris,* 1682, 2 *vol. in-8. fig. v. b.*

1066. Iconologie, ou la science des emblêmes, devises, etc. tirée de César Ripa. *Amst.* 1698, *in-12. fig. v. m.*

1067. Iconologie par figures, ou traité des allégories, emblêmes, etc. par Gravelot et Cochin. 2 *vol. in-8. v. r.*

1068. La science et l'art des devises, par le P. Menestrier. *Paris,* 1686, *in-8. v. b.*

1069. Les devises héroïques de C. Paradin et autres aucteurs. *Anvers,* 1563, *pet. in-12. m. r. fig. en bois.*

1070. Devises héroïques et emblêmes de Cl. Paradin. *Paris,* 1614, *in-8. fig. v. b.*

1071. Imprese nobili et ingeniose di diversi prencipi, con le dichiarationi in versi, di L. Dolce. *In Venetia,* 1583, *in-4. fig. v. m.*

Polygraphes.

1072. Œuvres de Lucien, trad. du grec, par Massieu. *Paris,* 1781, 6 *vol. in-12. bas.*

1073. Angeli Politiani Opera. *Venetiis, Aldus,* 1498, *in-fol. m. citr. reliure antiquée à compartimens.*

Il n'y a que la moitié de l'ouvrage ; le volume finit au feuillet 230e.

1074. Les OEuvres latines et françoises de N. Rapin. *Paris*, 1610, *in*-4. *v. f.*

1075. Opera latina Car. le Beau. *Paris*. 1782, 4 *vol. in*-8. *v. m.*

Recueils de polygraphes français.

1076. Recueil de dictionnaires, *in*-8. *in*-12. *rel. et br.* 77 *volumes*, dont : Manuel lexique, = Dictionnaire étymologique, = de la Fable, = d'Antiquités, = de la Bible, = de Littérature, = des Artistes, = des Beaux-Arts, = Historique, = des Homonymes, etc.

Ce numéro sera détaillé.

1077. Dictionnaire critique, pittoresque et sentencieux, (par Caraccioli.) *Lyon*, 1768, 3 *vol. in*-12. *bas.*

1078. Recueil de quelques pièces nouvelles et galantes, tant en prose qu'en vers. *Cologne, P. Marteau*, 1684, 2 *vol. in*-12. *m. r.*

1079. Recueil de pièces, contenant de la poésie, des pièces de théâtre, des éloges, des pièces sur la révolution, etc. 47 *vol. in*-8. *et in*-12. *rel.*

1080. Recueil A — &, (par de Querlon, etc.) *Fontenoy*, 1745, 24 *tom. en* 12 *vol. in*-12. *v. m.*

1081. Variétés littéraires, historiques, galantes, etc. *Paris*, 4 *vol. in*-8. *v. m.*

1082. Recueil de pièces, savoir : Remontrances au parlement. *Au Paraguay*, 1740, *fig.* = Eloge prononcé par la Folie devant les habitans des Petites-Maisons. *Avignon*, 1760. = La Sibille françoise, ou dernière remonstrance au roy. *Villefranche*, 1602, *in*-12. *v. éc.*

1083. Le Perroquet, ou mélange de diverses pièces intéressantes, pour l'esprit et pour le cœur. *Francfort*, 1742, 2 *vol. in*-12. *v. m.* = Dissertations et mémoires sur différens sujets d'antiquité et d'histoire. *Paris*, 1810, *in*-8. *dem. rel.*

girod.

Décoration —	13 vol	6. 60.
Cretaine — — —	13 — — —	6. 75
Caulette — —	13 — — — —	8. 20
Dubin — — —	13 — — —	10. 95
p — — —	13 — — —	5
Cretaine — —	12 — — —	10.
	77 vol.	47. 50

p.

1077. C.

Marcel

idem

Racine

girod.

1083. C. gre. it

perquet.

Merlin

Rouand.

1086. fie, i^t gre. x^t — gaudefroy

Simonet.

1088. dug. fie. a^t y.

Racine

p.

Racine

p.

receu un imparfait d'un volume, et mis 5 volumes in 8° pour faire la somme. — p.

1084. Recueil de pièces en vers et en prose, dont : La boucle de cheveux enlevée, trad. de l'angl. de Pope. *Paris*, 1742. = Satires nouvelles. *Londres*, 1754. = Lucina sine concubitu, (trad. de J. Hill, par Moet.) 1750. = Plaidoyer de M. Freydier contre l'introduction des cadenas ou ceintures de chasteté. *Montpellier*, 1750, *etc. in*-8. *v. éc.*

1085. La Oille, mélange ou assemblage de divers mets pour tous les goûts. *Constantinople*, 1755, *in*-12. *v. uni.*

1086. Recueil de 15 pièces, dont : Lettre de l'abbé Rive sur la formule : *Nos Dei gratia.* = Notice du même sur la guirlande de Julie, 1779. = Sur Artus de Bretaigne. = Sur les poésies de Guil. de Machau. = Notice d'un livre imprimé à Bamberg, par Camus. *Paris, an* VII, (1799.) = Description d'une nouvelle presse. *Paris, Imp. Roy.* 1783, *fig. etc. in*-4. *et in*-8. *v. f.*

1087. Mélanges tirés d'une grande bibliothèque, (par le marquis de Paulmy.) *Paris*, 1785 *et ann. suiv.* 73 *vol. in*-8. *bas.*

1088. Mélanges tirés d'une petite bibliothèque, par M. C. Nodier. *Paris*, 1829, *in*-8. *br.*

1089. Recueil de pièces intéressantes concernant les antiquités, les beaux-arts, les belles-lettres, etc. trad. de différentes langues, (par Jansen, etc.) *Paris*, 1787, 6 *vol. in*-8. *fig. v. porph.*

1090. Recueil de pièces en prose et en vers, dont : l'Art de la guerre, poème, etc. 6 *vol. in*-12. *bas.*

1091. Bibliothéque amusante et instructive, (par Duport du Tertre.) *Paris*, 1755, 4 *vol. in*-12. *v. r.*

1092. Journal de lecture, ou choix périod. de littérature et de morale. *Paris*, 1775, 4 *vol. in*-12. *dem. rel.*

1093. Nouvelle bibliothéque de campagne. *Paris*, 1776, 12 *vol. in*-12. *v. m.*

1094. Nouvelle bibliothéque de ville et de campagne, ou choix de jolis romans, contes, poésies diverses, etc. *Genève*, 1788, 12 *vol. in*-12. *bas.*

1095. Les soirées littéraires, (par Coupé.) *Paris*, 1795, 20 *tom. en* 10 *vol. in*-8. *bas.*

1096. Le conservateur, ou recueil de morceaux inédits d'histoire, de politique, etc. par François de Neufchateau. *Paris, an* VIII, (1800,) 2 *vol. in*-8. *bas.* = Chefs-d'œuvre politiques et littéraires de la fin du XVIIIe siéc. 1788, 3 *vol. in*-8. *bas.*

1097. Almanach des prosateurs, ou recueil de pièces fugitives en prose, par Lamare. *Paris*, 1801, 8 *vol. in*-12. *dem. rel.*

1098. L'improvisateur français, par Sallentin. *Paris*, 1804, 21 *vol. in*-12. *v. r.*

1099. Bibliothéque universelle des dames. *Paris*, 1788, 154 *vol. in*-18. *v. éc.*

1100. Le classique des dames, ou cahiers élémentaires d'histoire, de géographie, d'histoire naturelle, etc. par Guinan-Laoureins. *Paris*, 1803, 3 *vol. in*-8. *dem. rel.*

1101. Le petit magasin des dames, (publié par M. Solvet.) *Paris*, 1805, 8 *vol. in*-18. *dem. rel.*

1102. Athénée des dames, ouvrage d'agrément et d'instruction, par une société de dames françaises. *Paris*, 1808, 6 *vol. in*-18. *br.*

1103. Variétés littéraires, (par Arnaud et Suard.) *Paris*, 1768, 4 *vol. in*-12. *v. m.*

1104. Opuscules philosophiques et littéraires, (par MM. Suard et Bourlet de Vauxcelles.) *Paris*, 1796, *in*-8. *v. f.*

Polygraphes français rangés par ordre alphabétique du nom des auteurs.

1105. Mélanges de littérature, d'histoire et de philosophie, (par d'Alembert.) *Amst.* 1763, 5 *vol. in*-12. *v. m.* = Œuvres posth. de d'Alembert. *Paris*, 1799, 2 *vol. in*-12. *v. porph.*

potier

giroud.

maze

abry

mc boise

La neme

maze

p

Maze

Labitte

1108. C.

Racine

Idem

Simonet.

1112. gre. amt

Racine

Poullain

Merlin

Chrart.

p.

Techener

Le Doyen

Poullain j.

1120. Kop. verif.

Racine

Racine

Simonet.

1106. OEuvres complètes de l'abbé Arnaud. *Paris*, 1808, 3 *vol. in-8. dem. rel.*

1107. Nouveaux mémoires d'histoire, de critique et de littérature, par d'Artigny. *Paris*, 1749, 7 *vol. in-12. v. m.*

1108. Mélanges historiques, satiriques et anecdotiques, par de Bois-Jourdain. *Paris*, 1807, 3 *vol. in-8. dem. rel.*

1109. OEuvres diverses de Borde. *Lyon*, 1783, 4 *vol. in-8. v. éc.*

1110. OEuvres de Boulanger. *En Suisse*, 1791, 10 *vol. in-18. bas.*

1111. Les mêmes. *Paris*, 1792, 8 *vol. in-8. v. porph.*

1112. Les diversitez de J. P. Camus, évêque de Belley. *Paris*, 1609, 10 *tom. en* 9 *vol. in-8. bas.*

1113. OEuvres de P. A. Caron de Beaumarchais. *Paris*, 1809, 7 *vol. in-8. dem. rel.*

1114. OEuvres badines, complètes du comte de Caylus. *Paris*, 1787, 12 *vol. in-8. fig. v. r.*

1115. OEuvres badines et morales, (de Cazotte.) *Paris*, 1776, 2 *vol. in-8. v. éc.*

1116. OEuvres complètes de Chamfort. *Paris*, 1808, 2 *vol. in-8. dem. rel.*

1117. Les OEuvres d'Alain Chartier. *Paris, Galliot Dupré*, 1529, *in-8. v. f.*

1118. Les mêmes. *Paris*, 1617, 2 *vol. in-4. dem. rel.*

1119. OEuvres de Condillac. *Paris*, 1798, 23 *vol. in-8. v. r. dent.*

1120. Collection complète des pamphlets politiques et opuscules littéraires de P. L. Courier. *Bruxelles*, 1827, *in-8. br.*

1121. Recueil d'opuscules en vers et en prose, (par de Cramayel.) *Paris, Didot*, 1804, *in-18. cart.* = OEuvres de Léonard. *Paris*, 1787, 2 *vol. in-18. fig. v. r.*

1122. OEuvres diverses de Cyrano de Bergerac.

Amst. 1761, 3 *vol. in*-12. *v. m.* = OEuvres complètes de Chévrier. *Londres*, 1774, 3 *vol. in*-12. *v. éc.*

1123. Cours de morale et opuscules en vers et en prose, par Demoustier. *Paris*, 1804, *in*-8. *v. r.* = Théâtre du même. *Paris*, 1804, *in*-8. *v. r.* = OEuvres de Gilbert. *Paris*, 1797, *in*-8. *bas.*

1124. OEuvres de D. Diderot, publ. par Naigeon. *Paris*, 1798, 15 *vol. in*-8. *v. r.*

1125. OEuvres inédites de Diderot, et Mémoires sur sa vie. *Paris*, 1821, 2 *vol. in*-8. *br.* = Supplément à ses OEuvres. 1818, *in*-8. *br.* = Correspondance inédite de Grimm et de Diderot. *Paris*, 1829, *in*-8. *br.*

1126. OEuvres de Dorat. *Paris*, 1773, 20 *vol. in*-8. *fig. v. m.*

1127. OEuvres complètes de Duclos. *Paris*, 1806, 10 *vol. in* 8. *dem. rel.*

1128. Les diverses leçons d'Ant. Du Verdier. *Tournon*, 1610, *in*-8. *bas.* = Les diverses leçons de P. Messie. *Paris*, 1580, 2 *vol. in*-18. *v. éc.*

1129. Les loisirs du chevalier d'Eon de Beaumont. *Amst.* 1774, 13 *vol. in*-8. *v. m.*

1130. OEuvres mêlées et posthumes de Fabre d'Eglantine. *Paris, an* XI, (1803,) 2 *tom. en* 1 *vol. in*-8. *v. r.* = OEuvres de Rulhière. *Paris, in*-8. *v. r.*

1131. Mélanges législatifs, historiques et politiques, par F. Faulcon. *Paris*, 1801, 4 *vol. in*-8. *dem. rel.*

1132. OEuvres complètes de Fléchier. *Nismes*, 1782, 10 *vol. in*-8. *v. m.*

1133. Opuscules de l'abbé Fleury. *Nismes*, 1780, 5 *vol. in*-8. *v. m.*

1134. OEuvres de Fontenelle. *Paris*, 1752, 9 *vol. in*-12. *fig. vél.*

1135. Les mêmes. *Amst.* 1764, 12 *vol. in*-12. *v. m.*

1136. OEuvres de Fréret. *Paris*, 1792, 4 *vol. in*-8. *v. éc.*

p.

Lance

Le Doyen

p.

Dalin

p.

Maze

p.

Racine

p.

giron

1132. Mel.

1133. gre. az[t]

gaudefroy

Racine

Lacouriere

1140. Bel. aity

p.

Dabin

gab. Marie

Constant

p

Mancel

gaudefroy

1149. gre. x+

1137. Œuvres du sieur Gaillard. *Paris*, 1634, *in*-8. *vél.* = Mélange de pièces amoureuses, galantes et héroïques, par de la Hosbinière. *Bruxselles*, 1704, *in*-12. *v. m.*

1138. Mélanges académiques, poétiques, littéraires, etc. par Gaillard. *Paris*, 1806, 4 *vol. in*-8. *dem. rel.*

1139. Œuvres diverses de Mme de Genlis. 12 *vol. in*-8. *rel. et br.* dont : Le Siége de la Rochelle. = Mme de Maintenon. = Souvenirs de Félicie. = Alphonsine, ou la tendresse maternelle. = La Botanique historique et littéraire, etc.

1140. Œuvres inédites de Grosley. *Paris*, 1812, 3 *vol. in*-8. *dem. rel.* = Mémoires hist. et crit. pour l'histoire de Troyes, par Grosley. *Paris*, 1811, 2 *vol. in*-8. *dem. rel.*

1141. Œuvres complètes d'Helvétius. *Londres*, 1781, 5 *vol. in*-8. *v. r. dent.*

1142. Œuvres de Houdar de La Motte. *Paris*, 1754, 11 *vol. in*-12. *v. m.*

1143. Œuvres diverses de Lacretelle aîné. *Paris*, 1802, 3 *vol. in*-8. *dem. rel.* = Fragmens politiques et littéraires, par P. L. Lacretelle aîné. *Paris*, 1817, 2 *vol. in*-8. *br.*

1144. Œuvres complètes de La Fontaine. *Paris*, *Pillet*, 1817, 2 *vol. in*-8. *br.*

1145. Œuvres choisies et posthumes, et mélanges inédits de littérature, par de La Harpe. *Paris*, 1806 *et* 1810, 5 *vol. in*-8. *br.*

1146. Fruit de mes lectures. 1788 *et* 1789, *in*-4. *cart.*

Manuscrit autographe de M. de la Mésangère.

1147. Œuvres choisies de B. de la Monnoye. *Paris*, 1770, 3 *vol. in*-8. *v. m.*

1148. Œuvres de François de la Mothe le Vayer. *Dresde*, 1756, 7 *tom. en* 14 *vol. in*-8. *v. m.*

1149. Recueil de dissertations, ou recherches

historiques et critiques, par de La Sauvagère. *Paris*, 1776, *in-8. fig. br.*

1150. Opuscules de M. de La Serrie. *Paris*, 1810 *et ann. suiv.* 6 *vol. in-12. fig. cart. Pap. Vél.* savoir : Simple histoire sur le passage de l'empereur et roi dans la Vendée, en 1808. = Dithyrambes. = Les trois petites nouvelles. = Cécile et Valérius. = L'Abyssinie, ou les sources du Nil. = Suite à mes Œuvres.

1151. Recueil de différentes choses, par de Lassay. *Lausane*, 1756, 4 *vol. in-12. v. m.*

1152. Œuvres de Léonard, publ. par V. Campenon. *Paris*, 1798, 3 *vol. in-8. v. r.*

1153. Le Jardin anglais, ou variétés, tant originales que traduites, par Le Tourneur. *Paris*, 1788, 2 *vol. in-8. bas.*

1154. Etudes de littérature, d'histoire et de philosophie, par de Levizac. *Paris*, 1812, 2 *vol. in-8. br.* = Spicilége de littérature anc. et mod. par Coupé. *Paris*, 1801, *in-8. dem. rel.*

1155. Œuvres de Louis XIV. *Paris*, 1806, 6 *vol. in-8. dem. rel.*

1156. Le Spectateur, ou variétés historiques, littéraires, critiques, etc. par Malte-Brun. *Paris*, 1814, 3 *vol. in-8. dem. rel.*

1157. Œuvres diverses et théâtre de Marivaux. *Paris*, 1765, 11 *vol. in-12. v. m.*

1158. Œuvres posthumes de Marmontel, contenant ses mémoires, la régence, et des mélanges. *Paris*, 1804, 7 *vol. in-12. v. f.*

1159. Fragmens de politique et d'histoire, par Mercier. *Paris*, 1792, 3 *vol. in-8. bas.*

1160. Œuvres de Moncrif. *Paris*, 1791, 2 *vol. in-8. v. éc.*

1161. Essais de Montaigne, avec les notes de Coste. *Londres*, 1739, 6 *vol. in-12. v. b.*

1150. C.

~~La Cour~~

p.

p.

Crozet.

Racine — reçu du imparfait d'un n° et du titre du tome 3.

p.

p.

p.

p.

p.

p.
p.
poullain j[e]

potier
Lelong
potier

p.

p.
Racine

p.

p.
Racine
p.

imparfait de plusieurs volumes Cordier
Lelong

1162. Le même ouvrage. *Londres*, (*Paris*,) 1754, 10 *vol. in*-12. *v. m.*

1163. Le même. *Paris*, 1793, 3 *vol. in*-8. *v. porph.*

1164. OEuvres posthumes du duc de Nivernois. *Paris*, 1807, 2 *vol. in*-8. *dem. rel.*

1165. OEuvres complètes de Palissot. *Paris*, 1778, 7 *vol. in*-8. *bas.*

1166. OEuvres de B. Pascal. *La Haye*, 1779, 5 *vol. in*-8. *v. éc.*

1167. OEuvres d'Estienne Pasquier. *Amst.* 1723, 2 *vol. in-fol. v. b.*

1168. OEuvres philosophiques de Pauw. *Paris*, *l'an* III, (1795,) 7 *vol. in*-8. *v. r.*

1169. OEuvres de Ch. Perrault, avec les Mémoires de l'auteur, publ. par Collin de Plancy. *Paris*, 1826, *in*-8. *br.*

1170. OEuvres choisies de Piis. *Paris*, 1810, 4 *vol. in*-8. *br.*

1171. OEuvres complètes d'Alexis Piron, publiées par Rigoley de Juvigny. *Paris*, 1776, 9 *vol. in*-12. *bas.*

1172. OEuvres de Pompignan. *Paris*, 1784, 6 *vol. in*-8. *v. éc.*

1173. OEuvres complètes de Poivre. *Paris*, 1797, *in*-8. *bas.*

1174. OEuvres de madame Roland. *Paris*, *an* VIII, (1800,) 3 *vol. in*-8. *v. f.*

1175. Recueil de plusieurs ouvrages du président Rolland. *Paris*, 1783, *in*-4. *v. f.*

1176. OEuvres de J. B. Rousseau. *Paris*, 1795, 4 *vol. in*-8. *fig. bas.*

1177. OEuvres de J. J. Rousseau. *Genève*, 1782, 24 *vol. in*-12. *v. m.*

1178. Les mêmes. *Paris*, 1793, 20 *vol. in*-12. *br.*

1179. OEuvres inédites de J. J. Rousseau, suivies d'un supplément à l'histoire de sa vie et de ses ouvrages, par V. D. Musset Pathay. *Paris, Dupont*, 1825, 2 *vol. in*-8. *br.*

1180. OEuvres de Saint-Évremond, avec sa vie par des Maizeaux. 1740, 10 *vol. in*-12. *v. éc. Gr. Pap.*

1181. OEuvres de Saint-Marc. *Paris*, 1781, 3 *vol. in*-8. *v. m.* = Théâtre de Boursault. *Paris*, 1746, 3 *vol. in*-12. *v. m.*

1182. Les OEuvres de Saint-Réal. *Paris*, 1757, 8 *vol. in*-18. *v. r.*

1183. Mémoires de littérature, (par Sallengre.) *La Haye*, 1715, 2 *vol. in*-12. *v. m.* = Mémoires littéraires, par S. D. L. R. G. *La Haye*, 1716, *in*-12. *v. f.*

1184. OEuvres de Savary, contenant le Coran, et les lettres sur l'Égypte et sur la Grèce. *Paris*, 1798, 6 *vol. in*-8. *v. porph.*

1185. Tablettes d'un curieux, ou variétés historiques, littéraires et morales, (par Sautreau de Marsy.) *Paris*, 1789, 2 *vol. in*-12. *bas.* = La Mythologie comparée à l'histoire, par l'abbé de Tressan. *Paris*, 1803, 2 *vol. in*-12. *v. r.*

1186. OEuvres de Scarron. *Amst.* 1737, 10 *vol. pet. in*-12. *m. bl.*

1187. Mélanges de littérature, publiés par Suard. *Paris*, 1803, 5 *vol. in*-8. *dem. rel.*

1188. Mélanges d'histoire, de littérature et de critique, par Terrasson. *Paris*, 1768, *in*-12. *v. m.* = Mélanges de littérature orientale, par Cardonne. *Paris*, 1770, 2 *vol. in*-12. *v. m.*

1189. OEuvres de Thomas. *Paris*, 1773, 4 *vol. in*-8. *v. m. Pap. de Holl.*

1190. Essais sur divers sujets de littérature et de morale, par Trublet. *Paris*, 1754, 3 *vol. in*-12. *v. m.*

1191. OEuvres complètes de Vauvenargues, et le supplém. *Paris*, 1806, 2 *vol. in*-8. *dem. rel. et br.*

1192. Mélanges d'histoire et de littérature, par

Racine

p.

Le Long

Racine ajouté 2 vol. in-8°.

Lacouriere

Racine un volume gâté du 1er ouvrage

Lelong

Rossignol.

1188. Kop. ed. grec.

Poullain j.e

Racine

Cordier 1192. grec. it

1193. Sne. amt

1194. Deb.

Merlin

Cordier

Cretaine

idem

idem

poullain

Chrardt.

Lelong

Racine

p.

Racine

La Couriere

de Vigneul-Marville. *Paris*, 1725, 3 *vol. in*-12. *v. b.*

1193. Œuvres du marquis de Villette. *Londres*, 1786, *in*-18. *v. r.*

Ce volume est imprimé sur différentes sortes de papiers fabriqués avec des végétaux.

1194. Œuvres complètes de l'abbé de Voisenon. *Paris*, 1781, 5 *vol. in*-8. *v. éc.*

1195. Œuvres de Voltaire. 37 *vol. in*-8. *fig. br. en cart. non rogné.*

Edition encadrée.

1196. Œuvres complètes de Voltaire. (*Kehl*,) *de l'Impr. de la Société littér. typogr.* 1784, 70 *vol. in*-8. *dem. rel.*

1197. Les mêmes. *Kehl*, 1785, 70 *vol. in*-8. *bas.*

Polygraphes italiens, allemands, etc.

1198. Mélanges de littérature étrangère, (par Millin.) *Paris*, 1785, 6 *tom. en* 3 *vol. in*-12. *bas.* = École de littérature, tirée de nos meilleurs écrivains, par l'abbé de La Porte. *Paris*, 1767, 2 *vol. in*-12. *v. m.*

1199. Œuvres de Machiavel, trad. en franç. *La Haye*, 1730, 6 *vol. in*-12. *v. m.*

1200. Œuvres posthumes de Frédéric II. *Berlin*, 1788, 15 *vol. in*-8. *bas.*

1201. Œuvres choisies du prince de Ligne. *Paris*, 1809, 2 *vol. in*-8. *dem. rel.* = Les souvenirs du solitaire de la Montagne. *Paris*, 1805, *in*-8. *dem. rel.*

1202. Nouveaux écrits de Goëthe, en allem. contenant : Hermann et Dorothée, etc. *Brunswick*, 1799, *in*-12. *fig. dem. rel.* = Mélanges littéraires et politiques, par Wieland, trad. de l'allemand. *Paris*, 1824, *in*-8. *br.*

1203. Œuvres diverses de Van Effen. *Amst.* 1742, 5 *vol. in*-12. *v. éc.*

1204. Œuvres de Salomon Gessner. *Paris*, 1797, 3 *vol. in*-18. *fig. v. f. dent.*

1205. OEuvres de S. Gessner. *Paris, Renouard,* 1799, 4 *vol. in-8. fig. m. r. dent. Pap. Vél.*

1206. Le même ouvrage. *Paris,* 1801, 3 *vol. in-8. v. rac. dent. Gr. Pap. Vél. fig. avant la lettre.*

1207. OEuvres de Salomon Gessner, contenant la mort d'Abel, Daphnis, ou le premier navigateur, et les Idylles, trad. de l'allem. par l'abbé Poncelet. 1784, 4 *tom. en* 3 *vol. gr. in-8. v. porph.*

Manuscrit sur papier, d'une bonne écriture, orné de dessins, de vignettes et de culs-de-lampe, par le traducteur. Plusieurs de ces dessins sont de la grandeur des volumes.

1208. Principes philosophiques, politiques et moraux, par le major Weiss. *Paris,* 1789, 3 *vol. in-12. v. r.*

1209. Nouveaux mélanges extraits des manuscrits de Mme Necker. *Paris,* 1801, 2 *vol. in-8. dem. rel.*

1210. OEuvres completes d'Al. Pope, trad. de l'angl. *Paris,* 1779, 8 *vol. in-8. fig. v. éc.*

1211. Les colloques d'Erasme, trad. en françois, par Gueudeville. *Leyde,* 1720, 6 *tom. en* 3 *vol. in-12. fig. m. r.*

ÉPISTOLAIRES.

Lettres des auteurs français, etc.

1212. Lettres grecques, par le rhéteur Alciphron, trad. du grec. *Paris,* 1785, 3 *vol. in-12. v. m.*

1213. P. Abælardi et Heloissæ epistolæ, edente R. Rawlinson. *Londini,* 1718, *in-8. vél.*

1214. Lettres d'Abailard et d'Héloïse, en lat. et en françois, (par J. F. Bastien.) *Paris,* 1782, 2 *vol. in-12. v. m.*

1215. Lettres d'Héloïse et d'Abailard, en lat. et en français, (de la traduction de Dom Gervaise, publ. par Delaulnaye.) *Paris,* 1796, 3 *vol. in-4. fig. cart. Pap. Vél.*

1216. Recueil de 93 *volumes in-8. et in-12. rel. et*

La Couriere

p.

Le normant.

me Boile

Le Long

Racine

Le long

Schawbeck

La Courier

Idem

1216.	15 vol. in 12	5 - 60.	p.
	15	5. 15	p.
	15	4. 55	p.
	15	5. 95	Labry
	15	3. 60.	p.
	18	10 - -	p.
	93		

Racine

idem

1219. Mag.

p.

1221. Harr.

Mancel

Martin

Mc Boile

Gaudefroy.

br. de Lettres, dont celles de Pellisson, = de Mirabeau, = de la marquise du Châtelet, = de Voltaire, = de Rousseau, = de Mlle de Lespinasse, = d'Horace Walpole, etc.

Ce recueil sera détaillé.

1217. Recueil de Lettres publiées chez Léopold Collin, contenant celles de Mmes de Maintenon, de Villars, de Chateauroux, de Scudéry, etc. *Paris*, 1806, *etc.* 13 *vol. in*-12. *dem. rel.*

1218. Les Lettres de Rabelais pendant son voyage d'Italie. *Bruxelles*, 1710, *in*-12. *v. b.* = Les Lettres d'Estienne et de Nicolas Pasquier. *Paris*, 1619 *et* 1623, 3 *vol. in*-8. *v. éc.*

1219. Lettres choisies de Guy Patin. *Amst.* 1725, 4 *vol. in*-12. *v. b.* = Nouvelles Lettres du même. *Amst.* 1718, 2 *vol. in*-12. *v. b.*

1220. Recueil des Lettres de Mme de Sévigné. *Paris*, 1801, 10 *vol. in*-12. *v. r.*

1221. Lettres de Mme de Sévigné. *Paris*, *Blaise*, 1818, 10 *vol. in*-8. *fig. dem. rel.* = Lettres inédites, portraits, etc. *Paris*, *Blaise*, 3 *cah. in*-8. *br.* = Lettres inédites. *Paris*, *Klostermann*, 1814, *in*-8. *dem. rel.* = Mémoires de Coulanges, etc. *Paris*, *Blaise*, 1820, *in*-8. *br.* = Collection de 20 portraits. 1818, *in*-8. *br.*

1222. Lettres de Mme de Sévigné, publ. par Gault de Saint-Germain. *Paris*, 1823, 12 *vol. in*-8. *br.*

Il manque les tomes 6, 7, 8 et 9.

1223. Les Lettres de Roger de Rabutin, comte de Bussy, avec un supplément. *Paris*, 1720, 8 *vol. in*-12. *v. f.*

1224. Lettres juives, (par le marquis d'Argens.) *La Haye*, 1777, 8 *vol. pet. in*-12. *v. m.* = Lettres cabalistiques, par le même. *La Haye*, 1769, 7 *vol. pet. in*-12. *v. m.*

1225. Correspondance de Voltaire et du cardinal de Bernis, depuis 1761-1777, publ. par Bourgoing. *Paris, an* VII, (1799,) *in*-8. *v. f.* = Vie de Voltaire. *Genève*, 1786, *in*-8. *v. m.*

1226. Correspondance littéraire, philosophique et critique, depuis 1753 jusqu'en 1769, par Grimm et Diderot. *Paris*, 1813, 17 *vol. in*-8. *v. f. dent.*

1227. Correspondance littéraire de La Harpe, adressée au grand-duc de Russie, depuis 1774 jusqu'en 1789. *Paris*, 1801, 6 *vol. in*-8. *bas.*

1228. Correspondance inédite de Mme du Deffand. *Paris, Leop. Collin*, 1809, 2 *vol. in*-8. *dem. rel.* = Lettres de Mlle de Lespinasse. *Paris*, 1809, 2 *vol. in*-8. *dem. rel.*

1229. Lettres de la marquise du Deffand à Horace Walpole. *Paris*, 1812, 4 *vol. in*-8. *br.*

1230. Lettres originales de Mirabeau, écrites du donjon de Vincennes, de 1777 à 1780, recueillies par Manuel. *Paris*, 1792, 4 *vol. in*-8. *dem. rel.*

1231. Lettres de Clément XIV, (Ganganelli,) trad. en franç. *Paris*, 1776, 4 *vol. in*-12. *v. m. de deux rel. différentes.*

1232. Correspondance inédite de l'abbé Galiani, pendant les années 1765 à 1783, avec Mme d'Epinay, le baron d'Holbach, etc. *Paris*, 1818, 2 *vol. in*-8. *br.*

1233. Les épistres dorées et discours salutaires de D. A. de Guevare, trad. de l'espagnol. *Paris*, 1563, *in*-8. *v. f. rel. antiq. l. r.*

1234. Correspondance inédite et secrète de B. Franklin, depuis 1753 jusqu'en 1790. *Paris*, 1817, 2 *vol. in*-8. *br.*

gab. warée

Rossignol.

Mc Nair

Racine

p.

p. ajouté 1 vol. in 12 et in 8:

merlin

Le Long

Racine

1775, aug.

gaudefroy

Lacouriere.

techener

garnot.

Walckenaer

p.

poulain jne

p.

maze

~~Racin~~

revendu imparfait de quatre cartes

p.

poullain jne

p.

HISTOIRE.

Introduction à l'étude de l'histoire. Géographie, etc.

1235. Supplément à la philosophie de l'histoire de l'abbé Bazin, (Voltaire, par Larcher.) *Amsterd.* 1769, *in*-8. *v. m.*

1236. Vocabulaire pour l'intelligence de l'histoire moderne, (par Pissot.) *Paris*, 1803, *in*-8. *v. f.* = Concorde de la géographie des différens âges, par Pluche. *Paris*, 1765, *in*-12. *fig. v. j.*

1237. Atlas historique, par Gueudeville. *Amst.* 1718, 7 *vol. in-fol. fig. v. f.*

1238. Choix de lectures géographiques et historiques, par Mentelle. *Paris*, 1783, 6 *vol. in*-8. *fig. bas.*

1239. Géographie ancienne, sacrée et profane, par Gibrat. *Carcassonne*, 1790, 4 *vol. in*-12. *bas.*

1240. Géographie hist. ecclésiast. et civile, par D. Vaissette. *Paris*, 1755, 4 *vol. in*-4. *fig. v. m.*

1241. Géographie moderne et universelle, par Nicolle de la Croix, publ. par Comeiras. *Paris*, 1800, 2 *vol. in*-8. *bas.*

1242. Nouvelle géographie universelle, par W. Guthrie, trad. de l'angl. par Noël et Soulès. *Paris, an* VII, (1799,) 3 *vol. in*-8. *v. r.*

1243. Géographie élémentaire, par Hassenfratz. *Paris*, 1809, 2 *vol. in*-8. *fig. br.* = Abrégé de la nouvelle géographie universelle, de W. Guthrie. *Paris*, 1811, *in*-8. *fig. dem. rel.*

1244. Jeu géographique des nations les plus remarquables dans les cinq parties du monde, par Muller, trad. de l'allemand. *Turin*, *an* X, (1802,) *fig. color. renfermé dans un étui en carton.*

1245. Dictionnaire géographique de l'encyclopédie méthodique de Paris, avec des corrections et additions. *Nice*, 1789, 3 *vol. in*-4. *dem. rel.*

1246. Nouvel atlas universel portatif de géographie ancienne et moderne, par Arrowsmith. *Paris*, 1811, *gr. in-4. br. en cart.*

1247. Atlas classique et universel de géographie ancienne et moderne, par P. Lapie. *Paris*, 1812, *gr. in-4. br. en cart. Pap. Vél.*

1248. Civitates orbis terrarum, auct. G. Braunio. *Coloniæ Agripp.* 6 *tom. en* 3 *vol. in-fol. vél. dent. fig. coloriées.*

1249. Atlas portatif et complet du royaume de France, avec un texte en regard de chaque carte, par X. Girard et Roger. *Paris*, 1823, *in-8. cart.*

VOYAGES.

Collections de Voyages. Voyages autour du monde, etc.

1250. Histoire générale des voyages, par l'abbé Prevost. *Paris*, 1746, 19 *vol. in-4. fig. v. j.*

1251. Abrégé de l'histoire gén. des voyages, par de La Harpe. *Paris*, 1780, 27 *vol. in-8. fig. v. éc. et atlas in-4. dem. rel.*

1252. Le Voyageur françois, ou la connoissance de l'ancien et du nouveau Monde, par Delaporte. *Paris*, 1793, 42 *vol. in-12. v. éc.*

1253. Voyages pittoresques dans les quatre parties du monde, par J. Grasset Saint-Sauveur. *Paris*, 1806, 2 *vol. in-4. dem. rel. dos de m. r. non rogné. fig. color.*

1254. Encyclopédie des voyages, contenant l'abrégé hist. des mœurs, usages, habitudes domestiques, etc. de tous les peuples, par J. Grasset Saint-Sauveur. *Paris*, 1796, 5 *vol. in-4. v. m. fig. color.*

1255. Histoire des découvertes et des voyages faits dans le nord, par Forster, trad. en françois, par Broussonet. *Paris*, 1788, 2 *vol. in-8. v. f.*

chimot.

auvray

1248. Bor. cheap.

p.

p.

Simonet.

Dabin

LaCouriere

abry.

garnot.

12 vol. in 12 — — — 4.95 p.
12 — idem — — — 4.35 p
12 — idem — — — 5 p
12 — idem — — — 6.80 techener
15 — in 8° — — — 8 — — p
63 vol. 29.10

1258. Wei. maze

p

garnot.

1260. Bro. mi +

le titre salé, et le livre très rogné

guillemot.

Baillot.

idem

Cordier

Baillot.

p.

Decourbière

techener.

1256. Recueil de voyages dans différens pays. 63 *vol. rel. et br. dont* 15 *in*-8. *et* 48 *in*-12.

Ce recueil pourra être détaillé.

1257. Recueil amusant de voyages, en vers et en prose. *Paris*, 1787, 7 *vol. in*-18. *v. m.*

1258. Nouveau voyage autour du monde, en 1788-1790, par F. Pagès. *Paris*, 1797, 3 *vol. in*-8. *fig. bas.*

1259. Voyage autour du monde, par Sidney Parkinson, trad. de l'angl. par Henry. *Paris*, 1797, 2 *vol. in*-8. *fig. bas.*

1260. Voyage de découvertes à l'Océan Pacifique du nord, de 1792 à 1795, par Vancouver, trad. de l'angl. *Paris, an* x, (1802,) 5 *vol. et atlas in*-8. *v. r.*

Voyages faits en diverses parties de la terre.

1261. Les navigations, pérégrinations et voyages faicts en la Turquie, par Nic. de Nicolay. *Anvers*, 1576, *in*-4. *fig. parch.*

1262. Les voyages de Villamont, en Italie, Grèce, Turquie, etc. *Arras*, 1598, *in*-8. *vél.*

1263. Les voyages et observations de la Boullaye Le-Goux, en Italie, Grèce, Natolie, etc. *Paris*, 1653, *in*-4. *fig. dem. rel.*

1264. Voyage dans l'empire Othoman, l'Egypte et la Perse, par Olivier, *Paris, an* IX, (1801,) *les tom.* 1 *et* 2, *in*-8. *dem. rel.*

1265. Voyages en Russie, en Tartarie et en Turquie, par E. D. Clarke, trad de l'angl. *Paris*, 1813, 3 *vol. in*-8. *fig. dem. rel.*

1266. Promenade d'un voyageur prussien en diverses parties de l'Europe, de l'Asie et de l'Afrique, de 1813 à 1815, par Bramsen. *Paris*, 1818, 2 *vol. in*-8. *br.* = Voyage autour du monde, de 1800 à 1804, par Turnbull, trad. de l'angl. *Paris*, 1807, *in*-8. *dem. rel.*

1267. Les six voyages de Tavernier en Turquie,

en Perse et aux Indes. *Rouen*, 1724, 6 *vol. in-12. fig. v. b.*

1268. Les voyages de J. Struys en Moscovie, Tartarie et Perse, etc. *Amst.* 1681, *in-4. fig. bas.*

1269. Voyage en divers états d'Europe et d'Asie, pour découvrir un nouveau chemin à la Chine, par le P. Avril. *Paris*, 1692, *in-4. fig. v. j.*

1270. Voyages de C. le Brun, par la Moscovie, en Perse et aux Indes orientales. *Amst.* 1718, 2 *tom. en* 1 *vol. in-fol. fig. v. b.*

1271. Voyages dans l'Asie mineure et en Grèce, en 1764 etc. trad. de l'angl. de Chandler. *Paris,* 1806, 3 *vol. in-8. dem. rel.*

1272. Voyages faits en Turquie, en Perse et en Arabie, de 1782 à 1789, par de Ferrières-Sauvebœuf. *Paris*, 1807, 2 *vol in-8. dem. rel.* = Tableau de la cour otthomane, par Beauvoisin. *Paris*, 1807, *in-8. dem. rel.*

1273. Voyage de l'Inde en Angleterre, par la Perse, la Géorgie, etc. en 1817, par Johnson, trad. de l'angl. *Paris,* 1819, 2 *vol. in-8 br. fig. color.* = Voyages dans le Beloutchistan et le Sindhy, par H. Pottinger, trad. de l'angl. *Paris*, 1818, 2 *vol. in-8. br.*

1274. Itinéraire de Paris à Jérusalem, et de Jérusalem à Paris, par M. de Chateaubriand. *Paris,* 1811, 3 *vol. in-8. dem. rel.*

1275. Voyage en perse, en Arménie, à Constantinople, dans les années 1808 et 1809, par J. Morier, trad. de l'angl. *Paris,* 1813, 3 *vol. in-8. dem. rel.* = Voyage à Constantinople, en Italie, etc. (par de Salabery.) *Paris, an* VII, (1799,) *in-8. dem. rel.*

1276. Voyages et Mémoires du comte de Benyowsky. *Paris,* 1791, 2 *vol. in-8. bas.* = Tableau histor. de l'empire Ottoman, trad. de l'angl. de W. Eton. *Paris, an* VII, (1799,) 2 *vol. in-8. bas.*

garnot.

gab. Warée

Crozet.

La Courrière

garnot.

Baillot.

p.

gab. Defroy reverdon, le 1er imparfait de 24 planches.

p

p.

p.

p.

Cordier

1280. ~~Weinatlas~~ Simonet.

Baillot.

garnot.

idem

idem

Lechener

p.

mouillé - - - noire

1277. Voyage en Syrie et en Egypte, en 1783, 84 et 85, par C. F. Volney. *Paris, an* VII, (1799,) 2 *vol. in-8. fig. bas.* = Tableau de l'Egypte, par A. Galland. *Paris, an* XI, (1803,) 2 *vol. in-8. v. r.*

1278. Voyages à Peking, Manille et l'Ile de France, de 1784 à 1801, par de Guignes. *Paris,* 1808, 3 *vol. in-8. dem. rel.*

1279. Voyages dans l'Indoustan, à Ceylan, sur les côtes de la mer Rouge, etc. par G. Valentia, trad. de l'angl. *Paris,* 1813, 4 *vol. in-8. dem. rel.*

1280. Voyage d'Ali Bey el Abbassi, (Badia,) en Afrique et en Asie, de 1803 à 1807. *Paris,* 1814, 3 *vol. in-8. dem. rel.*

1281. Voyage à la Cochinchine, par le Brésil, l'île de Java, etc. trad. de l'angl. de Barrow. *Paris,* 1807, 2 *vol. in-8. dem. rel.*

EUROPE.

Voyages dans plusieurs parties de l'Europe.

1282. Voyages d'Italie et du Levant, en 1630. *In-4. dem. rel.*

Manuscrit sur papier, contenant 185 pages; il est d'une écriture très serrée.

1283. Voyage de Dalmatie, de Grèce et du Levant, par G. Wheler, trad. de l'angl. *Anvers,* 1689, 2 *vol. in-12. fig. v. b.*

1284. Voyages de John Moore, en France, en Suisse et en Allemagne, trad. de l'angl. *Paris,* 1806, 2 *vol. in-8. v. r.* = Voyages de Guibert, en France et en Suisse, de 1775-1785. *Paris,* 1806, *in-8. v. r.*

1285. A bibliographical, antiquarian and picturesque tour in France and Germany, by T. Frognall Dibdin. *London,* 1821, 3 *vol. gr. in-8. br. en cart. Pap. Vél.*

Très bel ouvrage avec beaucoup de figures.

1286. Voyage bibliographique et pittoresque en

France, par M. Didbin, trad. de l'angl. (par MM. T. Licquet et G. A. Crapelet.) *Paris*, 1825, 4 *vol. in*-8. *fig. br.*

1287. Voyage en Allemagne, dans le Tyrol et en Italie, de 1804 à 1806, par Mme de la Recke, trad. de l'allem. *Paris*, 1819, 4 *vol. in*-8. *br.*

1288. Voyage pittoresque de la Flandre et du Brabant, par Descamps. *Rouen*, 1769, *in*-8. *fig. v. m.*

1289. Voyage de deux Français en Allemagne, Danemarck, Suède, etc. en 1790-1792, (par Fortia de Piles.) *Paris*, 1796, 5 *vol. in*-8. *bas.*

1290. Voyage en Allemagne et en Suède, par Catteau. *Paris*, 1810, 3 *vol. in*-8. *dem. rel.* = Lettres écrites en Allemagne, en Prusse et en Pologne, de 1805 à 1808, par Graffe Naver. *Paris*, 1809, *in*-8. *dem. rel.*

1291. Voyage en Hollande, et dans le midi de l'Allemagne, par Carr, trad. de l'angl. *Paris*, 1809, 2 *vol. in*-8. *dem. rel.* = Mon voyage en Prusse, ou Mémoires secrets sur Frédéric-le-Grand, (par de Langle.) *Paris*, 1807, *in*-8. *dem. rel.* = Voyage en Hanovre, en 1803 et 1804, par Mangourit. *Paris*, 1805, *in*-8. *dem. rel.*

1292. Voyage sur les rives du Rhin, à Liége, dans la Flandre, etc. en 1790, par G. Forster, trad. de l'allem. par C. Pougens. *Paris*, *l'an* III, (1795,) 2 *vol. in*-8. *bas.*

1293. Voyage pittoresque en Suisse et en Italie, par Cambry. *Paris*, *an* IX, (1801,) 2 *vol. in*-8. *fig. v. r.*

1294. Relation d'un voyage forcé en Espagne et en France, de 1810 à 1814, par lord Blayney, trad. de l'angl. *Paris*, 1815, 2 *vol. in*-8. *br.* = Coup d'œil sur Lisbonne et Madrid, en 1814, par d'Hautefort. *Paris*, 1820, *in*-8. *br.*

1295. Voyage en Allemagne et en Pologne, en 1793, par un Livonien, trad. de l'allem. *Paris*, 1807, 2 *vol. in*-8. *dem. rel.* = Voyage en Allemagne, en

p.

chinot.

baillot.

p.

p.

1292. fie. x+

p.

baillot.

idem

p.

p.

Simonet.

p.

p.

p.

p.

Pologne, en Moldavie et en Turquie, par Neale, trad. de l'angl. *Paris*, 1818, 2 *vol. in*-8. *br.*

1296. Voyage en Allemagne et en Pologne, par Gley. *Paris*, 1816, 2 *vol. in*-8. *br.* = L'été du Nord, ou voyage autour de la Baltique, par le Danemarck, la Suède, etc. par Carr, trad. de l'angl. *Paris*, 1808, 2 *vol. in*-8. *dem. rel.*

1297. Voyage philosoph. et pittoresque en Angleterre et en France, en 1790, par G. Forster. *Paris, l'an* IV, (1796,) *in*-8. *fig. bas.* = Voyage d'Auvergne, par le Grand d'Aussy. *Paris*, 1788, *in*-8. *bas.*

Voyages en France.

1298. Voyage de Bachaumont et Chapelle. *Amst.* 1708, *in*-12. *v. f.* = Rapport à l'Institut d'un voyage fait en l'an X, dans les départemens du Bas-Rhin, par Camus. *Paris, an* XI, (1803,) *in*-4. *br.*

1299. Voyages en France, en 1787-1790, par Artur Young, trad. de l'angl. *Paris*, 1794, 3 *vol. in*-8. *bas.*

1300. Voyage dans les départemens de la France, (par J. Lavallée et Brion.) *Paris*, 1792, 13 *vol. in*-8. *fig. v. r.*

1301. Les jeunes voyageurs, ou lettres sur la France, en prose et en vers. *Paris*, 1821, 6 *vol. in*-12. *fig. br.*

1302. Itinéraire complet de la France. *Paris*, 1788, 2 *vol. in*-8. *bas. avec une carte.*

1303. Itinéraire complet de l'Empire français. *Paris*, 1811, 3 *vol. in*-12. *br.*

1304. Voyage dans les départemens du midi de la France, par A. L. Millin. *Paris*, I. I. 1807, 5 *vol. in*-8. *dem. rel. et atlas*, 3 *part. in*-4. *br.*

1305. Promenade de Paris à Bagnères de Luchon, et de Bagnères de Luchon à Paris, (par M. de Vaudreuil.) *Paris*, 1820, 3 *vol. in*-8. *br.* = Voyage dans les Pyrénées françaises, (par Picquet.) *Paris*, 1789, *in*-8. *bas.*

1306. Voyage de l'ancien et du nouveau Paris, par L. Prudhomme. *Paris*, 1814, 2 *tom. en* 1 *vol. in*-18. *fig. dem. rel.* = Manuel du voyageur aux environs de Paris, par P. Villiers. *Paris*, 1802, 2 *vol. in*-18. *dem. rel.*

1307. Promenade ou itinéraire des jardins d'Ermenonville, (par de Girardin.) *Paris*, 1788, *in*-8. *fig. dem. rel.* = Mes voyages aux environs de Paris, par Delort. *Paris*, 1821, 2 *vol. in*-8. *br.*

1308. Voyage dans le Finistère, en 1794 et 1795, (par Cambry.) *Paris*, *l'an* VII, (1799,) 3 *vol. in*-8. *fig. dem. rel.*

1309. Voyage dans le Jura, (par Lequinio.) *Paris*, *l'an* IX, (1801,) 2 *vol. in*-8. *v. r.*

1310. Voyage pittoresque de la France, province de Roussillon. *Paris*, 1787, *in-fol. fig. cart.*

1311. Voyage pittoresque et navigation sur une partie du Rhône réputée non navigable, par Boissel. *Paris*, *l'an* III, (1795,) *in*-4. *fig. br.*

Voyages en Italie.

1312. Manuel du voyageur en Italie, (par Kalichoff.) *Paris*, 1785, 2 *parties en* 1 *vol. in*-18. *v. porph.* = Les avantures d'Italie de M. Dassoucy. *Paris*, 1678, *in*-12. *v. b.*

1313. Voyage en Italie en 1689. 2 *vol. in*-8. *v. f.*
Manuscrit sur papier.
Ce voyage, fait en forme de journal, n'a jamais été imprimé, d'après une note en tête d'un des volumes.

1314. Nouveau Voyage d'Italie, par M. Misson. *La Haye*, 1731, 4 *vol. in*-12. *fig. v. f.*

1315. Voyage en Italie, par l'abbé Barthelemy. *Paris*, 1802, *in*-8. *dem. rel.* = Voyage en Italie, par Mayer. *Paris*, *an* X, (1802,) *in*-8. *dem. rel.* = Voyage dans les catacombes de Rome, (par Artaud.) *Paris*, 1810, *in*-8. *dem. rel.*

p.

p.

p.

p.

Cvlaine

techener

1313. Sne.

garnot.

idem

1315. gre. 6+

Cretaine

p.

1318. gre. az+ garnot.

p.

p.

m^c^ Boire

p.

1323. Wei. gab. warie

Baillot.

1316. Voyage en Italie, par de Lalande. *Genève*, 1790, 7 *vol. in*-8. *bas.*

1317. Voyage en Italie et en Sicile, en 1801 et 1802, par Creuzé de Lesser. *Paris*, 1806, *in*-8. *v. r.* = Voyage de Dimo et Nicolo Stephanopoli en Grèce, en 1797 et 1798. *Londres*, (*Paris*,) 1800, 2 *vol. in*-8. *fig. bas.*

1318. Voyage historique et philosophique en Italie, en 1810 et 1811, par M. Petit Radel. *Paris*, 1815, 3 *vol. in*-8. *br.* = Voyage en Italie, en 1815, par Mallet. *Paris*, 1817, *in*-8. *br.*

1319. Voyages dans les Deux-Siciles et les Apennins, par Spallanzani, trad. de l'ital. par G. Toscan. *Paris*, *an* VIII, (1800,) 6 *vol. in*-8. *v. r.*

1320. Voyage forcé de Naples, par Mendouze. *Paris*, *in*-8. *dem. rel.* = Voyage à l'isle d'Elbe, par A Thiebaut de Berneaud. *Paris*, 1808, *in*-8. *fig. br.* = Rome, Naples et Florence, en 1817, par M. de Stendhal, (M. Beyle.) *Paris*, 1817, *in*-8. *br.*

1321. Voyage en Sicile et à Malthe, trad. de l'angl. de Brydone, par Demeunier. *Paris*, 1775, 2 *vol. in*-8. *cart.* = Lettres sur la Sicile et sur l'île de Malthe, par le comte de Borch. *Turin*, 1782, 2 *vol. in*-8. *br. et atlas in*-4. *obl. cart.*

1322. Voyage critique à l'Etna, en 1819, par J. A. de Gourbillon. *Paris*, 1820, 2 *vol. in*-8. *br.*

1323. Voyage en Savoie, en Piémont, à Nice, etc. par Millin. *Paris*, 1816, 2 *vol. in*-8. *br.* = En Savoie et dans le midi de la France, en 1804 et 1805, (par M. de la Bedoyère.) *Paris*, 1807, *in*-8. *dem. rel.* = Dans le Milanais, à Plaisance, etc. par Millin. *Paris*, 1817, 2 *vol. in*-8. *br.*

1324. Voyage en Dalmatie, par Fortis, trad. de l'ital. *Berne*, 1778, 2 *vol. in*-8. *bas.* = Voyage dans les isles Baléares et Pithiuses, de 1801 à 1805, par Grasset Saint-Sauveur. *Paris*, 1807, *in*-8. *fig. dem. rel.*

Voyages en Allemagne, Suisse, etc.

1325. Voyage de Sophie en Allemagne, en Prusse, en Saxe, etc. trad. de l'allem. (de J. T. Hermès.) *Paris*, 1802, 3 *vol. in*-8. *fig. v. r. dent.*

1326. Voyage en Autriche, en Moravie et en Bavière, pendant la campagne de 1809, par C. L. Cadet de Gassicourt. *Paris*, 1818, *in*-8. *br.* = Voyage fait en 1813 et 1814 dans le pays entre Meuse et Rhin, (par de la Doucette.) *Paris*, 1818, *in*-8. *br.* = Voyage sur les bords du Rhin, en 1817, trad. de l'angl. *Paris*, 1818, *in*-8. *br.*

1327. Voyage en Autriche, en 1809 et 1810, par Marcel de Serres. *Paris*, 1814, 4 *vol. in*-8. *br.*

1328. Voyage en Hongrie, en 1797, par R. Townson, trad. de l'angl. *Paris*, *an* VII, (1799,) 3 *vol. in*-8. *fig. bas.*

1329. Voyage dans les treize cantons suisses, par Robert. *Paris*, 1789, 2 *tom. en* 1 *vol. in*-8. *bas.* = Voyage de H. Swinburne en Espagne, en 1775 et 1776, trad. de l'angl. par de Laborde. *Paris*, *Didot*, 1787, *in*-8. *dem. rel.*

1330. Les voyageurs en Suisse, par Lantier. *Paris*, 1803, 3 *vol. in*-8. *dem. rel.*

1331. Voyage en Espagne, en 1786 et 1787, par Townsend. *Paris*, 1809, 3 *vol. in*-8. *dem. rel.* = Voyage en Portugal, par Hoffmansegg. *Paris*, 1805, *in*-8. *dem. rel.* = Lettres sur le gouvernement, les mœurs et les usages en Portugal, par Costigan, tr. de l'angl. *Paris*, 1811, *in*-8. *dem. rel.*

1332. Voyage en Espagne, en 1797 et 1798, par C. A. Fischer, trad. par C. F. Cramer. *Paris*, 1801, 2 *vol. in*-8. *fig. dem. rel.* = Nouv. Voyage en Espagne, en 1777 et 1778, (par Peyron.) *Paris*, 1782, 2 *vol. in*-8. *v. m.*

1333. Nouveau Voyage en Espagne, (par de Marcillac.) *Paris*, 1805, *in*-8. *dem. rel.* = Tableau de Lisbonne, en 1796, (par Carrère.) *Paris*, 1797,

Baillot.

1326. fie. it

Baillot. 1327. wei.

p.

p.

Baillot.

idem

p

garnot.

p.

Baillot.

Dentu

p.

garnot.

Baillot.

in-8. *dem. rel.* = Voyage en Suisse et en Italie, (par Musset Pathay.) *Paris*, 1802, *in*-8. *dem. rel.*

1334. Voyage en Portugal, en 1789 et 1790, par J. Murphy, trad. de l'angl. *Paris*, 1797, 2 *vol. in*-8. *fig. v. porph.*

Voyages en Angleterre, etc.

1335. Voyage philosoph. d'Angleterre, en 1783 et 1784, (par de La Coste.) *Paris*, 1787, 2 *vol. in*-8. *bas.* = L'étranger en Irlande, dans l'année 1805, par J. Carr, trad. de l'angl. *Paris*, 1809, 2 *vol. in*-8. *dem. rel.*

1336. Souvenirs de mes voyages en Angleterre, (par Meister.) *Paris*, 1795, *in*-8. *dem. rel.* = Voyage de trois mois en Angleterre, en Écosse et en Irlande, par Pictet. *Genève*, 1802, *in*-8. *dem. rel.* = Voyage dans l'isle de Man, par Robertson, trad. de l'angl. *Rouen, l'an* XI, (1803,) *in*-8. *dem. rel.*

1337. Voyage d'un Français en Angleterre, (par Simond,) en 1810 et 1811. *Paris*, 1816, 2 *vol. in*-8. *br.* = Londres, la cour et les provinces d'Angleterre, d'Écosse et d'Irlande, (par P. J. B. Nougaret.) *Paris*, 1816, 2 *vol. in*-8. *br.*

1338. Voyage en Norvége et en Laponie, de 1806 à 1808, par de Buch, trad. de l'allem. *Paris*, 1816, 2 *vol. in*-8. *br.*

1339. Voyage en Islande, (par Olafsen,) trad. du danois par Gauthier de Lapeyronie. *Paris*, 1802, 5 *vol. in*-8. *et atlas in*-4. *dem. rel.*

1340. Voyages de Pallas dans l'empire de Russie, trad. de l'allem. par Gauthier de Lapeyronie. *Paris, an* II, (1794,) 8 *vol. in*-8. *bas. et atlas in-fol. dem. rel.*

1341. Voyages dans la Russie méridionale, en 1793 et 1794, par Pallas, trad. de l'allem. par de Laboulaye. *Paris*, 1805, 2 *vol. in*-4. *fig. et atlas in-fol. obl. br.*

Voyages dans la Turquie d'Europe et en Grèce.

1342. Voyage en Morée, à Constantinople, en Albanie, etc. en 1798-1801, par Pouqueville. *Paris*, 1805, 3 *vol. in*-8. *fig. v. r.*

1343. Voyage en Crimée et à Constantinople, en 1786, par miladi Craven, trad. de l'angl. *Paris*, 1789, *in*-8. *fig. bas.* = Voyage littéraire de la Grèce, par Guys. *Paris*, 1776, 2 *vol. in*-8. *fig. v. m.*

1344. Voyage en Krimée, trad. de l'allem. *Paris*, 1802, *in*-8. *v. r.* = En Crimée et sur les bords de la mer Noire, en 1803, par Reuilly. *Paris*, 1806, *in*-8. *fig. dem. rel.* = Tableau de Pétersbourg, en 1810, etc. par Muller, trad. de l'all. *Paris*, 1814, *in*-8. *dem. rel.*

1345. Voyage en Krimée, trad. de l'allem. *Paris*, 1802, *in*-8. *dem. rel.* = Révolutions de l'Empire Ottoman, par de Chénier. *Paris*, 1789, *in*-8. *dem. rel.*

1346. Voyage en Grèce, en 1803 et 1804, par Bartholdy, trad. de l'allem. *Paris*, 1807, 2 *vol. in*-8. *dem. rel.* = Lettres sur la Grèce, l'Hellespont et Constantinople, par Castellan. *Paris*, 1811, *in*-8. *dem. rel.*

1347. Voyage dans la Grèce, par Pouqueville. *Paris*, 1820, 5 *vol. in*-8. *br.*

1348. Voyage à Janina en Albanie, par la Sicile et la Grèce, par T. Stuart Hughes, trad. de l'angl. *Paris*, 1821, 2 *vol. in*8. *br.* = Voyage dans le Levant, en 1817 et 1818, par M. de Forbin. *Paris*, *Imp. roy.* 1819, *in*-8. *br.*

1349. Voyage hist. et polit. au Monte-Negro, par Vialla de Sommières. *Paris*, 1820, 2 *vol. in*-8. *br. fig. color.*

Voyages en Asie.

1350. Voyage aux Indes orientales et à la Chine, par Sonnerat. *Paris*, 1782, 3 *vol. in*-8. *fig. bas.*

p.

Mme Boise

Baillot.

p.

1346 Rao.

p.

p.

Racine

Girond

p.

p.

Baillot.

idem

Blanchet.

p.

Cortaine

gaudefroy

1351. Voyage aux Indes orientales, par Paulin de Saint-Barthélemy, trad. de l'ital. *Paris*, 1808, 3 *vol. in*-8. *dem. rel.* = Voyage aux Indes orientales, de 1802 à 1806, par Tombe. *Paris*, 1810, 2 *vol. in*-8. *dem. rel. et atlas in*-4. *cart.*

1352. Voyage commercial et politique aux Indes orientales, etc. de 1803 à 1807, par Renouard de Sainte-Croix. *Paris*, 1810, 3 *vol. in*-8. *dem. rel.*

1353. Voyage dans l'Asie mineure, l'Arménie et le Kourdistan, en 1813 et 1814, par Kinneir, trad. de l'angl. *Paris*, 1818, 2 *vol. in*-8. *br.* = Itinéraire d'une partie peu connue de l'Asie mineure, (par de Corancez.) *Paris*, 1816, *in*-8. *br.*

1354. Journal d'un voyage dans la Turquie d'Asie, (par Gardane.) *Paris*, 1809, *in*-8. *v. f.* = Voyages dans différentes colonies françaises, anglaises, espagnoles. *Paris*, 1788, *in*-8. *bas.*

1355. Voyage dans la Troade, par M. Lechevalier. *Paris*, *an* VII, (1799,) *in*-8. *fig. dem. rel.* = Voyage à Tine, l'une des îles de l'Archipel de la Grèce, par M. Zallony. *Paris*, 1809, *in*-8. *br.* = Quelques jours à Athènes, trad. de l'angl. de miss Wrigt. *Paris*, 1822, *in*-8. *br.*

1356. Voyages dans l'isle de Chypre, la Syrie et la Palestine, par Mariti, trad. de l'ital. *Paris*, 1791, 2 *vol. in*-8. *v. r.*

1357. Voyage de Niebuhr en Arabie. *En Suisse*, 1780, 2 *vol. in*-8. *fig. v. m.* = Recueil de questions proposées aux savans qui font le voyage de l'Arabie, par Michaelis, trad. de l'all. *Francfort*, 1763, *in*-12. *v. m.* = Voyage en Guinée, par Isert, trad. de l'all. *Paris*, 1793, *in*-8. *fig. bas.*

1358. Voyage en Perse, de 1807 à 1809, (par A. Dupré.) *Paris*, 1819, 2 *vol. in*-8. *br.* = Second voyage en Perse, de 1810 à 1816, par J. Morier, trad. de l'angl. *Paris*, 1818, 2 *vol. in*-8. *fig. br.*

1359. Voyage dans la péninsule occident. de l'Inde, et dans l'isle de Ceylan, par Haafner, trad. du holland. *Paris*, 1811, 2 *vol. in-8. fig. dem. rel.* = Lettres philosoph. et histor. sur l'état moral et politique de l'Inde, trad. de l'angl. *Paris*, 1803, *in-8. dem. rel.*

1360. Voyage dans l'intérieur de la Chine, de 1792 à 1794, par Macartney, trad. de l'angl. par Castéra. *Paris, l'an* VII, (1799,) 5 *vol. in-8. fig. bas.*

1361. Voyage en Chine, par J. Barrow, trad. de l'angl. par J. Castéra. *Paris*, 1805, 3 *vol. in-8. v. r. et atlas in-4. dem. rel.*

1362. Voyage en Chine et en Tartarie, par Holmes, trad. de l'angl. *Paris*, 1805, 2 *vol. in-8. fig. v. r.* = Voyage à l'île de Ceylan, de 1797-1800, par R. Percival, trad. de l'angl. par P. F. Henry. *Paris*, 1803, 2 *vol. in-8. fig. v. r.*

1363. Voyage en Chine, par Ellis, trad. de l'angl. *Paris*, 1818, 2 *vol. in-8. fig. br.* = en Chine et en Tartarie, par Holmes, trad. de l'angl. *Paris*, 1805, 2 *vol. in-8. br.*

1364. Voyage du capitaine Maxwell sur la mer Jaune, etc. par J. Mac-Leod, trad. de l'angl. par C. A. Def..... *Paris*, 1818, *in-8. fig. br.* = Cérémonies usitées au Japon pour les mariages et les funérailles, trad. du japonais par Titsingh. *Paris*, 1819, *in-8. br. et atlas cart.*

1365. Voyages de C. P. Thunberg au Japon, trad. par Langlès. *Paris*, 1796, 4 *vol. in-8. fig. v. éc.*

1366. Voyage du gouverneur Phillip à Botany-Bay, trad. de l'angl. *Paris*, 1791, *in-8. dem. rel.* = Relation des isles Pelew, trad. de l'angl. de Keate. *Paris*, 1793, 2 *vol. in-8. bas.*

Voyages en Afrique.

1367. Voyage dans l'intérieur de l'Afrique, en 1797 et 1798, par Horneman, trad. de l'angl. *Paris*,

Baillet.

Cordier

gaudefroy

p.

gaudefroy

merlin

Lacornière

Cordier

p.

p.

garnot.

Lacourien.

p.

garnot.

p.

p.

p.

garnot.

1802, *in*-8. *v. r.* = de Constantinople à Bassora, en 1781, par Sestini, trad. de l'ital. *Paris, l'an* VI, (1798,) *in*-8. *bas.*

1368. Voyage de Le Vaillant dans l'intérieur de l'Afrique. *Paris*, 1790, 2 *vol. in*-8. *fig. bas.*

1369. Second Voyage dans l'intérieur de l'Afrique, en 1783, 84 et 85, par F. Le Vaillant. *Paris, l'an* III, (1795,) 3 *vol. in*-8. *fig. bas.*

1370. Voyage dans l'intérieur de l'Afrique, en 1795-1797, par Mungo Park, trad. de l'angl. par J. Castéra. *Paris, an* VIII, (1800,) 2 *vol. in*-8. *fig. bas.* = Second voyage de Mungo Park dans l'intérieur de l'Afrique, en 1805, trad. de l'anglais. *Paris,* 1820, *in*-8. *br.*

1371. Voyage dans l'intérieur de l'Afrique, en 1818, par Mollien. *Paris,* 1820, 2 *vol. in*-8. *br.*

1372. Voyage dans la Haute et Basse-Égypte, la Syrie, etc. de 1792-1798, par W. G. Browne, trad. de l'angl. par J. Castéra. *Paris,* 1800, 2 *vol. in*-8. *bas.*

1373. Voyage dans la Haute et Basse-Égypte, par C. S. Sonnini. *Paris, an* VII, (1799,) 3 *vol. in*-8. *bas. et atlas in*-4. *dem. rel.*

1374. Voyage en Barbarie, en 1785 et 1786, par Poiret. *Paris*, 1789, 2 *vol. in*-8. *dem. rel.* = Description de la Nigritie, (par Pruneau de Pommegorge.) *Paris*, 1789, *in*-8. *fig. dem. rel.*

1375. Voyage à Tripoli, ou Relation d'un séjour de dix années en Afrique, trad. de l'angl. *Paris*, 1819, 2 *vol. in*-8. *br.* = Nouveau voyage dans l'intérieur de l'Afrique, de 1810 à 1814, trad. de l'angl. *Paris,* 1817, *in*-8. *br.*

1376. Voyage au cap de Bonne-Espérance et autour du monde, par Sparmann, traduit par le Tourneur. *Paris*, 1787, 3 *vol. in*-8. *fig. bas.*

1377. Voyage hist. d'Abissinie, par J. Lobo, trad. du portugais. *Paris*, 1728, *in*-4. *fig. v. m.*

1378. Voyage en Abyssinie, par Salt, trad. de l'anglais. *Paris*, 1812, 2 *vol. in*-8. *br.* = Voyage dans le pays d'Aschantie, par Bowdich, trad. de l'angl. *Paris*, 1819, *in*-8. *br.*

1379. Voyage dans les quatre îles principales des mers d'Afrique, en 1801 et 1802, par Bory de Saint-Vincent. *Paris*, 1804, 3 *vol. in*-8. *br.*

1380. Voyage à l'isle de France, à l'isle de Bourbon, etc. (par Bernardin de Saint-Pierre.) *Paris*, 1773, 2 *vol. in*-8. *fig. m. r.*

1381. Voyage pittoresque à l'Isle-de-France, au cap de Bonne-Espérance et à l'isle de Ténériffe, par Milbert. *Paris*, 1812, 2 *vol. in*-8. *dem. rel.* = Voyage aux îles de Ténériffe, la Trinité, etc. par Ledru. *Paris*, 1810, 2 *vol. in*-8. *dem. rel.*

Voyages en Amérique, etc.

1382. Voyage à Cayenne, dans les deux Amériques, etc. par L. A. Pitou. *Paris*, 1805, 2 *vol. in*-8. *fig. v. r.* = Voyage à Saint-Domingue, en 1788, 89 et 90, par de Wimpfen. *Paris*, 1797, 2 *vol. in*-8. *v. r.*

1383. Voyage dans l'Amérique méridionale, par Helms, trad. de l'angl. *Paris*, 1812, *in*-8. *br.* = De la Guyane française, par M. de Barbé Marbois. *Paris*, 1822, *in*-8. *br.*

1384. Voyage à la partie orientale de la Terre-Ferme, dans l'Amérique méridionale, de 1801 à 1804, par Depons. *Paris*, 1806, 3 *vol. in*-8. *fig. dem. rel.* = Voyage par terre, de Santo-Domingo au cap Français, par Dorvo-Soulastre. *Paris*, 1809, *in*-8. *dem. rel.*

1385. Voyages dans la partie septentrionale du Brésil, depuis 1809 jusqu'en 1815, par H. Koster, trad. de l'angl. *Paris*, 1818, 2 *vol. in*-8. *br. fig. color.* = Voyages dans l'intérieur du Brésil, par Mawe, trad. de l'angl. *Paris*, 1816, 2 *vol. in*-8. *br.*

p.

La couriere

Baillot.

1781. nov.

p.

p.

La couriere

p.

baillot.

g. waric

p.

garnot.

baillot.

1391. War. az+

1392. Bro. ai+

1393. Wei.

garnot.

1386. Voyage à Surinam, et dans l'intérieur de la Guiane, par Stedman, trad. de l'angl. *Paris, l'an* VII, (1799,) 3 *vol. in*-8. *br.*

1387. Voyages dans les parties intérieures de l'Amérique, trad. de l'angl. *Paris*, 1790, 2 *vol. in*-8. *bas.* = Amusemens géographiques et historiques, (par Navarre.) *Paris*, 1788, 2 *vol. in*-8. *fig. bas.*

1388. Nouvelle relation des voyages de Th. Gage dans la nouvelle Espagne. *Amst.* 1721, 2 *vol. in*-12. *fig. v. b.* = Histoire de la conqueste du Mexique, trad. de l'espagnol de Solis. *Paris*, 1704, 2 *vol. in*-12. *fig. v. b.*

1389. Voyage au nouveau Mexique, par Pike, en 1805, 1806 et 1807, trad. de l'angl. *Paris*, 1812, 2 *vol. in*-8. *br.* = Voyages au Pérou, de 1791 à 1794, par Sobreviela, trad. de l'espagnol. *Paris*, 1809, 2 *vol. in*-8. *br.*

1390. Second voyage à la Louisiane, de 1794 à 1798, par Baudry des Lozières. *Paris*, 1803, 2 *vol. in*-8. *dem. rel.*

1391. Voyage dans l'intérieur de la Louisiane, de la Floride occidentale, etc. pendant les années 1802 à 1806, par Robin. *Paris*, 1807, 3 *vol. in*-8. *dem. rel.* = Voyage dans les deux Louisianes, de 1801 à 1803, par Perrin du Lac. *Paris*, 1805, *in*-8. *dem. rel.*

1392. Voyage au Canada, en 1795-1797, par I. Weld, trad. de l'angl. *Paris, an* VIII, (1800,) 3 *vol. in*-8. *fig. bas.*

1393. Voyage dans les États-Unis d'Amérique, en 1795, 1796 et 1797, par Larochefoucauld-Liancourt. *Paris, l'an* VII, (1799,) 8 *vol. in*-8. *bas.*

1394. Voyage aux isles de Trinidad, de Tabago, etc. par Dauxion la Vaysse. *Paris*, 1813, 2 *vol. in*-8. *dem. rel.* = Voyage au Brésil, par Lindley, trad. de l'angl. *Paris*, 1806, *in*-8. *dem. rel.* = Voy.

des cap. Lewis et Clarke, depuis l'embouchure du Missouri jusqu'à la Colombia, dans l'Océan pacifique, tr. de l'angl. *Paris*, 1810, *in*-8. *dem. rel.*

1395. Voyage d'Antenor en Grèce et en Asie, par Lantier. *Paris, l'an* VI, (1798,) 3 *vol. in*-8. *bas.*

1396. Les Antenors modernes, ou voyages de Christine et de Casimir en France, pendant le règne de Louis XIV, (par Chaussard.) *Paris*, 1806, 3 *vol. in*-8. *dem. rel.*

Chronologie et Histoire universelle.

1397. Tablettes chronologiques de l'histoire universelle, par Lenglet Dufresnoy, publ. par Barbeau de la Bruyère. *Paris*, 1778, 2 *vol. in*-8. *bas.*

1398. Sommaire chronologie des souverains pontifes, empereurs, rois, princes, etc. dès le commencement du monde. *Paris*, 1612, *in-fol. fig. m. r.*

Les marges du devant sont très fort tachées d'humidité.

1399. Histoire des hommes, par Delisle de Sales. *Paris*, 1779, 52 *vol. in*-12. *bas.*

1400. Précis de l'histoire universelle, par Anquetil. *Paris*, 1801, 12 *vol. in*-12. *bas.*

1401. Révolutions des empires, royaumes, républiques, etc. par Renaudot. *Paris*, 1769, 2 *vol. in*-12. *bas.* = Tableau des révolutions de l'empire d'Allemagne, (par Briel.) *Paris*, 1787, 2 *vol. in*-12. *bas.*

1402. Histoire des différens peuples du monde, par Contant Dorville. *Paris*, 1772, 6 *vol. in*-8. *v. m.*

1403. Tableaux des principaux peuples de l'Europe, de l'Asie, de l'Afrique et de l'Amérique, et les découvertes de Cook, de La Pérouse, etc. par Grasset Saint-Sauveur. *Paris*, *in*-4. *dem. rel.*

1404. Dictionnaire des mœurs, loix, usages et coutumes de tous les peuples, (par Costard, etc.) *Paris*, 1772, 4 *vol. in*-8. *bas.*

garnot.

p.

Martin

Lanté.

Dabin 52 volumes.

p.

garnot.

idem

p.

Dubois

Martin

p.

fayolle

plusieurs ff. taches d'humidité porquet.

1409. Kop. [illegible] gre. p[t]

garnot.

porquet.

Racine

p.

p.

1405. L'esprit des usages et des coutumes des différents peuples, par Demeunier. *Paris*, 1786, 3 *vol. in*-8. *bas.*

1406. Histoire générale des conjurations, conspirations et révolutions célèbres, tant anciennes que modernes, par Duport du Tertre. *Paris*, 1762, 10 *vol. in*-12. *bas.*

1407. Ephémérides politiques, littéraires et religieuses, par Noël. *Paris*, 1803, 12 *vol. in*-8. *v. r.*

Histoire universelle de certains temps et de certains lieux.

1408. Les Histoires du P. Maimbourg. *Paris*, 1686, 12 *vol. in*-4. *v. b.*

1409. Recherches histor. sur les croisades et les templiers, par Jacob. *Paris*, 1828, *in*-8. *br.* = De l'influence des croisades, par de Choiseul-Daillecourt. *Paris*, 1809, *in*-8. *br.*

1410. Histoire polit. des grandes querelles entre Charles V et François Ier, (par Goezmann.) *Paris*, 1777, 2 *vol. in*-8. *fig. v. porph.*

1411. Histoire universelle de J. A. de Thou, trad. du latin. *Basle*, 1742, 11 *vol. in*-4. *v. m.*

1412. Galerie philos. du XVIe siècle, par de Mayer. *Paris*, 1783, 2 *vol. in*-8. *v. m.*

1413. Négociations diplomat. et polit. du président Jeannin. *Paris*, 1819, 3 *vol. in*-8. *br.*

1414. Mémoires de Montgon, contenant ses différentes négociations. 1750, 6 *vol. in*-12. *v. m.* = Mémoires du marquis de Montglat. *Amst.* 1728, 4 *vol. in*-12. *v. f.*

1415. Politique de tous les cabinets de l'Europe, pendant les règnes de Louis XV et de Louis XVI, par de Ségur. *Paris*, 1802, 3 *vol. in*-8. *br.* = Tableau hist. et polit. de l'Europe, depuis 1786 jusqu'en 1796, par le même. *Paris*, 1803, 3 *vol. in*-8. *br.*

1416. Mémoires d'un voyageur qui se repose, par Dutens. *Paris*, 1806, 3 *vol. in*-8. *br.*

1417. L'observateur françois à Londres, (par de Gomicourt.) *Paris*, 1769, 8 *vol. in*-12. *v. m.*

1418. L'Espion anglois, ou Correspondance secrète entre mylord All'Eye et mylord All'Ear, (par Pidansat de Mairobert.) *Londres*, 1784, 10 *vol. in*-12. *bas.*

1419. L'Espion anglais, ou Correspondance entre deux milords sur les mœurs publiques et privées des Français. *Paris*, 1809, 2 *vol. in*-8. *dem. rel.*

Histoire ecclésiastique, des Papes, etc.

1420. Histoire ecclésiastique, par Fleury. *Nismes*, 1779, 25 *vol. in*-8. *bas.*

1421. Abrégé de l'histoire ecclésiastique de Fleury, (par F. Morenas.) *Avignon*, 1750, 10 *vol. in*-12. *v. m.*

1422. Cérémonies et coutumes qui s'observent aujourd'hui parmi les juifs, par Léon de Modène, trad. de l'ital. (par Richard Simon.) *Paris*, 1674, *in*-12. *v. b.* = Histoire des anabaptistes, contenant leur doctrine, etc. (par Catrou.) *Amst.* 1702, *in*-12. *v. m.*

1423. Histoire abrégée des papes, (par Alletz.) *Paris*, 1776, 2 *vol. in*-12. *v. m.*

1424. Histoire de la papesse Jeanne, trad. du lat. de Spanheim. *La Haye*, 1720, 2 *vol. in*-12. *v. b.*

1425. Vie et pontificat de Léon X, trad. de l'angl. de W. Roscoe. *Paris*, 1808, 4 *vol. in*-8. *dem. rel.*

Histoire monastique, et des ordres religieux, etc.

1426. Ordres monastiques, histoire extraite de tous les auteurs, (par Musson.) *Berlin*, 1751, 7 *vol. in*-12. *v. éc.* = Histoire crit. des pratiques superstitieuses, par Le Brun. *Paris*, 1750, 4 *vol. in*-12. *bas.*

1427. Abrégé des vies des principaux fondateurs

gaudefroy

p.

Raillot.

p

porquet.

garnot.

p.

Rouanet.

Raillot

p. pas complet

1427. schm. az+

p.

Cluid

Bacon

p.

p.

1432. Aug.

Gaudefroy

Baillot.

1435. Mel.

Racine

le 1er longeté

p.

des religions de l'église, représentez dans le chœur de l'abbaïe de Saint-Lambert de Liessies en Haynaut, par E. Binet. *Anvers*, 1634, *pet. in-4. fig. v. éc.*

1428. Histoire de l'abbaye roy. de Saint-Germain-des-Prez, par D. Bouillart. *Paris*, 1724, *in-fol. fig. v. m.*

1429. Histoire de l'abbaye roy. de Saint-Denys, par D. Félibien. *Paris*, 1706, *in-fol. fig. v. b.*

1430. L'alcoran des cordeliers, en lat. (par Barthélemy de Pise, et trad. par C. Badius,) avec la légende dorée, (par N. Vignier.) *Amst.* 1734, 3 *vol. in-12. fig. v. éc. et dem. rel.*

1431. Les aventures de la Madona et de François d'Assise, par Renoult. *Amst.* 1701, *in-12. fig. v. f.*

1432. Légende dorée, ou sommaire de l'histoire des frères Mendians de l'ordre de Saint Dominique, (par N. Viguier.) *Leyden*, 1608, *in-8. v. f.*

1433. Le rasibus, ou le procès fait à la barbe des capucins, par un moine défroqué. *Cologne, P. Marteau*, 1718, *in-12. v. éc.*

1434. La guerre séraphique, ou histoire des périls qu'a courus la barbe des capucins, par les violentes attaques des cordeliers. *La Haye*, 1740, *in-12. v. m.*

1435. Gallicæ celestinorum congregationis monasteriorum fundationes, virorum que vita aut scriptis illust. elogia, (auct. A. Becquet.) *Paris.* 1719, *in-4. cart.*

Exemplaire avec des additions manuscrites.

1436. Histoire de l'admirable Don Inigo de Guipuscoa, (par Ch. Levier.) *La Haye*, 1758, 2 *vol. in-12. v. f.*

1437. Le passe-partout des pères jésuites, apporté d'Italie. 1607, *pet. in-12. dem. rel.* = Rome pleurante, ou les entretiens du Tibre et de Rome, trad. de l'ital. *Leide*, 1666, *in-12. v. f.*

1438. Le cabinet jésuitique, contenant plusieurs pièces curieuses des R. P. jésuites. *Cologne*, 1678, *in*-12. *vél.* = Onguant pour la brulure, ou le secret pour empescher les jesuites de bruler les livres, (par Barbier d'Aucour.) 1664, *in*-12. *vél.*

1439. Jean danse mieux que Pierre, Pierre danse mieux que Jean, ils dansent bien tous deux. *Tetonville*, 1719, 5 *vol. in*-12. *v. éc.*

1440. Histoire de la Sorbonne, par Duvernet. *Paris*, 1790, 2 *vol. in*-8. *bas.* = Dissertation hist. sur les duels, et les ordres de chevalerie, par Basnage. *Basle*, 1740, *in*-12. *v. m.*

1441. Monumens historiques relatifs à la condamnation des chevaliers du Temple, par M. Raynouard. *Paris*, 1813, *in*-8. *dem. rel.* = Mémoires historiques sur les Templiers, (par P. Grouvelle.) *Paris*, 1805, *in*-8. *br.*

1442. Histoire des chevaliers de Malthe, par de Vertot. *Paris*, 1737, 7 *vol. in*-12. *v. j.*

1443. Elogia funebria magnorum magistrorum, nec non illustrium tum commendatorum, tum equitum sacri hierosolimitani ordinis Sancti Joannis, e majori ejusd. ordinis conventuali Basilica deprompta. *Melitæ*, 1764, *in-fol. v. b.*
Mss. sur papier, contenant environ 350 mausolées peints.

Histoire sainte. Vies des saints, etc.

1444. Dictionnaire historique des saints personnages, (par de Lacroix.) *Paris*, 1772, 2 *vol. in*-8. *v. m.*

1445. Vie des saints pères des déserts, et des saints solitaires d'orient et d'occident, (par J. F. Bourgoing de Villefore.) *Amst.* 1714, 4 *vol. pet. in*-8. *fig. v. éc.*

1446. Vies des Pères, des Martyrs, et des autres principaux saints, trad. de l'angl. d'Alban Butler, par Godescard. *Versailles*, 1811, 13 *vol. in*-8. *cart.*

p.

le Doyen

girond.

julien

1441. gre. x+

mr baudot.

girond.

conti 30 fr.

p.

Rouanet.

baillot.

p.

techener

1448. gre. h+ gab. warée

julien

1450 Rao.

p

1452. gre. p+ julien

p.

lainjore

Rosanet.

techener

p.

p.

1447. Vita sancti Norberti, auct. C. Vander Sterre. *Antuerp. in-4 v. f.*

34 planches gravées par T. Galle.

1448. La vie symbolique du B. François de Sales, par A. Gambart. *Paris*, 1664, *in-12. fig. v. f.*

1449. Histoire de l'auguste et vénérable église de Chartres, (par V. Sablon.) *Chartres*, 1697, *in-12. fig. v. b.* = Roma subterranea novissima, studio P. Aringhi. *Arnhemiæ*, 1671, *in-12. fig. v. b.*

1450. Histoire de la Sainte-Chapelle du Palais, par Morand. *Paris*, 1790, *in-4. fig. dem. rel.*

1451. Histoire de la sacrée manne, et de la sainte chandelle, miraculeusement envoyées du ciel au peuple d'Arras. *Arras*, 1612, *in-8. parch. Le titre est mss. et la moitié du premier feuillet manque.* = La saincte Vierge de Laurète, par H. Bouche. *Paris*, 1646, *pet. in-12. dem. rel.*

1452. Dissertation sur la sainte larme de Vendôme, par J. B. Thiers. *Amst.* 1751, *in-12. v. m.*

Histoire des religions, des hérésies, etc.

1453. Origine de tous les cultes, par Dupuis. *Paris, l'an* III, (1795,) 7 *vol. in-8. bas. et atlas in-4. dem. rel.*

1454. Dictionnaire historique des cultes religieux, (par de Lacroix.) *Paris*, 1770, 3 *vol. in-8. bas.*

1455. Histoire gen. et particulière des religions et du culte de tous les peuples du monde, tant anciens que modernes, par de Laulnaye. *Paris*, 1791, *grand in-4. fig. dem. rel.*

Le tome 1er, le seul publié.

1456. Traité des anciennes cérémonies, ou histoire contenant leur naissance et accroissement, etc. par J. Porrée. (*Rouen*,) 1673, *in-8. bas.*

1457. Les conformitez des cérémonies modernes avec les anciennes, (par P. Mussard.) *Leyde*, 1667, *in-12. v. b.*

1458. Dictionnaire des hérésies, par l'abbé Pluquet. *Paris,* 1768, 2 *vol. in-*8. *bas.*

1459. Histoire des sectes religieuses, par M. Gregoire. *Paris,* 1814, 2 *vol. in-*8. *dem. rel.*

1460. Mémoires pour servir à l'histoire de la fête des foux, par du Tilliot. *Lausanne,* 1751, *in-*12. *fig. v. f.*

1461. Histoire des flagellans, par l'abbé Boileau, avec la critique, par Thiers. *Amst.* 1732, *et Paris*, 1703, 2 *vol. in-*12. *v. b.*

1462. Histoire de l'inquisition et son origine, (par Marsollier.) *Cologne*, *P. Marteau,* 1693, *in-*12. *v. m.* = Relation de l'inquisition de Goa, (par Dellon.) *Amst.* 1719, *in-*12. *fig. v. b.*

1463. Histoire des inquisitions, (publ. par Goujet.) *Cologne, Pierre Marteau,* (*Paris,*) 1769, 2 *vol. in-*12. *fig. bas.*

HISTOIRE DES MONARCHIES ANCIENNES.

Histoire grecque, etc.

1464. Histoire des Juifs, trad. du grec, par Arnauld d'Andilly. *Amst.* 1681, *in-fol. fig. dem. rel.*

1465. Flavii Josepi viri Judæi de imperatrice ratione, deque inclyto septem fratrum Macabæorum martyrio liber, a D. Erasmo recognitus. *Excudebat Eucharius Cervicornus*, (*Coloniæ,*) *petit in-*4. *m. r.* 14 *fig. en bois de la grandeur du volume.*

Il y a plusieurs feuillets tachés d'huile.

1466. Histoire ancienne des Égyptiens, des Carthaginois, etc. par Rollin. *Paris,* 1731, 14 *vol. in-*12. *v. éc.*

1467. Voyage du jeune Anacharsis en Grèce, par J. J. Barthélemy. *Paris*, *an* VII, (1799,) 7 *vol. in-*12. *et atlas in-*4. *v. r.*

1468. Quinte-Curce, en lat. et en franç. trad. par Vaugelas. *Lyon,* 1761, 2 *vol. in-*12. *bas.* = His-

p.

p.e Boisi

p.

gaudefroy.

garnot.

Desflorennes — très taché d'eau et piqûre — 1464. Aug.

Dufart.

Schaubeck

Idem

Racine

Schaubeck

garnot

Saillot

1472. gre. it

garnot.

Schaubeck

Lacurnière

1476. Mel.

ajouté 2 vol. in 12.

p

1478. Mel.

mancel

toires de Justin et de Velleius Paterculus, en lat. et en franç. trad. par l'abbé Paul. *Paris*, 1769 *et* 1774, 3 *vol. in*-12. *bas.*

1469. Histoire d'Alexandre-le-Grand, par Quinte-Curce, trad. par Beauzée, avec le texte en regard. *Paris, Barbou*, 1781, 2 *vol. in*-12. *v. m.*

1470. Les mœurs et les usages des Grecs, par Menard. *Lyon*, 1743, *in*-12. *v. f.* = Tacite, vie d'Agricola, en lat. et en franç. trad. par Mollevaut, avec des notes par M. Walckenaer. *Paris*, 1825, *in*-12. *cart.*

1471. Fêtes et courtisannes de la Grèce, par Chaussard. *Paris*, 1803, 4 *vol. in*-8. *fig. v. porph.*

1472. Histoire des Amazones anc. et modernes, par Guyon. *Paris*, 1740, 2 *tom. en* 1 *vol. in*-12. *v. éc.* = Histoire des Vestales, avec un traité du luxe des dames romaines, par Nadal. *Paris*, 1725, *in*-12. *v. b.*

Histoire romaine, etc.

1473. Les commentaires de César, trad. en franç. avec le texte en regard. *Paris, Barbou*, 1766, 2 *vol. in*-12. *v. m.* = Abrégé de l'histoire romaine, d'Eutrope, en lat. et en franç. *Paris, Barbou*, 1783, *in*-12. *bas.*

1474. Traduction de Tacite, par de la Bleterie. *Paris*, 1779, 7 *vol. in*-12. *v. m.*

1475. Les douze Césars, de Suétone, trad. du lat. par de La Harpe, avec le texte en regard. *Paris*, 1770, 2 *vol. in*-8. *bas.*

1476. Le même ouvrage, trad. par Ophellot de la Pause, (Delisle de Sales,) avec le texte en regard. *Paris*, 1771, 4 *vol. in*-8. *v. m.*

1477. Le même, trad. par Delaroche. *Paris*, 1807, *in*-8. *dem. rel.*

1478. Le même, traduit par Maurice Levesque. *Paris*, 1808, 2 *vol. in*-8. *dem. rel.*

1479. Ammien Marcellin, trad. en fr. par de Moulines. *Lyon*, 1778, 3 *vol. in*-12. *v. m.*

1480. Histoire romaine, par Rollin. *Paris*, 1771, 16 *vol. in*-12. *v. m.*

1481. Les écrivains de l'histoire auguste, trad. en franç. par G. de Moulines. *Paris*, 1806, 3 *vol. in*-12. *br.*

1482. Histoire des empereurs romains, par Crevier. *Paris*, 1749, 12 *vol. in*-12. *v. m.*

1483. Nouvel abrégé chronol. de l'histoire des empereurs, (par A. Richer.) *Paris*, 1754, 2 *vol. in*-8. *v. m.* = Caractères histor. des empereurs, depuis Auguste jusqu'à Maximin. *Berlin*, 1768, 2 *vol. in*-8. *v. j.*

1484. Histoire du Bas-Empire, par le Beau. *Paris*, 1757, 26 *vol. in*-12. *v. m.*

1485. Histoire de la décadence et de la chûte de l'empire romain, trad. de l'angl. de Gibbon. *Paris*, 1788, 18 *vol. in*-8. *bas.*

1486. Notitia utraque dignitatum cùm orientis, tum occidentis, cum comment. G. Panciroli. *Lugd.* 1608, *in-fol. fig. parch.*

HISTOIRE MODERNE.

Histoire d'Italie.

1487. Origines gauloises, celles des plus anciens peuples de l'Europe, par La Tour d'Auvergne-Corret. *Hambourg*, 1801, *in*-8. *v. r.* = Monumens celtiques, ou recherches sur le culte des pierres, par Cambry. *Paris*, 1805, *in*-8. *fig. v. r.*

1488. Description hist. de l'Italie, en forme de dictionnaire. *La Haye*, 1776, 2 *vol. in*-8. *fig. bas.* = Voyage d'un amateur des arts, en Flandre, en France, en Savoie, en Italie, etc. *Amst.* 1783, 3 *vol. in*-12 *v. m.*

1489. Observations sur l'Italie et sur les Italiens,

garnot. 1479. Mel.

Racine

julien

martin 1481. Mel.

p.

sainjore

Lacouriere

guenou

Simonet. 1487. fie. m+

Racine

p.

gab. warie

Racine

Blanchet

gab. warie

1494. Sne.

Dehaury

1496. fre. mz+ · [illegible].

P.

Laroque ainé.

1499. gre. am+ · garnot.

Racine

P.

Racine

par Grosley. *Paris*, 1774, 4 *vol. in*-12. *v. m.* = Voyage d'Italie et de Hollande, par Coyer. *Paris*, 1775, 2 *vol. in*-12 *v. m.*

1490. Lettres historiques et critiques sur l'Italie, par C. de Brosses. *Paris, an* VII, (1799,) 3 *vol. in*-8. *v. r.* 7.60.

1491. Lettres sur l'Italie, en 1785, (par Dupaty.) *Paris*, 1792, *in*-8. *bas.* = Tableau de la haute Italie, par Denina. *Paris*, 1805, *in*-8. *dem. rel.* 2.20.

1492. Histoire de René d'Anjou, roi de Naples, par de Villeneuve Bargemont. *Paris*, 1825, 3 *vol. in*-8. *br.* 7.60.

1493. Mémoires secrets des cours, des gouvernements et des mœurs des principaux Etats d'Italie, par J. Gorani. *Paris*, 1793, 3 *vol. in*-8. *dem. rel.* 3.95.

HISTOIRE DE FRANCE.

Topographie ou description de la France.

1494. Les délices de la France. *Leyde*, 1728, 3 *vol. in*-12. *fig. v. m.* 6.50 d.

1495. Nouvelle description de la France, par Piganiol de La Force. *Paris*, 1753, 15 *vol. in*-12. *v. m.* 12.60.

1496. Description routière et géographique de l'Empire français, par R. Villiers. *Paris*, 1813, 14 *vol. in*-8. *br. avec cartes.* 21.

1497. Dictionnaire universel de la France, par Robert de Hesseln. *Paris*, 1771, 6 *vol. pet. in*-8. *v. m.* 2.70.

1498. Dictionnaire universel, géographique et statistique de la France, (par Prudhomme, etc.) *Paris*, 1804, 5 *vol. in*-4. *dem. rel. et cart.* 7.5.

1499. Etat de la France, par le comte de Boulainvilliers. *Londres*, 1752, 8 *vol. in*-12. *v. éc.* 12.50

1500. La France, par lady Morgan. *Paris*, 1817, 2 *vol. in*-8. *br.* = Observations sur l'ouvrage 4.5.

1491 le 1er double 1785 2 vol. bas, et 4 vol. in 8°. 2.40.

1490 double seconde édition 3 vol. bas ——— 5.95

intitulé : La France. *Paris*, 1817, *in*-8. *br.* = La France telle qu'elle est, et non la France de lady Morgan, par W. Playfair, trad. de l'angl. *Paris*, 1820, *in*-8. *br.*

1501. Tableau géographique de la puissance industrielle de la France, commerciale, etc. par départemens. *Paris*, 1791, 2 *vol. in*-8. *dem. rel.*

Histoire ancienne des Gaules, etc.

1502. Les antiquités et histoires gauloises et françoises, par Fauchet. *Genève*, 1611, *in*-4. *v. m.*

1503. Histoire de l'état et république des druides, eubages, anciens françois, gouverneurs des pays de la Gaule, depuis le déluge jusqu'à la venue de Jesus-Christ, par F. N. Taillepied. *Paris*, 1585, *in*-8. *v. f.*

1504. Le montglonne, ou recherches sur l'origine des Celtes, Angevins, Aquitains, etc. par Robin. *Paris*, 1774, 2 *tom. en* 1 *vol. in*-12. *bas.*

1505. Recherches sur les origines celtiques, par Bacon. *Paris*, 1808, 2 *vol. in*-8. *fig. dem. rel.*

1506. Histoire des Gaulois, par Picot. *Genève*, 1804, 3 *vol. in*-8. *dem. rel.*

1507. Dissertation sur l'origine des François, (par D. Vaissette.) *Paris*, 1722. = Recueil de pièces pour servir à l'histoire de France, par de Longuerue. *Genève*, 1769. = Dissertation sur un temple octogone, des bas-reliefs, trouvés à Cestas, par Jaubert. *Bordeaux*, 1743, *fig.* = Dissert. sur l'antiquité de Chaillot, (par Coste.) *Paris*, 1736, *in*-12. *v. m.*

1508. Traité des façons et coutumes des anciens Gaulloys, trad. du lat. de P. de la Ramée. *Paris*, 1559, *in*-8. *bas.*

1509. Les mœurs et coutumes des François, par Le Gendre. *Paris*, 1753, *in*-12. *v. m.* = Le mode françois, ou discours sur les principaux usages

1501. C.

Racine

1503. Mor.

La Couriere

Baillot.

Simonet.

1505. fie. it

1507. C. gre. h^t

Techener . receu du imperf. de trois feuillets

p.

1509. C.

garnot.

La couriere

1512. fie. b+ p.

1513. Kop.

1514. fie. x+ p.

La couriere

Baillot.

imparfait de la fin du tome 2e p.

p.

p.

Racine

pe porquet.

Cretaine

de la nation françoise, (par Sobry.) *Londres*, 1786, *in*-8. *bas.*

1510. Dictionnaire historique des mœurs, usages, etc. des François, (par de la Chenaye des Bois.) *Paris*, 1767, 3 *vol. in*-8. *v. m.* = Dictionnaire militaire, (par le même.) *Paris*, 1768, 3 *vol. in*-8. *v. m.*

1511. Histoire de la vie privée des Français, par Le Grand d'Aussy. *Paris*, 1782, 3 *vol. in*-8. *bas.*

1512. La même, publiée par M. Roquefort. *Paris*, 1815, 3 *vol. in*-8. *dem. rel.*

1513. Mémoires pour servir à l'histoire des mœurs et usages des Français, par Caillot. *Paris*, 1827, 2 *vol. in*-8. *br.*

1514. Histoire des Français des divers états, aux cinq derniers siècles, par Monteil. *Paris*, 1828, *les tom.* 1 *et* 2, *in*-8. *br.*

1515. Recherches sur les mœurs, les usages, l'industrie des Français, depuis l'origine de la monarchie, par M. de la Mésangère. *In*-4. *dem. rel.*
Manuscrit sur papier, composé de 245 pages.

1516. La Gaule poétique, par M. F. Marchangy. *Paris*, 1813, 8 *vol. in*-8. *les* 4 *premiers dem. rel. et les* 4 *derniers br.*

Histoire générale de France.

1517. L'histoire des François de Saint-Grégoire de Tours, trad. en françois par de Marolles. *Paris*, 1668, 2 *vol. in*-8. *v. b.*

1518. Les croniques de France, par Rob. Gaguyn, translatées du latin en françois. *Paris, Michel Lenoir*, 1532, *in-fol. goth. vel.*

1519. Les annales et chroniques des Gaulles, par Nicole Gilles. *Paris*, 1551, *in-fol. v. b.*

1520. Histoire générale des roys de France, par du Haillan. *Paris*, 1628, 2 *vol. in-fol. v. b.*

1521. Les grandes annales et histoire générale de

France, par F. de Belleforest. *Paris*, 1579, 2 *vol. in-fol. v. f.*

1522. Le véritable inventaire de l'histoire de France, par J. de Serres. *Paris*, 1648, 2 *vol. in-fol. v. b.*

1523. Histoire de France avant Clovis, par de Mezeray. *Amst.* 1700, *in-12. v. b.* = Abrégé chronologique de l'histoire de France, par le même. *Amst.* 1682, 6 *vol. in-12. fig. vél.*

1524. Histoire de France, depuis Pharamond jusqu'à maintenant, par F. Eudes de Mézeray. *Paris*, 1643, 3 *vol. in-fol. fig. v. b.*

Exemplaire avec la dédicace à l'histoire de Henri IV.

1525. Les annales de la monarchie françoise, par de Limiers. *Amst.* 1724, 2 *vol. in-fol. fig. v. b.*

1526. Histoire de France, par le P. Daniel. *Paris*, 1729, 10 *vol. in-4. fig. v. m. Gr. Pap.*

1527. Nouvel abrégé chronologique de l'Histoire de France, par le P. Hénault, continué par Fantin des Odoards. *Paris*, 1800, 5 *vol. pet. in-8. bas.*

1528. Histoire de France, par Velly, Villaret et Garnier. *Paris*, 1763, 30 *vol. in-12. v. m.*

1529. Elémens de l'Histoire de France, par Millot. *Paris*, 1783, 3 *vol. in-12. v. m.*

1530. Tableau de l'Histoire de France, par Poncet de la Grave. *Paris*, 1788, 2 *vol. in-12. v. m.* = Histoire de France avant Clovis, par Laureau. *Paris*, 1789, 2 *vol. in-12. v. m.*

1531. Histoire nationale, ou annales de l'Empire français depuis Clovis jusqu'à nos jours, par Moithey. *Metis*, 1791, 5 *vol. in-12. fig. bas.*

1532. Histoire de France abrégée et chronologique, par Chantreau. *Paris*, 1808, 2 *vol. in-8. v. f.* = Petite Histoire de France, ou revue polémique d'un grand historien, etc. (par Milran.) *Paris, l'an* II, (1794,) 2 *vol. in-8. v. r.*

1533. Abrégé de l'Histoire de France depuis Pha-

p.

p.

diminué 14[t] 95[s]. pour des feuilles tachées et pourries
1524. Mel.

M[e] porquet.
techener.
girod

p.

Baillot

Racine

1531. C.

Racine

p.

La Couriere

Silvestre

1537. C.
1538. Sne.

Le noir

Racine

p.

1541. gre. h[*]

Techener

Simonet

p.

p.

ramond jusqu'à la naissance du roi de Rome. *Paris*, 1813, 2 *vol. in*-12. *fig. br.*

1534. Les vrais portraits des rois de France, par J. de Bie. *Paris*, 1636, *in-fol. fig. v. b.*

1535. Portraits des rois de France, par Mercier. *Neuchatel*, 1783, 4 *vol. in*-12. *bas.* = Mon bonnet de nuit, par le même. *Neuchatel*, 1785, 4 *vol. in*-12. *bas.*

1536. Mémoires hist. crit. et anecdotes des reines et régentes de France, (par Dreux du Radier.) *Amst.* 1776, 6 *vol. in*-12. *v. m.*

1537. Le même ouvrage. *Paris*, 1808, 6 *vol. in*-8. *dem. rel.*

1538. Les monumens de la monarchie françoise, par D. B. de Montfaucon. *Paris*, 1729, 5 *vol. in-fol. fig. v. b.*

1539. Recueil des rois de France, leurs couronne et maison, par du Tillet. *Paris*, 1618, *in*-4. *fig. v. b.*

1540. Mémoires hist. et crit. sur divers points de l'Histoire de France, par de Mézeray. *Amst.* 1753, *in*-12. *v. m.* = Singularités hist. et littéraires, (par Dom Liron.) *Paris*, 1734, *in*-12. *v. b.*

1541. Recueil de divers écrits pour servir d'éclaircissemens à l'Histoire de France, par l'abbé Lebeuf. *Paris*, 1738, 2 *vol. in*-12. *fig. v. m.*

1542. Collection des meilleures dissertations, notices et traités particuliers relatifs à l'Histoire de France, par MM. C. Leber, J. B. Salgues et J. Cohen. *Paris*, 1826 *et ann. suiv. livrais.* 1 *à* 7, 14 *vol. in*-8. *br.*

1543. Dissertations sur la mythologie française, et sur l'Histoire de France, par Bullet. *Paris*, 1771, *in*-12. *dem. rel.* = Abrégé de l'Histoire de France, par Peignot. *Paris*, 1819, *in*-8. *fig. br.*

Histoire générale de France, sous des règnes particuliers.

1544. Histoire civile et politique des trois premières dynasties françaises, par Laboulinière. *Paris*, 1808, 3 *vol. in*-8. *br.*

1545. Essais historiques sur les mœurs des Français, ou traduction abrégée de toutes les chroniques et autres ouvrages des auteurs contemporains, par E. Billardon Sauvigny. *Paris*, 1792, 10 *vol. in*-8. *br. fig. color.*

1546. Collection universelle des mémoires particuliers relatifs à l'Histoire de France. *Paris*, 1785, 59 *vol. in*-8. *dem. rel.*

1547. Chronique de Jehan Froissart. *Lyon, de Tournes*, 1559, 4 *tom. en* 2 *vol. in-fol. v. b.*

1548. Chroniques d'Enguerran de Monstrelet. *Paris*, 1603, 3 *tom. en* 1 *vol. in-fol. v. f.*

1549. Histoire de Charles VI, de Charles VII et de Charles VIII, rois de France, publ. par D. Godefroy. *Paris*, 1653, 1661 *et* 1684, 3 *vol. in-fol. v. b.*

1550. Histoire de Jeanne d'Arc, par le Brun de Charmettes. *Paris*, 1817, 4 *vol. in*-8. *br.*

1551. Jeanne d'Arc, ou coup d'œil sur les révolutions de France au temps de Charles VI et de Charles VII, par Berriat Saint-Prix. *Paris*, 1817, *in*-8. *br.* = Essai crit. sur l'histoire de Charles VII, d'Agnès Sorelle et de Jeanne d'Arc, par Delort. *Paris*, 1824, *in*-8. *fig. br.*

1552. Histoire de France, pendant les guerres de religion, par C. Lacretelle. *Paris*, 1814, 3 *vol. in*-8. *br.*

Histoire particulière des Rois de France, jusques et y compris François 1er.

1553. Histoire de Charlemagne, par Gaillard. *Paris*, 1782, 4 *vol. in*-12. *v. m.*

p.

1545. Kop, wei, gre.[mz]

la couviere

un peu piqué

1547. gui, ribeau, dug

Simonet.

1548. dug.

p.

Racine

p.

portlain je

Racine

Lacornier

Racine

pautier

1557. gre. p^t idem

p.

girond.

tache d'humidité. cortaine

Lanté!

simonet

p.

Baillot

1554. Anecdotes de la cour de Philippe-Auguste, par Mlle de Lussan. *Paris*, 1782, 3 *vol. in*-12. *v. m.*

1555. Le cabinet du roy Louis XI, contenant plusieurs fragmens, lettres, etc. du règne de ce monarque. *Paris*, 1661, *in*-12. *vél.* = Histoire d'Eléonore de Guyenne, duchesse d'Aquitaine, (par de Larrey.) *Paris*, 1788, *in*-8. *br.*

1556. Mémoires de Philippe de Comines, publ. par Godefroy. *Brusselle*, 1723, 5 *vol. in*-8. *v. b.*

1557. Histoire du roi Louis XII, par Cl. de Seyssel. *Paris*, 1587, *in*-8. *cart.*

1558. Histoire de François Ier, roi de France, par Gaillard. *Paris*, 1769, 8 *vol. in*-12. *v. m.*

Histoire des règnes de Henri III, jusques et y compris Louis XIII.

1559. Discours merveilleux de la vie, actions et déportemens de Catherine de Médicis. *Suivant la copie imp. à La Haye*, 1663, *in*-12. *v. b.*

1560. Recueil de diverses pièces servant à l'histoire de Henry III, roi de France et de Pologne. *Cologne*, *P. Marteau*, (*Hollande*,) *à la sphère*, 1666, *pet. in*-12. *m. r.*

1561. Journal des choses mémorables advenues durant tout le règne de Henri III, roy de France et de Pologne, (par P. de l'Estoile.) 1621, *pet. in*-8. *v. f.* = Discours merveilleux de la vie, actions et déportemens de Catherine de Médicis. 1649, *in*-8. *v. b.*

1562. Le cabinet du roy de France, dans lequel il y a trois perles précieuses d'inestimable valeur, (par N. Barnaud.) 1581, *in*-8. *vél.*

1563. La vraye et entière histoire des troubles et guerres civiles advenues de nostre temps, par le frère de Laval. *Paris*, 1584, 2 *vol. in*-8. *v. f.*

1564. L'Éducation de Henri IV. *Paris*, 1789, 2 *vol. in*-8. *fig. v. m.*

1565. Histoire de la vie de Henri IV, par de Bury, *Paris*, 1767, 4 *vol. in*-12. *v. m.* = Hist. de Louis de Bourbon, prince de Condé, par Desormeaux. *Paris*, 1766, 4 *vol. in*-12. *v. m.*

1566. Vie militaire et privée de Henri IV, (par V. D. Musset-Pathay.) *Paris*, 1803, *in*-8. *v. r.*

1567. Satyre Ménippée de la vertu du catholicon d'Espagne, et de la tenue des Etats de Paris, avec des remarques, (par Dupuy et le Duchat.) *Ratisbonne*, 1711, 3 *vol. in*-8. *v. b.*

1568. Le même ouvrage, avec un comment. par M. Nodier. *Paris*, 1824, 2 *vol. in*-8. *br. Gr. Pap. Vél.*

1569. Mémoires de Maximilien de Béthune, duc de Sully. *Londres*, 1778, 8 *vol. in*-12. *v. m.*

1570. Mémoires de Pontis. *Amst.* 1694, *avec la sphère*, 2 *vol. in*-12. *v. porph.* = Mémoires de J. de Chastenet, seigneur de Puységur. *Amst.* 1690, *in*-12. *v. b.*

1571. Chronologie septenaire, par P. V. Cayet. *Paris*, 1611, *in*-8. *m. r. dent.* = Le Mercure françois, (par J. Richer, etc.) *Paris*, 1619, 25 *vol. in*-8. *m. r. dent.*

1572. Mémoires de la reine Marguerite. *Paris*, 1666, *in*-12. *v. porph.*

1573. Mémoires de Marguerite de Valois, reine de Navarre. *Liége*, 1713, *in*-8. *v. b.* = Mémoires pour servir à l'histoire de France, (par P. de l'Estoile.) *Cologne*, 1719, 2 *vol. in*-8. *fig. v. b.*

1574. Vie de Marie de Médicis, reine de France, (par Mme d'Arconville.) *Paris*, 1774, 3 *vol. in*-8. *v. m.*

1575. Galerie de l'ancienne cour, ou Mémoires anecdotes, sous les règnes de Henri IV à Louis XV. 1791, 8 *vol. in*-12. *bas.*

1576. L'intrigue du cabinet sous Henri IV et Louis XIII, par Anquetil. *Paris*, 1780, 4 *vol. in*-12. *v. m.* = Galerie de l'ancienne cour, pour

p.

Baillot.

p.

Rouanet

p.

gaudefroy

La Couriere

Racine

potier

p.

Racine

p.

p.

Racine

p.

La Courière.

le tome 1er appartient à l'édition de hollande, et les cinq autres sont de l'édition de paris

Cordier

p.

Cordier

gaudefroy

Racine

p.

Chimot.

Certaines

p.

ajouté 3 vol — — girond.

l'histoire des règnes de Louis XIV et de Louis XV. 1756, 3 *vol. in*-12. *bas.*

1577. Histoire de la mère et du fils, par de Mézeray. *Amst.* 1730, 2 *vol. in*-12. *v. f.* = Description de l'isle des Hermaphrodites, (par A. Thomas, sieur d'Embry.) *Cologne,* 1724, *in*-12. *v. m.* 3 - 20.

1578. Histoire du règne de Louis XIII, par le Vassor. *Amst.* 1750, 10 *tom. en* 19 *vol. in*-12. *v. m.* 4 - 10.

1579. Journal du cardinal de Richelieu. 1648, *in*-12. *v. b.* = Le véritable père Josef, capucin, nommé au cardinalat, contenant l'histoire du cardinal de Richelieu, (par Richard.) *Saint-Jean de Mauriene,* 1704, 2 *vol. in*-12. *v. b.* 1 - 50.

1580. Mémoires pour servir à l'histoire d'Anne d'Autriche, par Mme de Motteville. *Amst.* 1723, 6 *vol. in*-12. *dem. rel.* 2 - 25.

Histoire des règnes de Louis XIV et de Louis XV.

1581. Histoire de Louis-le-Grand, par les médailles, par le P. Menestrier. *Paris,* 1693, *in-fol. fig. v. b.* 2 - 95.

1582. L'esprit de la Fronde, par de Mailly. *Paris,* 1772, 5 *vol. in*-12. *v. m.* 2 - 55.

1583. Les Mémoires du duc de Guise. *Cologne, P. Marteau,* 1669, 2 *vol. in*-12. *v. f.* 4 - 95.

1584. Mémoires de M. de Larochefoucauld, sur les brigues à la mort de Louis XIII. *Cologne,* 1662, *in*-12. *v. b.* = Le sire Benoist, ferreur d'esguillettes. 1615. = Le Qu'as-tu de la cour, en vers. 7 *pages.* = Noël, ensemble le Pasquin des chevaliers, en vers. 1620, *pet. in*-8. *cart.* 2 - 95.

1585. Mémoires de M. D. L. R. (de Larochefoucauld.) *Cologne, avec la sphère,* 1664, *in*-12. *m. r.* 3 - 50.

1586. Mémoires de Mlle de Montpensier. *Maestricht,* 1776, 8 *vol. in*-12. *bas.* 3 - 10

1587. Les amours de S. A. R. Mademoiselle, souveraine de Dombes, avec le comte de Lauzun, 1 - 50.

1581 double fol. v b — 1 - 50.

1585 double 1663, in 12 v b — 3 - 5

ensemble le sujet de son éloignement. *In*-12. *v. b.*
Exemplaire de D. Huet.

1588. Les héros de la Ligue, ou la procession monacale conduite par Louis XIV, pour la conversion des protestans de son royaume. *Paris*, (*Hollande*,) 1691, *in*-4. *fig. cart.*

1589. Mémoires et lettres de Mme de Maintenon, (publ. par la Beaumelle.) *Amst.* 1755, 15 *vol. in*-12. *v. éc.*

1590. La cassette ouverte de l'illustre créole, ou les amours de Mme de Maintenon. *Villefranche*, 1694, *in*-12. *m. r. dent.*
On a ajouté un portrait de madame de Maintenon.

1591. Histoire du père la Chaize, où l'on verra ses intrigues secrètes, etc. *Cologne, P. Marteau*, 1696, 2 *vol. in*-12. *m. r.*

1592. Nouveaux portraits et caractères de la famille royale, des ministres d'Estat, etc. de la cour de France. *Villefranche*, 1706, *in*-12. *v. f.*

1593. La chasse au loup de monseigneur le Dauphin, ou la rencontre du comte du Roure dans les plaines d'Anet. *Cologne, P. Marteau*, 1695, *in*-12. *v. f.*

1594. Journal de la cour de Louis XIV. *Paris*, 1807, *in*-8. *dem. rel.* = Mémoires sur la cour de Louis XIV et de la régence, extraits de la correspondance de la duchesse d'Orléans. *Paris*, 1823, *in*-8. *br.* = Maximes et pensées de Louis XVI. *Paris*, 1802, *in*-8. *dem. rel.*

1595. Mémoires du duc de Saint-Simon, avec le supplément. *Paris*, 1788, 7 *vol. in*-8. *dem. rel.*

1596. Abrégé des Mémoires de Dangeau, par Mme de Genlis. *Paris*, 1817, 4 *vol. in*-8. *br.* = Mémoires de Bachaumont, depuis 1762 à 1788. *Paris*, 1808, 2 *vol. in*-8. *br.*

1597. Mémoires et lettres du maréchal de Tessé. *Paris*, 1806, 2 *vol. in*-8. *dem. rel.*

Techener — très vilain, avec des feuillets raccommodés

Garnot.

Doyen

Racine — très lavé
revendu pour un feuillet où la lettre est emportée

p. — avec un feuillet fortement taché d'huile

Gaudefroy

p.

Racine

p.

Leber

p.

Merlin

p.

p.

Revoidu par des feuillets
de la table copié a la lettre

p. Lacouvière

p.

~~girod~~

Dentu

girod.

ideon

p.

p.

Lacouvière

Simonet

1598. Histoire de France, pendant le XVIIIe siècle, par Lacretelle jeune. *Paris*, 1808, 6 *vol. in*-8. *br.*

1599. Histoire de France, depuis la mort de Louis XIV jusqu'en 1783, par des Odoards Fantin. *Paris*, 1789, 8 *vol. in*-12. *bas.*

1600. Pièces inédites sur les règnes de Louis XIV, Louis XV et Louis XVI. *Paris*, 1809, 2 *vol. in*-8. *br.*

1601. Mémoires secrets sur les règnes de Louis XIV et de Louis XV, par Duclos. *Paris*, 1791, 2 *vol. in*-8. *v. m.*

1602. Mémoires politiques et militaires sur l'hist. des règnes de Louis XIV et de Louis XV, composés sur les pièces originales recueillies par le duc de Noailles, par l'abbé Millot. *Paris*, 1777, 6 *vol. in*-12. *v. m.*

1603. Louis XIV, sa cour et le régent, par Anquetil. *Paris*, 1789, 4 *vol. in*-12. *bas.*

1604. Mémoires de la régence, (par de Piossens.) *Amst.* 1749, 5 *vol. in*-12. *v. b.*

1605. Mémoires pour servir à l'histoire de France, ou Recueil contenant plusieurs anecdotes de la cour, par le marquis de ***. *In-fol. m. r.*

Manuscrit sur papier, commençant en 1719.

1606. Vie privée de Louis XV, (par Moufle d'Angerville.) *Londres*, 1781, 4 *vol. in*-12. *v. f.* = Lettres de Mme de Pompadour. *Londres*, 1774, 4 *vol. in*-12. *v. éc.*

1607. Mémoires de Mme de Staal. *Londres*, 1755, 4 *tom. en* 1 *vol. in*-12. *v. m.*

1608. Mémoires du comte de Maurepas. *Paris*, 1791, 4 *tom. en* 2 *vol. in*-8. *fig. v. m.*

1609. Souvenirs d'un homme de cour, ou Mémoires d'un ancien page, contenant des anecdotes secrètes sur Louis XV, etc. (par de la Gorse.) *Paris*, 1805, 2 *vol. in*-8. *dem. rel.*

1610. Histoire de la décadence de la monarchie

française, par J. L. Soulavie. *Paris*, 1803, 3 *vol. in*-8. *bas. et atlas in*-4. *dem. rel.*

Histoire du règne de Louis XVI, *de la Révolution, etc.*

1611. Sacre et couronnement de Louis XVI, roi de France. *Paris*, 1775, *in*-4. *fig. v. r.*

1612. Mémoires historiques et politiques du règne de Louis XVI, par J. L. Soulavie. *Paris*, 1801, 6 *vol. in*-8. *v. r.*

1613. Mémoires du baron de Besenval. *Paris*, 1805, 4 *vol. in*-8. *dem. rel.*

1614. Histoire philosoph. de la révolution de France, par Fantin-Desodoards. *Paris*, 1796, 2 *vol. in*-8. *bas.* = Correspondance politique et confidentielle de Louis XVI, (composée par Babié et autres.) *Paris*, 1803, 2 *vol. in*-8. *br.*

1615. Histoire générale des crimes commis pendant la révolution française, et particulièrement sous la Convention, par Prudhomme. *Paris*, 1796, 6 *vol. in*-8. *dem. rel.*

1616. Dictionnaire des individus envoyés à la mort judiciairement, pendant la révolution, particulièrement sous la Convention, par Prudhomme. *Paris*, 1796, 6 *vol. in*-8. *bas.*

1617. Tableaux historiques de la révolution française. *Paris*, *an* XIII, (1805,) 3 *vol. in-fol. fig. v. m. dent. Pap. Vél.*

1618. Mémoires pour servir à l'histoire du jacobinisme, par Barruel. *Hambourg*, (*Paris*,) 1803, 5 *vol. in*-8. *bas.*

1619. Histoire de la conjuration d'Orléans, (par Montjoye.) *Paris*, 1796, 3 *vol. in*-8. *bas.*

1620. Histoire partic. des événements qui ont eu lieu en France, pendant les mois de juin, juillet, août et septembre 1792, par de la Varenne. *Paris*, 1806, 2 *vol. in*-8. *br.*

1621. Le pour et contre, recueil complet des opi-

p.

gaudefroy

p.

p.

Dabin c'est le même ouvrage que le n° 1616, le dictionnaire ne forme que les tomes 1 et 2, et l'hist. des critiques les tomes 3 à 6.

les deux numeros sont semblables.

Malafait

labitte

p.

p.

1619. duc. et

giraud

Racine

Dabin

32 vol.

Sainjore

1625. gre. ait

Dabin

p.

1628. gre. h.t

Baillot

1629. C.

Simonet.

nions dans le procès de Louis XVI. *Paris, l'an* 1er, (1793,) 7 *vol. in*-8. *bas.*

1622. Introduction aux Mémoires sur la révolution française, par F. Grille. *Paris,* 1825, 2 *vol. in*-8. *br.*

1623. Recueil de Mémoires, dont : Mémoires de Rochambeau, 2 *vol.* = Sur Suard, 2 *vol.* = De Lombard de Langres, 2 *vol.* = De Rivarol. = De Mme Du Hausset. = De la marquise de la Rochejaquelain, etc. 26 *vol. in*-8. *et in*-12. *rel. et br.*

Ce n° pourra être détaillé.

1624. Mémoires de L. J. Gohier. *Paris,* 1824, 2 *vol. in*-8. *br.* = Du baron Fain, sur 1814. *Paris,* 1823, *in*-8. *br.*

1625. Mémoires pour servir à l'histoire de la guerre de la Vendée, (par de Vauban.) *Paris,* 1806, *in*-8. *br.*

1626. Histoire de la guerre de la Vendée, par A. Beauchamp. *Paris,* 1806, 3 *vol. in*-8. *br.* = Précis hist. de la guerre civile de la Vendée, par Berthre de Bourniseaux. *Paris,* 1802, *in*-8. *br.*

1627. Histoire du XVIII brumaire et de Buonaparte, par Gallois. *Paris,* 1814, 3 *vol. in*-8. *br.* = Hist. de la révolution du 20 mars, par le même. *Paris,* 1815, *in*-8. *br.*

Il manque la quatrième partie.

1628. Mémoires du docteur F. Antommarchi, ou les derniers momens de Napoléon. *Paris,* 1825, 2 *vol. in*-8. *br.* = Mémoires de J. Fouché, duc d'Otrante. *Paris,* 1824, *in*-8. *br.*

Histoire des anciennes provinces, des départemens, etc. de la France.

1629. Recueil d'ouvrages sur différentes provinces de France, dont : Description de la Lorraine. *Nancy,* 1774. = Essai sur la ville de La-Flèche, 1803. = Essais sur Orléans. 1778. = Sur le Roussillon, 1789. = Essais hist. sur Loudun, 1778, 2 *vol.* = Nouvelle histoire de Normandie. *Versailles,* 1814, 9 *vol. in*-8. *rel. et br.*

1630. Recueil de statistiques, dont : Celles des départemens de l'Aube. = Arriège. = Cher. = Drôme. = Eure. = Rhône, etc. 15 *vol. in*-8. *cart. et br.*

1631. Statistiques des départemens de la Moselle. = de l'Indre. = Deux-Sévres. = Rhin et Moselle. = Lys. = Doubs, et Meurthe. *Paris, an* XI, (1803,) 2 *vol. in-fol. bas.*

1632. Les antiquités, singularités, etc. des plus belles villes de France, par Des Rues. *Coustances,* 1605, *in*-18. *dem. rel.* = Les antiquités d'Anjou, par J. Hirot. *Angers,* 1618, *in*-12. *cart.*

Il manque le titre.

1633. Paris, Versailles et les provinces, au XVIIIe siècle, (par Dugast de Bois-saint-Just.) *Paris,* 1811, 3 *vol. in*-8. *br.*

1634. Description de la ville de Paris, par de la Caille. *Paris,* 1714, *in-fol. max. fig. v. b.*

1635. Les antiquités et choses plus remarquables de Paris, par P. Bonfons. *Paris,* 1608, *in*-8. *bas. fig. en bois.*

1636. Les antiquités et les annales de la ville de Paris, (par Malingre.) *Paris,* 1640, 2 *vol. in-fol. fig. v. f. Gr. Pap.*

1637. Histoire et recherches des antiquités de la ville de Paris, par H. Sauval. *Paris,* 1724, 3 *vol. in-fol. v. b.*

1638. Histoire de la ville de Paris, par D. M. Felibien, revue par D. G. A. Lobineau. *Paris,* 1725, 5 *vol. in-fol. fig. v. m.*

1639. Histoire de la ville de Paris, (par Desfontaines, etc.) *Paris,* 1735, 5 *vol. in*-12. *fig. v. m.*

1640. Essais hist. sur Paris, par de Saint-Foix. *Paris,* 1766, 7 *vol. in*-12. *v. m.* = Nouveaux es-

Baillot.

Cretaine

Gainjon

Cretaine

techener

cretaine

Idem

p.

p.

techener

Boisjolin

Dabin

garnot.

Racine

p.

Racine

m. Boire

p.

revue du imparfait dans la p.
table du tome 6

garnot.

La Couriere

1650. Bel. it

Racine

sais sur Paris, (par Chevalier du Coudray.) *Paris*, 1781, 4 *vol. in*-12. *v. m.*

1641. Description historique de la ville de Paris et de ses environs, par Piganiol de la Force. *Paris*, 1765, 10 *vol. in*-12. *fig. bas.*

1642. Recherches critiques, histor. et topographiques sur la ville de Paris, par Jaillot. *Paris*, 1775, 5 *vol. in*-8. *cart.* = Guide des amateurs et des étrangers à Paris, par Thiéry. *Paris*, 1787, 2 *vol in*-12. *fig. v. m.*

1643. Dictionnaire historique de la ville de Paris et de ses environs, par Hurtaut et Magny. *Paris*, 1779, 4 *vol. in*-8. *v. m.*

1644. Description histor. de Paris, par Beguillet. *Paris*, 1779, 3 *vol. in*-8. *bas.*

Il manque les figures gravées par Martinet.

1645. Tableau de Paris, par Mercier. *Amst.* 1783, 12 *vol. in*-8. *v. j.*

1646. Le nouveau Paris, par Mercier. *Paris*, 1797, 6 *tom. en* 3 *vol. in*-8. *bas.*

1647. Paris dans le XIXe siècle, par P. Jouhaud. *Paris*, 1809, *in*-8. *dem. rel.* = De Paris, des mœurs, de la littérature et de la philosophie, par J. B. S. Salgues. *Paris*, 1813, *in*-8. *dem. rel.*

1648. Miroir historique, polit. et crit. de l'ancien et du nouveau Paris, par L. Prudhomme. *Paris*, 1807, 6 *vol. in*-18. *dem. rel.*

1649. Souvenirs de Paris, en 1804, par A. Kotzbue, trad. de l'allem. *Paris*, 1805, 2 *vol. in*-12. *dem. rel.* = Souvenirs d'un voyage en Livonie, à Rome, etc. par le même. *Paris*, 1806, 4 *vol. in*-12. *dem. rel.*

1650. Dictionnaire topographique, étymologique et hist. des rues de Paris, par J. de la Tynna. *Paris*, 1812, *in*-8. *v. r. Pap. Vél.*

1651. Dictionnaire hist. et descriptif des monumens religieux, civils, etc. de la ville de Paris, par de Roquefort. *Paris*, 1826, *in*-8. *br.* = Description hist. et monumentale de l'église métropolitaine de Bourges, par Romelot. *Bourges*, 1824, *in*-8. *fig. br.*

1652. Etrennes françoises, par de Petity. *Paris*, 1766, *in*-4. *fig. m. r.*

1653. Histoire de la ville de Laon, par J. F. L. Devisme. *Laon*, 1822, 2 *vol. in*-8. *br.*

1654. Description hist. et statistique de la ville de Reims, par J. B. F. Geruzez. *Châlons*, 1817, 2 *vol. in*-8. *fig. br.*

1655. Histoire de Normandie, par Orderic Vital, publ. par M. Guizot. *Caen*, 1826, 4 *vol. in*-8. *br.*

1656. Chroniques neustriennes, ou précis de l'histoire de Normandie depuis le IXe siècle, par Marie Dumesnil. *Paris*, 1825, *in*-8. *br.* = Abrégé de l'histoire de la ville de Rouen. *Rouen*, 1759, *in*-12. *dem. rel.*

1657. Essai hist. sur la ville de Caen, par de la Rue. *Caen*, 1820, 2 *vol. in*-8. *br.*

1658. Histoire ecclésiastique et civile de Bretagne, par D. H. Morice et D. L. C. Taillandier. *Paris*, 1750, *les tom.* 1 *et* 2, *in-fol. v. f.*

1659. Recherches sur la Bretagne, par de Laporte. *Rennes*, 1819, 2 *vol. in*-8. *br.*

1660. Essais hist. sur Orléans. *Orléans*, 1778, *in*-8. *dem. rel.* = Histoire de la ville de Nismes et de ses antiquités, par Gautier. *Paris*, 1724, *in*-8. *fig. cart.*

1661. L'histoire et discours au vray, du siége qui fut mis devant la ville d'Orléans par les Anglois, en 1428, publ. par L. Trippault. *Orléans*, 1606, *in*-8. *v. éc.*

1662. Dictionnaire topographique, hist. généalog. de la province du Maine, par Le Paige. *Paris*, 1777, 2 *vol. in*-8. *bas.*

1663. Recherches historiques sur l'Anjou et ses

p.

girond.

Lance

idem 1655. fie. az[+]

idem

cretaine 1657. Kop.

Baillet.

Racine 1659. fie. h[+]

potier

1661. wei.

simonet.

gaudefroy 1663. fie. x[+]

Racine

1665. wei. gre. x+

Gimont.

1667. gre. x+

Racine

Lance.

p.

p.

1672. fie. h+

Racine

monumens, par Bodin. *Saumur*, 1821, 2 *vol. in-8. br.* = Recherches hist. sur la ville de Saumur, par le même. *Saumur*, 1812, 2 *vol. in-8. br.*

1664. Extrait des Mémoires histor. pour servir à l'histoire d'Anjou, par l'abbé Rangeard. 4 *cahiers in-4. Manuscrits.*

Cette copie est de l'écriture de M. de la Mésangère.

1665. Mémoires sur les antiquités du Poitou, par E. M. Siauve. *Paris*, 1804, *in-8. fig. dem. rel.* = Recherches sur les peuples Cambiovicenses, de la carte théodosienne, sur l'ancienne ville romaine de Nésis, départ. de l'Allier, etc. par Barailon. *Paris*, 1806. *in-8. dem. rel.*

1666. Nouvelle histoire du Berry, par Pallet. *Paris*, 1783, 5 *vol. in-8. fig. v. m.* = Essai sur l'histoire gén. de Picardie. *Abbeville*, 1770, 2 *vol. in-12. v. m.*

1667. Annales de Bourgogne, par G. Paradin. *Lyon*, 1566, *in-fol. v. b.*

Un des cartons du volume est détaché.

1668. Abrégé chronologique de l'histoire ecclésiastique, civile et littéraire de Bourgogne, par Mille. *Dijon*, 1771, 3 *vol. in-8. v. éc.*

1669. Histoire des ducs de Bourgogne, par M. de Barante. *Paris*, 1824, 13 *tom. en* 14 *vol. in-8. br.*

1670. Tableau de la ci-devant province d'Auvergne, par Rabani Beauregard et Gault. *Paris*, 1802, *in-8. fig. dem. rel.* = Mon voyage au Mont-d'Or, par de Salabéry. *Paris*, 1802, *in-8. bas.* = Voyage aux glaciers des Alpes, par Vernes. *Paris*, 1807, *in-12. dem. rel.*

1671. Histoire du Bourbonnais et des Bourbons qui l'ont possédé, par M. de Coiffier Demoret. *Paris*, 1816, 2 *vol. in-8. fig. br.*

1672. Essais historiques sur le Bigorre, par Davezac-Macaya. *Bagnères*, 1823, 2 *vol. in-8. br.*

1673. Les Annales d'Acquitaine, faits et gestes des roys de France et d'Angleterre, et des pays de

Naples et de Milan, par J. Bouchet. *Sans date, in-fol. goth. v. f.*

Piqué des vers.

1674. Histoire gén. de Languedoc, (par C. de Vic et Dom Vaissette.) *Paris*, 1730, 5 *vol. in-fol. fig. v. m.*

1675. Abrégé de l'histoire générale de Languedoc, par Dom Vaissette. *Paris*, 1749, 6 *vol. in*-12. *v. m.*

1676. Essai historique sur les Etats généraux de la province de Languedoc, et description du département de l'Aude, par le baron Trouvé. *Paris*, 1818, 2 *vol. in*-4. *fig. br.*

1677. Histoire du Dauphiné et des princes qui ont porté le nom de Dauphins, (par de Valbonnois.) *Genève*, 1722, 2 *vol. in-fol. br. en cart.*

1678. Journal abrégé de ce qui s'est passé en la ville de Marseille, depuis qu'elle est affligée de la contagion, et autres pièces, telles que mandemens, lettres, etc. *Marseille*, 1720 *et suiv. in*-4. *v. b.*

Mélanges de l'histoire de France, etc.

1679. Histoire du gouvernement de la France, par le Laboureur. *La Haye*, 1743, *in*-12. *v. m.* = Histoire de la ville de Corse, (par de la Villeheurnois.) *Nancy*, 1749, *in*-12. *v. f.*

1680. Histoire de l'ancien gouvernement de la France, par de Boulainvilliers. *La Haye*, 1727, 3 *vol. in*-12. *v. f.*

1681. Variations de la monarchie françoise, dans son gouvernement, par Gautier de Sibert. *Paris*, 1765, 4 *vol. in*-12. *v. m.* = Histoire de l'origine et des progrès de la monarchie françoise, par G. Marcel. *Paris*, 1686, 4 *vol. in*-12. *v. b.*

1682. Table chronologique des diplômes, chartes, etc. par de Brequigny. *Paris, Imp. Roy.* 1769, 2 *vol. in-fol. v. m.*

Martin   revendu pour des mouillures a deux volumes
Cordier

La courriere

idem

idem

girard.

Jarnot.

idem

simonet.

poullain

potier

p.

1685. fre. h^t Racine

techener

tilliard.

Racine

Simonet

potier

gaudefroy

1693. gui.

1683. Des Etats généraux et autres assemblées nationales. *Paris*, 1788, 18 *vol. in*-8. *v. m.*

1684. Histoire critique du pouvoir municipal, de la condition des cités, des villes, etc. par C. Leber. *Paris*, 1828, *in*-8. *br.*

1685. Histoire secrète du tribunal révolutionnaire, par de Proussinalle. *Paris*, 1815, 2 *vol. in*-8. *br.*

1686. La dignité des rois de France, et du privilége que Dieu leur a donné de guérir les escrouelles, ensemble la vie de saint Marcoul, par S. Faroul. *Paris*, 1633, *in*-8. *v. m.*

1687. Abrégé de l'histoire de la milice françoise, du P. Daniel. *Paris*, 1773, 2 *vol. in*-12. *fig. v. m.*

1688. Figures des monnoies de France, par J. Haultin. 1619, *in*-4. *dem. rel.*

Très Rare. Le titre est doublé, et un nom y a été coupé. Les pages, 43, 45 et 47 ont également des monnaies coupées.

Actions publiques et solemnelles. Cérémonial français, etc.

1689. Histoire des inaugurations des rois, empereurs, etc. (par D. C. Bevy.) *Paris*, 1776, *in*-8. *fig. v. f.*

1690. Le cérémonial françois, par Theod. et Denys Godefroy. *Paris*, 1649, 2 *vol. in-fol. v. b.*

1691. Des cérémonies du Sacre, par G. Leber. *Paris*, 1825, *in*-8. *fig. br.* = Traité histor. et chron. du sacre des Rois et des Reines de France, par Menin. *Paris*, 1723, *in*-12. *v. m.*

1692. Formulaire des inscriptions et soubscriptions des lettres dont le roy de France est traitté par tous les potentats de l'Europe, etc. *Utrecht*, 1680, *pet. in*-12. *v. f.*

1693. Entrée du très chrestien et chevaleureux roy de France, Françoys de Valloys, premier de ce nom, et de la très noble royne, en leur bonne et notable ville et cité d'Angiers, antique clef de France, le 6 de juin de l'an mil v cens XVIII. *Pet. in-8. goth. m. r. fig. en bois.*

Imprimé sur Vélin. 12 feuillets. Dans le même volume :

Preces piæ. *Manuscrit goth. sur Vélin, avec miniatures.*

1694. C'est l'ordre qui a esté tenu à la nouvelle et joyeuse entrée du roy Henry deuzième, en sa bonne ville et cité de Paris, en 1549. *Paris.* = C'est l'ordre et forme qui a esté tenue au sacre et couronnement de Catharine de Medicis, royne de France, faict en l'église monseigneur Sainct-Denys en France, le x juin 1549. *Paris, in-4. parch. fig. en bois.*

1695. Fêtes à l'occasion du mariage de Napoléon et de Marie-Louise. *Paris*, 1810, *in-8. br. avec* 55 *planches gravées au trait.*

1696. Funérailles de Charles III, duc de Lorraine, en 1608, gravées par Math. Mérian et autres, avec des explications en lat. et en fr. *Nancy, in-fol. max. fig. v. b.*

Histoire d'Allemagne, des Pays-Bas, etc.

1697. Austria ex archivis mellicensibus illustrata, auct. P. Hueber. *Lipsiæ*, 1722, *in-fol. fig. v. b.*

1698. L'Autriche, ou mœurs, usages et costumes des habitans de cet empire, par Marcel de Serres. *Paris*, 1821, 6 *vol. in-18. fig. br.*

1699. Histoire de la maison d'Autriche, depuis Rodolphe de Hapsbourg jusqu'à la mort de Léopold II, trad. de l'angl. de W. Coxe. *Paris*, 1809, 5 *vol. in-8. dem. rel.*

1700. L'Illyrie et la Dalmatie, trad. de l'allem. du Dr Hacquet, par M. Breton. *Paris*, 1815, 2 *vol. in-18. v. f. dent. fig. color.*

1701. Vie de Frédéric II, roi de Prusse, (par Laveaux.) *Strasbourg*, 1788, 4 *vol. in-8. bas.*

1702. Mes souvenirs de vingt ans de séjour à

1694. no. sau. mi

guibert.

Desterenne

Idem

Bailly

Simonet.

p.

p.

p.

revueʳ imparfait de la faute p.

p.

Lancet

Deflorence

1708. fie. ht p.

Certaine

p.

p.

Racine

p.

Racine

Racine

Berlin, ou Frédéric-le-Grand, sa famille, sa cour, etc. par D. Thiébault. *Paris*, 1804, 5 *vol. in*-8. *dem. rel.*

1703. Le même ouvrage. *Paris,* 1813, 4 *vol. in*-8. *br.*

1704. Histoire secrète de la cour de Berlin, par Mirabeau. 1789, 2 *tom. en* 1 *vol. in*-8. *dem. rel.*

1705. De la monarchie prussienne, sous Frédéric-le-Grand, par Mirabeau. *Londres,* (*Paris,*) 1788, 4 *vol. in*-4. *dem. rel. et atlas in-fol. bas.*

1706. Mémoires de la margrave de Bareith, sœur de Frédéric-le-Grand. *Paris*, 1811, 2 *vol. in*-8. *br.* = Mémoires du marquis d'Argens. *Paris*, 1807, *in*-8. *br.*

1707. La grande chronique ancienne et moderne de Hollande, Zélande, etc. par F. le Petit. *Dordrecht*, 1601, 2 *vol. in-fol. dem. rel.*

1708. Généalogies des forestiers et comtes de Flandres, avec briève histoire de leurs vies, par Corn. Martin. *Anvers,* 1612, *in-fol. fig. v. b.*

1709. Mémoires pour servir à l'histoire de Hollande, par Aubery. *Suivant la copie de Paris*, 1680, *in*-12. *v. b.* = Le guide d'Amsterdam, avec la description de tout ce qu'il y a de plus intéressant. *Amst.* 1793, *in*-8. *fig. bas.*

1710. Lettres de Will. Coxe sur la Suisse, trad. de l'angl. *Paris,* 1782, 2 *vol. in*-8. *dem. rel.*

1711. Lettres sur la Suisse, par J. B. de la Borde. *Paris*, 1783, 2 *vol. in*-8. *v. m.* = Lettres sur quelques cantons de la Suisse, en 1819, par M. Raoul Rochette. *Paris,* 1820, *in*-8. *br.*

1712. Histoire militaire des Suisses, par de Zur-Lauben. *Paris,* 1751, 8 *vol. in*-12. *v. m.*

1713. Les délices de l'Espagne et du Portugal, par de Colmenar. *Leide,* 1707, 5 *vol. in*-12. *fig. v. b.*

1714. Tableau de l'Espagne moderne, par Bourgoing. *Paris,* 1803, 3 *vol. in*-8. *et atlas in*-4. *v. r.*

1715. Histoire des révolutions d'Espagne, par le

P. d'Orléans. *Paris,* 1737, 5 *vol. in*-12. *v. m.* = Histoire de la révolution du royaume de Naples, par Mlle de Lussan. *Paris,* 1757, 4 *vol. in*-12. *v. m.*

— 1716. Histoire du règne de l'empereur Charles-Quint, par Robertson, trad. de l'angl. *Amst.* 1771, 6 *vol. in*-12. *v. m.*

1717. Les actions héroïques et plaisantes de l'empereur Charles v. *Cologne, P. Marteau,* (*Hollande*), 1683, *pet. in*-12. *fig. v. f.*

1718. La vie et les actions héroïques et plaisantes de l'invincible Charles v. *Brusselles,* 1700, 2 *vol. in*-12. *fig. m. r.*

1719. Mémoires pour servir à l'histoire d'Espagne, sous le règne de Philippe v, par le marquis de Saint-Philippe, trad. de l'espagnol. *Amst.* 1756, 4 *vol. in*-12. *v. m.*

1720. Mémoires secrets sur l'établissement de la maison de Bourbon en Espagne, par de Louville. *Paris,* 1828, 2 *vol. in*-8. *br.*

1721. L'Espagne en 1808, ou recherches sur l'état de l'administration, des sciences, des arts, etc. par Rehfues, trad. de l'allem. *Paris,* 1811, 2 *vol. in*-8. *dem. rel.* = Voyage en Espagne, par Delangle. *Paris,* 1803, *in*-8. *bas.*

Histoire d'Angleterre.

1722. Tableau de la Grande-Bretagne, de l'Irlande, et des possessions angloises dans les quatre parties du monde, (par Baert.) *Paris,* 1802, 4 *vol. in*-8. *v. r.*

1723. Lettres sur l'Angleterre, par Fiévée. *Paris,* 1802, *in*-8. *dem. rel.* = L'Angleterre jugée par elle-même, trad. de l'italien, (par La Folie.) *Paris,* 1808, *in*-8. *dem. rel.*

1724. L'Angleterre vue à Londres et dans ses provinces, par M. Pillet. *Paris,* 1815, *in*-8. *br.* =

techener

Racine — Mouillé a la fin

gaudefroy — avec des raccommodages dans les deux volumes

garnot.

Dentu

p.

1721. fie. pt

Baillot.

idem

techener

p.

p.

p.

p.

ajouté voyage en espagne de delangle cart.

1770. ekel.

p.

gab. warée

Panorama de l'Angleterre, par M. C. Malo. *Paris*, 1817, 2 *vol. in*-8. *fig. br.*

1725. L'Angleterre et les Anglais, ou petit portrait d'une grande famille. *Paris*, 1817, 3 *vol. in*-8. *br.* = L'Angleterre au commencement du XIXe siècle, par M. de Levis. *Paris*, 1814, *in*-8. *dem. rel.*

1726. Histoire d'Angleterre, par Smolett, trad. de l'anglois, avec la continuation, par Targe. *Orléans*, 1759, *et Paris*, 1768, 24 *vol. in*-12. *v. m.*

1727. Histoire d'Angleterre, trad. de l'angl. de Hume. *Amst.* 1769, 17 *vol. in*-12. *v. m.* = La même, depuis 1748 jusqu'en 1763, par Targe. *Paris*, 1768, 5 *vol. in*-12. *v. m.*

1728. Histoire des révolutions d'Angleterre, par le P. d'Orléans, avec la suite par Turpin. *Paris*, 1762 *et* 1786, 6 *vol. in*-12. *bas. m. et r.*

1729. Mémoires d'Angleterre, contenant l'histoire des deux Roses. *Amst.* 1726, *in*-12. *v. m.*

1730. La vie d'Elizabeth reine d'Angleterre, trad. de l'ital. de G. Leti. *Amst.* 1694, 2 *vol. in*-12. *fig. v. b.* = Fragmenta regalia, ou caractère véritable de la reine Elizabeth et de ses favoris, trad. de l'angl. de R. Naunton, par J. Le Pelletier. *Londres*, *in*-12. *cart.*

La date est rognée.

1731. Histoire des deux derniers rois de la maison de Stuart, par C. J. Fox, trad. de l'angl. *Paris*, 1809, 2 *vol. in*-8. *dem. rel.*

1732. Recueil de pièces, dont: Le Cibisme, 1er dialogue entre Pasquin et Marforio, sur les affaires du temps. *Rome*, 1690. = Le songe de Pasquin. *Cologne*, 1689. = Le couronnement du roi Guillemot et de la reine Guillemette, 1689. = Le festin de Guillemot, dialogue entre Pasquin et Marforio. *Londres*, 1690. = Les trones chancelans, dialogue polit. entre le comte Tekeli et Guillaume de Nassau. *Londres*, 1690, *etc. in*-12. *vél.*

1733. Modern London, being the history and present state of the british metropolis. *London*, 1804, *in*-4. *fig. dem. rel.*

1734. Londres et les Anglais, par J. L. Ferri de Saint-Constant. *Paris, an* XII, (1804,) 4 *vol. in*-8. *v. r.*

1735. Description de Londres et de ses édifices, par Barjaud et Landon. *Paris*, 1810, *in*-8. *fig. br.*

1736. Souvenirs de Londres en 1814 et 1816, (par M. Crapelet.) *Paris*, 1817, *in*-8. *fig. br.* = Quinze jours à Londres, en 1815, (par de Fauconpret.) *Paris*, 1816, *in*-8. *br.* = Six semaines en hôtel garni à Londres, trad. de l'angl. *Paris*, 1817, *in*-8. *br.* = Tableau descriptif de Londres en 1816. *Paris*, 1817, 2 *vol. in*-8. *br.* = Souvenirs de Brighton, de Londres et de Paris, par Mme Simons-Candeille. *Paris*, 1818, *in*-8. *br.*

Histoire des pays septentrionaux, de la Suède, etc.

1737. Histoire de Gustave-Adolphe, roi de Suède, (par de Mauvillon.) *Amst.* 1764, 4 *vol. in*-12. *v. m.*

1738. Histoire de la vie de la reyne Christine de Suède. *Stockolm*, 1777, *in*-12. *v. f.*

1739. Histoire de Christine, reine de Suède, par J. P. Catteau-Calleville. *Paris*, 1815, 2 *vol. in*-8. *br.*

1740. Tableau de la mer Baltique considérée sous les rapports physiques, géographiques, commerciaux, etc. par Catteau-Calleville. *Paris*, 1812, 2 *vol. in*-8. *dem. rel.*

1741. Histoire des rois de Pologne, et du gouvernement de ce royaume, (par Jolli et Massuet.) *Amst.* 1733, 4 *vol. in*-12. *v. b.*

1742. Histoire de l'ambassade dans le grand duché de Varsovie en 1812, par de Pradt. *Paris*, 1815, *in*-8. *br.* = Du congrès de Vienne, par le même. *Paris*, 1815, 2 *vol. in*-8. *br.* = Mémoires

Baillet   reverdu imparfait de 40 pages environ
maneel
p.

p.

1736. gre. amt

p.
gaudefroy
Bailly
p.

garnot.

p.

Baillot.

idem

Cretaine

p.

p.

Labitte

gaudefroy.

fayolle

p.

hist. sur la révolution d'Espagne, par le même. *Paris*, 1816, *in*-8. *br.*

1743. Tableau général de la Russie moderne, par V. Comeiras. *Paris*, 1802, 2 *vol. in*-8. *cart.* = Tableau de la Pologne ancienne et moderne, par Malte-Brun. *Paris*, 1807, *in*-8. *dem. rel.*

1744. Tableau hist. géograph. militaire et moral de l'empire de Russie, par Damaze de Raymond. *Paris*, 1812, 2 *vol. in*-8. *dem. rel.* = Tableau géograph. et polit. des royaumes de Hongrie, d'Esclavonie, de Croatie, etc. par Demian, trad. de l'allem. *Paris*, 1809, 2 *vol. in*-8. *dem. rel.*

1745. Description de toutes les nations de l'empire de Russie, (par Georgi,) trad. de l'allem. *Saint-Pétersbourg*, 1776, 3 *vol. in*-4. *v. m. fig. color.*

1746. La Russie, ou mœurs, usages et costumes des habitans de cet empire, par M. Breton. *Paris*, 1813, 6 *vol. in*-18. *fig. br.*

1747. Histoire physique, morale et politique de la Russie ancienne et moderne, par Le Clerc. *Paris*, 1783, 6 *vol. in*-4. *fig. dem. rel.*

1748. Histoire de Catherine II, impératrice de Russie, par J. Castera. *Paris, an* VIII, (1800,) 3 *vol. in*-8. *fig. bas.*

1749. Mémoires hist. sur la Russie, par de Manstein. *Lyon*, 1772, 2 *vol. in*-8. *br.* = Voyage philosophique en Russie, en 1788 et 1789, par Chantreau. *Paris*, 1794, 2 *vol. in*-8. *fig. bas.*

1750. Mémoires secrets sur la Russie, (par Masson.) *Amst.* (*Paris*,) 1800, 4 *vol. in*-8. *v. r.*

1751. Histoire des Kosaques, par Le Sur. *Paris*, 1814, 2 *vol. in*-8. *br.* = Des Cosaques, par Karr. *Paris*, 1814, *in*-8. *br.*

Histoire orientale, de la Turquie, etc.

1752. Bibliothéque orientale, par d'Herbelot. *Paris*, 1781, 6 *vol. in*-8. *v. m.*

1753. Mœurs et usages des Turcs, leur religion, leur gouvernement, etc. par Guer. *Paris*, 1747, 2 *vol. in*-4. *fig. v. m.*

1754. Les histoires orientales, par G. Postel. *Paris*, 1575, *in*-18. *cart.*

1755. Abrégé chronologique de l'histoire ottomane, par de La Croix. *Paris*, 1768, 2 *vol. in*-8. *bas.*

1756. Histoire de l'état présent de l'empire ottoman, trad. de l'angl. de P. Ricault, par Briot. *Amst. A. Wolfgank*, 1671, *in*-12. *fig. v. f.*

1757. Etat actuel de la Turquie, par Thornton, trad. de l'angl. *Paris*, 1812, 2 *vol. in*-8. *br.* = Nouveau voyage dans la Turquie d'Europe, d'Asie, etc. par Griffiths, trad. de l'angl. *Paris*, 1812, 2 *vol. in*-8. *br.*

1758. Mémoires du baron de Tott, sur les Turcs et les Tartares. *Amst.* 1784, 4 *tom. en* 3 *vol. in*-8. *v. m.*

1759. Mémoires hist. sur la Turquie, par de Ferrières-Sauvebœuf. *Paris*, 1790, 2 *tom. en* 1 *vol. in*-8. *dem. rel.* = Voyage dans l'empire de Maroc, en 1790 et 1791, par Lemprière, trad. de l'angl. *Paris*, 1801, *in*-8. *bas.*

1760. Constantinople ancienne et moderne, par J. Dallaway, trad. de l'angl. par A. Morellet. *Paris*, *an* VII, (1799,) 2 *tom. en* 1 *vol. in*-8. *tiré sur pap. in*-4. *fig. cart. non rogné.*

1761. Promenades pittoresques dans Constantinople, et sur les rives du Bosphore, par C. Pertusier. *Paris*, 1815, 3 *vol. in*-8. *br.*

1762. Lettres sur la Morée et les îles de Cerigo, etc. par Castellan. *Paris*, 1808, 2 *part. en* 1 *vol. in*-8. *fig. dem. rel.*

Histoire générale de l'Asie, de l'Afrique et de l'Amérique.

1763. Histoire générale de l'Asie, de l'Afrique et de l'Amérique, (par Roubaud.) *Paris*, 1770, 15 *vol. in*-12. *v. m.*

p.

Racine — très vogué; le titre courant emporté!

idem

Baillot.

Fruchy

p.

1760. gre. xt

la Courier

p.

p.

Racine

poullain j°

p.

1766. gre. x^t

La Couriere

idem

1770. Wei.

fayolle

Labrette

gaudefroy

1764. Histoire philosoph. et politique de l'établissement et du commerce des Européens dans les deux Indes, par G. T. Raynal. *Genève*, 1775, 3 *vol. in*-4. *v. m.*

1765. Le même ouvrage. *Genève*, 1780, 10 *vol. in*-8. *et atlas in*-4. *v. f. dent.*

1766. Lettres sur la Palestine, la Syrie et l'Egypte, trad. de l'angl. *Paris*, 1820, *in*-8. *br.* = Voyage hist. en Egypte, pendant les campagnes de Bonaparte. *Paris*, 1818, *in*-8. *br.* = Nouveau voyage à Tunis en 1811, par Maggill, trad. de l'angl. *Paris*, 1815, *in*-8. *br.*

Histoire de l'Asie.

1767. Histoire des Indes orientales anc. et mod. par Guyon. *Paris*, 1744, 3 *vol. in*-12. *v. m.*

1768. Recherches curieuses sur l'histoire ancienne de l'Asie, par Chahan de Cirbied. *Paris*, 1806, *in*-8. *v. r.*

1769. Essai historique, géogr. et polit. sur l'Indoustan, par Legoux de Flaix. *Paris*, 1807, 3 *vol. in*-8. *dem. rel. dont un d'atlas.*

1770. Histoire des progrès et de la chute de l'empire de Mysore, sous les règnes d'Hyder-Aly et de Tippoo-Saïb, par Michaud. *Paris*, 1801, 2 *vol. in*-8. *dem. rel.*

1771. Views in Palestine, by L. Mayer, with an histor. description of the country, in english and french. *London*, 1804, *in-fol. cart. Pap. Vél. fig. coloriées.*

1772. Histoire des Arabes, sous le gouvernement des califes, par de Marigny. *Paris*, 1750, 4 *vol. in*-12. *bas.*

1773. Lettres sur la Perse et la Turquie d'Asie, par Tancoigne. *Paris*, 1819, 2 *vol. in*-8. *br. fig. color.* = Voyages du prince Mirza Aboul Taleb Khan, en Asie, en Afrique, etc. *Paris*, 1819, *in*-8. *br.*

1774. La Perse, ou tableau de l'histoire, du gouvernement, etc. de cet empire; des mœurs et coutumes de ses habitants, par A. Jourdain. *Paris*, 1814, 5 *vol. in-18. fig. v. éc. dent.*

1775. Histoire de Tamerlan, (par de Margat.) *Paris*, 1739, 2 *vol. in-12. v. m.*

1776. Histoire de Perse, depuis le commencement de ce siècle, (par la Mamye-Clairac.) *Paris*, 1750, 3 *vol. in-12. v. m.*

1777. Description du pachalik de Bagdad, (par M. Rousseau.) *Paris*, 1809, *in-8. br.* = Histoire des Druses, peuple du Liban, par Puget de Saint-Pierre. *Paris*, 1763, *in-12. fig. v. m.*

1778. Relation de l'ambassade anglaise envoyée en 1795 dans le royaume d'Ava, par Symes, trad. de l'angl. *Paris*, 1800, 3 *vol. in-8. et atlas in-fol. bas.* = Voyage de l'ambassade de la compagnie des Indes orientales hollandaises vers l'empereur de la Chine, en 1794 et 1795, par Van-Braam. *Paris*, 1798, *in-8. v. f.*

1779. Etat actuel du Tunkin, de la Cochinchine et des royaumes de Camboge, etc. par de la Bissachère. *Paris*, 1812, 2 *vol. in-8. dem. rel.*

1780. Histoire naturelle, civile et polit. du Tonquin, par l'abbé Richard. *Paris*, 1778, 2 *vol. in-12. v. m.*

1781. Nouveaux mémoires sur l'état présent de la Chine, par le P. le Comte. *Paris*, 1697, 3 *vol. in-12. fig. v. b.*

1782. Cérémonies funèbres en usage à la Chine, en chinois. *In-8. fig. cart.*

1783. Ambassade au Thibet et au Boutan, par Turner, trad. de l'angl. *Paris*, 1800, 2 *tom. en* 1 *vol. in-8. et atlas in-4. bas.*

1784. Le même ouvrage. *Paris*, 1800, 2 *vol. in-8. m. r. dent. Pap. Vél.*

1785. Mémoires et anecdotes sur la dynastie ré-

1774. Bor.

p.

1777. Bor.

Baillot.

p.

Certaine

Racine ajouté 2 vol. in 12.

La Courrier

Baillot.

Idem

Certaine Sans l'atlas.

gaudefroy

baillot.

p.

un feuillet du texte déchiré en travers

simonet

baillot.

garnot.

idem

gnante des Djoguns, souverains du Japon, tirés du chinois, par M. Titsing, et publ. par M. A. Remusat. *Paris*, 1820, *in*-8. *fig. br.* = Voyage de M. Golovnin, contenant le récit de sa captivité chez les Japonais, trad. de l'allem. par J. B. B. Eyriès. *Paris*, 1818, 2 *vol. in*-8. *br.*

1786. Histoire de la conquête des isles Moluques, par les Espagnols, etc. trad. de l'espagnol d'Argensola. *Amst.* 1707, 3 *vol. in*-12. *v. b.*

1787. Description de l'isle Formosa en Asie, dressée sur les Mémoires de J. Psalmanaazaar. *Amst.* 1712, *in*-12. *fig. v. f.*

Histoire de l'Afrique.

1788. Tableau hist. des découvertes et établissemens des Européens dans le nord et dans l'ouest de l'Afrique, jusqu'au commencement du XIXe siècle, trad. de l'angl. (de J. Leyden.) *Paris*, 1809, 2 *vol. in*-8. *dem. rel.*

1789. Mémoires géographiques et historiques sur l'Egypte, par E. Quatremère. *Paris*, 1811, 2 *vol. in*-8. *br.*

1790. Mémoires sur l'Egypte pendant les campagnes du général Bonaparte. *Paris*, *an* VIII, (1800,) *in*-8. *fig. bas.*

1791. Vues en Egypte, d'après les dessins de L. Mayer, gravés par T. Milton. *Londres*, 1802, *gr. in-fol. br. en cart. Pap. Vél.* 48 *figures coloriées.*

1792. Idée du gouvernement ancien et moderne de l'Egypte, par le Mascrier. *Paris*, 1743, 2 *tom. en* 1 *vol. in*-12. *fig. vél.*

1793. Recherches historiques sur les Maures, et histoire de l'empire de Maroc, par de Chenier. *Paris*, 1787, 3 *vol. in*-8. *bas.*

1794. Etat général et particulier du royaume et de la ville d'Alger, par le Roy. *La Haye*, 1750, *in*-12. *fig. bas.* = Hist. du royaume d'Alger, par

Laugier de Tassy. *Amst.* 1725, *fig.* = Relation de l'empire de Maroc, par de Saint Olon. *Paris*, 1695, *in*-12. *fig. v. m.*

1795. Description physique et histor. des Cafres, par L. Alberti. *Amst.* 1811, *in*-8. *dem. rel. fig. color.* = Voyage au cap de Bonne-Espérance, de 1796 à 1801, par R. Percival, trad. de l'angl. *Paris*, 1806, *in*-8. *dem. rel.* = Voyage dans les déserts de Sahara, par Follie. *Paris*, 1792, *in*-8. *dem. rel.*

Histoire de l'Amérique.

1796. Lettres américaines, par le comte J. R. Carli. *Paris*, 1788, 2 *vol. in*-8. *v. éc.* = Dissertation sur l'Amérique et les Américains, contre les recherches de de Pauw, par Pernety. *Berlin*, *in*-12. *vél.*

1797. Histoire de l'Amérique, par Robertson, trad. de l'angl. *Paris*, 1778, 3 *vol. in*-8. *v. éc.*

1798. The present state of Peru, containing geography, topography, nat. history, etc. drawn from original documents, with twenty engravings of costumes, coloured. *London*, 1805, *in*-4. *dem. rel.*

1799. Histoire de la découverte et de la conquête du Pérou, trad. de l'espagnol d'Aug. de Zarate. *Paris*, 1774, 2 *vol. in*-12. *fig. v. m.*

1800. Histoire des Yncas, rois du Pérou, trad. de l'espagnol de Garcilasso de la Vega. *Amst.* 1704, 2 *vol. in*-12. *fig. v. éc.*

1801. Mémoires pour servir à l'histoire de Cayenne et de la Guiane françoise, par Bajon. *Paris*, 1777, 2 *vol. in*-8. *fig. v. f.*

1802. Lettres d'un cultivateur américain, (par Saint-John de Crevecœur,) trad. de l'angl. *Paris*, 1784, 2 *vol. in*-8. *dem. rel.*

1803. Souvenirs des Antilles; Voyage en 1815 et 1816 aux Etats-Unis. *Paris*, 1818, 2 *vol. in*-8. *br.*

Crétaine

Racine

Lacourière

merlin 1798. war. mb.t

garnot.

idem

idem

girod. ajouté 2 vol-in 12.

silvestre.

Baillot.

p.

Giraud.

1806. gre. xt — Barrois aîné.

1807. Kir. lend. le P moitié. — Bailly

p.

Techener

1810. Kop. — Blanchet.

garnot.

truchy

moore

giraud.

= Voyage en 1816 et 1817, de New-Yorck à la Nouvelle Orléans. *Paris*, 1818, 2 *vol. in*-8. *br.*

1804. Précis hist. des derniers événemens de la partie de l'est de Saint-Domingue, par Gilbert Guillermin. *Paris*, 1811, *in*-8. *dem. rel.* = Cri des colons contre un ouvrage de Grégoire, de la littérature des nègres, (par de Tussac.) *Paris*, 1810, *in*-8. *dem. rel.*

Histoire héraldique et généalogique.

1805. Dissertations hist. et crit. sur la chevalerie ancienne et moderne, par Honoré de Sainte-Marie. *Paris*, 1718, *in*-4. *fig. cart.*

1806. Mémoires sur l'ancienne chevalerie, par de Sainte-Palaye, avec des notes par M. Nodier. *Paris*, 1826, 2 *vol. in*-8. *br. fig. color.*

1807. Discours sur l'origine des armes, et des termes usités pour l'explication de la science héraldique, (par le Laboureur.) *Lyon*, 1658, *in*-4. *fig. cart.* = Origine des ornemens des armoiries, par le P. Menestrier. *Paris*, 1680, *in*-12. *v. b.*

1808. Traité de l'origine des noms et des surnoms, par de la Roque. *Paris*, 1681, *in*-12. *v. b.*

1809. Essai hist. et philos. sur les noms d'hommes, de peuples et de lieux, par Eusèbe Salverte. *Paris*, 1824, 2 *vol. in*-8. *br.*

1810. Noms féodaux, ou noms de ceux qui ont tenu fiefs en France depuis le XIIe jusqu'au XVIIIe siècle. *Paris*, 1826, 2 *vol. in*-8. *br.*

1811. Dictionnaire généalogique, héraldique et hist. (par de la Chenaye des Bois.) *Paris*, 1757, 7 *vol. in*-8. *v. m.*

1812. Histoire généalogique de la maison de France, par Scevole et Louis de Saincte-Marthe. *Paris*, 1628, 2 *vol. in-fol. v. b.*

1813. Histoire généalogique de la maison royale

de France, des pairs, etc. par le P. Anselme. *Paris*, 1726, 9 *vol. in-fol. fig. v. b.*

1814. Le tableau des armoiries de France, par Ph. Moreau. *Paris*, 1610, *in*-8. *v. f.*

1815. Armes et blazons des chevaliers du Saint-Esprit créés par Louis XIV en l'an 1662. *In*-4. *v. b.*

Manuscrit sur papier contenant 80 feuillets, et autant de blasons coloriés.

1816. Armorial anglois, depuis Guillaume le Conquérant jusqu'à Charles Ier inclusivement. *In*-4. *v. m.*

Manuscrit sur papier, avec un très grand nombre de blasons coloriés.

ANTIQUITÉS.

Rites, usages et coutumes des peuples anciens.

1817. De l'utilité des voyages, et de l'avantage de la recherche des antiquités, (par Baudelot de Dairval.) *Paris*, 1686, 2 *vol. in*-12. *fig. v. b.*

1818. De l'origine des loix, des arts et des sciences chez les anciens peuples, (par Goguet.) *Paris*, 1759, 6 *vol. in*-12. *fig. v. m.*

1819. L'antiquité expliquée et représentée en figures, par D. B. de Montfaucon. *Paris*, 1722, 10 *vol. in-fol. fig. v. f. Gr. Pap.*

1820. L'antiquité dévoilée par ses usages, par Boulanger. *Amst.* 1766, 3 *vol. in*-12. *v. m.*

1821. Recueil d'antiquités étrusques, grecques et romaines, par de Caylus. *Paris*, 1761, 7 *vol. in*-4. *fig. v. éc.*

1822. Recherches sur les initiations anciennes et modernes, par l'abbé Robin. *Paris*, 1779, *in*-12. *dem. rel.* = Mémoire sur Vénus, par Larcher. *Paris*, 1775, *in*-12. *v. m.*

1823. Des divinités génératrices, ou du culte du Phallus chez les anciens et les modernes, (par Dulaure.) *Paris*, 1805, *in*-8. *v. f.*

Racine

Moore

idem

Garnot.

Labitte

Racine

p.

Gaudefroy.

p. 1822 Rao.

Gaudefroy.

1823 Rao.

Simonet.

Racine

idem

potier

idem

marcelle

idem

Lacouviere

1832. Wei.

Lenormant.

p.

Racine

Racine

idem

julien

ajouté 3 vol. . . . . Racine

1824. Recherches sur le culte de Bacchus, par M. Rolle. *Paris*, 1824, 3 *vol. in*-8. *br.*

1825. A. Rubenii de re vestiaria veterum lib. duo. *Antuerp.* 1665, *in*-4. *fig. v. b.* = Oct. Ferrarii de re vestiaria lib. VII. *Patavii*, 1685, *in*-4. *fig. v. b.*

1826. B. Balduini calceus antiquus et mysticus, et J. Nigronus de caliga vet. *Lugd. Bat.* 1711, *in*-12. *fig. vél.* = A. Solerius de pileo, cæterisque capitis tegminibus, etc. *Amst.* 1672, *in*-12. *fig. v. b.*

1827. Traité des festins, par Muret. *Paris*, 1682, *in*-12. *v. f.*

1828. L. Pignorius de servis. *Amst.* 1674, 1 *tom.* 2 *vol. pet. in*-12. *fig. v. f.* = H. Magius de tintinnabulis. *Amst.* 1689, *pet. in*-12. *fig. mout. r.*

1829. Histoire du commerce et de la navigation des anciens, par Huet. *Paris*, 1716, *in*-12. *v. b.* = Essai sur la marine des anciens, et particulièrement sur leurs vaisseaux de guerre, par Deslandes. *Paris*, 1768, *in*-12. *fig. v. m.*

1830. Histoire du commerce et de la navigation des anciens, par Huet. *Lyon*, 1763, *in*-8. *v. m.*

1831. Cérémonies nuptiales de toutes les nations, par de Gaya. *Paris*, 1680, *in*-12. *v. b.* = Cérémonies funèbres de toutes les nations, par Muret. *Paris*, 1675, *in*-12. *v. b.*

1832. Traité des embaumemens selon les anciens et les modernes, par L. Penicher. *Paris*, 1699, *pet. in*-12. *v. b.*

1833. Le maschere sceniche, e le figure comiche d'antichi Romani, da F. de Ficoroni. *In Roma*, 1736, *in*-4. *fig. v. f.*

1834. F. Ficoronii dissertatio de larvis scenicis et figuris comicis antiq. romanorum, ex ital. in lat. linguam versa. *Romæ*, 1750, *in*-4. *fig. v. m.*

1835. De la saltation théâtrale, ou recherches sur

l'origine, les progrès, etc. de la pantomime chez les anciens, par de l'Aulnaye. *Paris*, 1790, *in*-8. *v. porph. fig. color.*

1836. Des ballets anciens et modernes selon les règles du théâtre, (par le P. Menestrier.) *Paris*, 1682, *in*-12. *v. b.*

1837. Histoire de l'art chez les anciens, par Winckelmann, trad. de l'allem. *Paris*, 1789, 3 *vol. in*-8. *v. m.* = Remarques sur l'architecture des anciens, par le même. *Paris*, 1783, *in*-8. *dem. rel.*

1838. Histoire de l'art par les monumens, par Seroux d'Agincourt. *Paris*, 1823, 6 *vol. in-fol. fig. cart.*

Rites des Egyptiens, des Romains, etc.

1839. Essai sur les hiéroglyphes des Égyptiens, trad. de l'anglois de Warburton, (par Léonard des Malpeines.) *Paris*, 1744, 2 *vol. in*-12. *fig. v. j.*

1840. Histoire du commerce et de la navigation des Égyptiens, sous le règne des Ptolémées, par Ameilhon. *Paris*, 1766, *in*-12. *v. m.* = Idée du gouvernement anc. et mod. de l'Egypte, (par le Mascrier.) *Paris*, 1743, *in*-12. *v. m.*

1841. J. Lipsii saturnalium sermonum lib. duo. *Antuerp.* 1585, *l. r.* = Ejusd. de amphiteatro liber. *Ibid.* 1584, *in*-4. *fig. v. f. l. r.*

1842. Sabina, ou matinée d'une dame romaine à sa toilette, par C. A. Boettiger, en allemand. *Leipzig*, 1803, *in*-12. *fig. dem. rel.*

1843. Le même ouvrage, trad. de l'all. *Paris*, 1813, *in*-8. *fig. dem. rel.*

1844. Extrait de Sabine, trad. en franç. en 1807. *In*-4. *dem. rel.*

Manuscrit sur papier.

1845. Le reveil de l'antique tombeau de Chyndonax, prince des Vacies druydes celtiques dijo-

Racine 1836. Wei.

julien

Le normant

labitte

Lacornier

P.

1841. Rao. lerd.

Le Bailly 1842. Rao.

g[illegible]. ajouté 1 vol. h. in 2 in 12. 1843. Bor. gre

tilliard.

p.

le 1er rogné a la lettre Racine

p.

Racine

par tristan p.

p.

Le Noir

nois, (par J. Guenebauld.) *Paris*, 1623, *in*-4. *fig. parch.*

Histoire métallique.

1846. Omnium Cæsarum imagines ex antiquis numismatis desuptæ, ab Æ. Vico. 1553, *in*-4. *fig. v. f. dent.* = Imperatorum romanorum numismata aurea, industria et manu J. de Bie, accedit brevis eorundem explicatio. *Antuerp.* 1615, *in*-4. *fig. v. b.*

1847. Romanorum imperat. effigies, cum eorum elogiis, studio J. B. de Cavalleriis. *Romæ*, 1583, *in*-8. *fig. rel. antiq.*

1848. Imperatorum romanorum series, a Julio Cæsare ad Rudolphum II, per Levinum Hulsium. *Francof.* 1603, *in*-8. *fig. bas.* = Augustarum imagines, vitæ quoque earumdem enarratæ ab Ænea Vico. *Parisiis*, 1619, *in*-4. *fig. v. b.*

1849. Sylloge numismatum elegantiorum imperatorum, regum, etc. studio J. J. Luckii. *Argent.* 1620, *in-fol. fig. v. b.* = Genealogia et series Austriæ ducum, regum, etc. auct. de Strada. *Francof.* 1629, *in-fol. fig. v. b.*

1850. Médailles illustrées des anciens empereurs et impératrices de Rome, par J. B. le Ménestrier. *Dijon*, 1642, *in*-4. *fig. parch.* = Promptuarium iconum insigniorum hominum, subjectis eorum vitis. *Lugduni*, 1553, *in*-4. *fig. vél.*

1851. Commentaires historiques, contenant l'histoire des empereurs romains, etc. illustrée par les médailles. *Paris*, 1657, 3 *vol. in-fol. fig. bas.*

1852. A. Gorlæi thesaurus numismatum romanorum. 1605, *in-fol. fig. vél.*

Monumens d'antiquités de différens pays.

1853. Præcipua aliquot romanæ antiquitatis monimenta. = Planches sur la perspective, par

Androuet du Cerceau. *Aureliæ*, 1551, *peti in-fol. v. f.*

1854. Antiquités d'Herculanum, gravées par David, avec leurs explications par S. Maréchal. *Paris*, 1780, 9 *vol. in*-8. *fig. v. r.*

1855. Observations sur les antiquités d'Herculanum, par Cochin et Bellicard. *Paris*, 1757, *in*-12. *fig. cart.* = Recherches sur la nature et l'étendue d'un ancien ouvrage des Romains appelé communément Briquetage de Marsal, par d'Artez de la Sauvagère. *Paris*, 1740, *in*-8. *fig. v. j.*

1856. Antiquités nationales, ou Recueil de monumens pour servir à l'histoire de l'empire français, par A. L. Millin. *Paris*, 1790, 5 *vol. in*-4. *fig. dem. rel.*

1857. Monumens français inédits, par Willemin. *Paris*, 1806 *et suiv. in-fol.* 46 *livr. en cahiers, fig. en noir et coloriées.*

1858. Musée des monuments français, publ. par Le Noir, et gravé par L. Guyot. *Paris*, 1800 *et suiv.* 8 *vol. in*-8. *v. r. et br.*

Les tomes 1 à 6, qui sont reliés, ne contiennent que les gravures, sans texte, et les tomes 7 et 8, qui sont brochés, ont le texte.

= Recueil de Portraits inédits, publiés par le même. *Paris*, 1807, *in*-8. *fig. br. le tome* 1er.

1859. Le même Musée. *Paris*, 1800, 6 *vol. gr. in*-8. *fig. v. rac. Pap. Vél.*

1860. Description des monumens des différens âges, observés dans le département de la Haute-Vienne, par Allou. *Paris*, 1821, *in*-4. *br.* = Antiquités gauloises et romaines recueillies dans les jardins du Luxembourg, par Grivaud. *Paris*, 1807, *in*-4. *fig. br.*

1861. Recueil des antiquités et monumens marseillois, par Grosson. *Marseille*, 1773, *in*-4. *fig. dem. rel.*

Le noir

p. ajouté 4 vol. dont 3 de cazin

p.

~~Defer~~
le noir
marcelle

Rendu parcequ'il n'y a que 182 planches.
au lieu de 276.

julien

rendu, le 2 imparfait dans les planches.

1860. gre. am^t Lord Rao

1861. Rao.

1862. Kop.

1863. Rao. le Bailly

1864. Rao.

Racine

p.

le normant.

Rey et gravier

p~~atier~~

Vendu par des cartons, et sans aucun rapport. la couriere.

Le normant.

garnot.

girard.

Chrard.

p.

Vendu pour cinq planches collées sur un feuillet Le n~~ormant~~.

p.

1862. Antiquités anglo-normandes, de Ducarel, trad. de l'angl. *Caen*, 1823, 6 *livr. in*-8. *fig. br.*

Sculpture, pierres gravées, etc.

1863. Recueil de fragmens de sculpture antique en terre cuite, par Seroux d'Agincourt. *Paris*, 1814, *in*-4. *fig. br.*

1864. De l'usage des statues chez les anciens, (par de Guasco.) *Bruxelles*, 1768, *in*-4. *fig. v. m.*

1865. La Vénus et l'obélisque d'Arles, par Terrin. *Arles*, 1680, *in*-12. *v. éc.* = Epitome du thrésor des antiquités, c'est-à-dire portraits des médailles des empereurs, trad. du lat. de Strada. *Lyon*, 1553, *in*-4. *fig. v. m.*

1866. Cabinet de pierres antiques gravées, tirées du cabinet de Gorlée. *Paris*, 1778, 2 *tomes en* 1 *vol. in*-4. *fig. v. éc.*

1867. Recueil de pierres gravées, représentant les divinités de la Mythologie, publ. par J. F. Frauenholz. *Gr. in-fol. br. en cart.* 34 *planches.*

1868. Veneres et Priapi uti observantur in gemmis. *In*-8. *v. r. fig. coloriées.*

1869. Monumens de la vie privée des douze Césars, et monumens du culte secret des dames romaines, d'après une suite de pierres et médailles, (par d'Hancarville.) *Rome*, 1785, 2 *vol. in*-4. *fig. m. r.*

1870. Suite d'estampes gravées par Mme de Pompadour, d'après les pierres gravées de Guay. *In*-4. *v. m.*

1871. Antiquités étrusques, grecques et romaines, gravées par F. A. David, avec leurs explications, par d'Hancarville. *Paris*, 1785, 5 *vol. in*-8. *v. r. fig. en couleurs.*

1872. Lucernæ fictiles musei Passerii. *Pisauri*, 1739, *in-fol. fig. dem. rel.*

1873. Museum Capitolinum, philosophorum, poetarum, oratorum, etc. hermas continens. *Romæ*, 1750, *les tom.* 1 *à* 3 *en* 2 *vol. in-fol. fig. v. éc.*

1874. Romani collegii societatis jesu Museum celeberr. studio A. Kircheri. *Amst.* 1678, *in-fol. fig. vél.*

1875. Le cabinet de la Bibliothéque de Sainte-Geneviève, contenant les antiquités de la religion des chrétiens, des Egyptiens, les médailles, etc. par C. du Molinet. *Paris*, 1692, *in-fol. fig. v. m.*

1876. Explication de plusieurs antiquités, recueillies par P. Petau. *Amst.* 1757, *pet. in-4. fig. v. porph.*

HISTOIRE LITTÉRAIRE.

Histoire des Lettres, des Langues, des Sciences, etc.

1877. Les livres de Polydore Vergile d'Urbin, des inventeurs des choses, trad. de latin en franç. *Paris*, 1561, *pet. in-12. m. r.*

1878. Livre 1er des antiquitez perdues, et si au vif représentées par Pancirol, trad. de l'italien par de la Noue. *Lyon*, 1617, *in-12. v. m.*

1879. Recherches sur l'origine des découvertes attribuées aux modernes, (par Dutens.) *Paris*, 1766, 2 *tom. en* 1 *vol. in-8. v. m.* = Œuvres mêlées de Dutens. *Genève*, 1784, *in-8. v. m.*

1880. Dictionnaire des origines, ou époques des inventions utiles, etc. (par d'Origny.) *Paris*, 1777, 6 *vol. in-8. v. m.*

1881. Dictionnaire des origines, découvertes, inventions, etc. (par Sabatier de Castres, etc.) *Paris*, 1777, 3 *vol. in-8. bas.*

1882. Nouveau Dictionnaire des origines, inventions et découvertes, par Noël et Carpentier. *Paris*, 1827, 2 *vol. in-8. dem. rel.*

1883. Dictionnaire chronologique et raisonné des découvertes, inventions, innovations, etc. en

1874. Rao.

1875. Rao.

1876. Rao.

1877. Dug.

Racin. —— ajout. un 2e Excp.

p.

1881. Wei.

1882. Kop.

Garnot.

le 1er taché

Racine

ajouté 3 vol.

p.

1887. nov. dug.

Rey a gravier

Racine

idem

1891. dug. cous. Magn.
le tome XIII est l'hist. litteraire de St Bernard.

Le Roy

potier

France, de 1789 à 1820. *Paris*, 1822, 17 *vol. in*-8. *br.*

1884. Recherches curieuses sur la diversité des langues et religions, trad. de l'angl. de Brerewood. *Paris*, 1640, *in*-8. *v. m.*

1885. Le même ouvrage. *Saumur*, 1662, *in*-8. *v. f.* = Les élémens primitifs des langues, par Bergier. *Paris*, 1764, *in*-12. *v. m.*

1886. Essais sur l'histoire des belles-lettres, des sciences et des arts, par Juvénel de Carlencas. *Lyon*, 1757, 4 *vol. in*-12. *v. m.*

1887. Eclaircissements hist. et crit. sur l'invention des cartes à jouer, par l'abbé Rive. *Paris*, 1780, *in*-8. *cart.*

1888. Recherches hist. et littér. sur les danses des morts, et sur l'origine des cartes à jouer, par G. Peignot. *Paris*, 1826, *in*-8. *br.*

Histoire littéraire particulière.

1889. Manuel de littérature classique ancienne, traduit de l'allem. par Cramer. *Paris*, *l'an* x, (1802,) 2 *vol. in*-8. *bas.* = L'esprit d'Addison. *Yverdon*, 1777, 3 *vol. in*-8. *bas.*

1890. Histoire gén. de la littérature d'Italie, par Tiraboschi, et abrégée par Landi. *Paris*, 1786, 5 *vol. in*-8. *dem. rel.*

1891. Histoire littéraire de la France, par des religieux bénédictins. *Paris*, 1733, 13 *vol. in*-4. *v. j.*

1892. Bibliothèque françoise, ou histoire de la littérature françoise, par Goujet. *Paris*, 1741, 18 *vol. in*-12. *v. éc.*

1893. Mémoires pour servir à l'histoire de notre littérature, depuis François Ier, par Palissot. *Paris*, 1803, 2 *vol. in*-8. *dem. rel.*

1894. Les trois siècles de la littérature françoise, par Sabatier de Castres. *Paris*, 1781, 4 *vol. in*-12. *v. m.*

1895. Les siècles littéraires de la France, par Dessarts, etc. *Paris*, 1800, 6 *vol. in*-8. *v. r.*

1896. Tableau historique de la littérature française, depuis 1789, par de Chénier. *Paris*, 1816, *in*-8. *br.* = Tableau de la littérature en Europe, depuis le XVIe siècle, par Leuliette. *Paris*, 1809, *in*-8. *br.* = Tableaux littéraires de la France, pendant les XIIIe et XVIIIe siècles, par de Rosny, et Victorin Fabre. *Paris*, 1809 *et* 1810, 2 *vol. in*-8. *br.*

1897. De l'influence des femmes sur la littérature française, par Mme de Genlis. *Paris*, 1811, *in*-8. *br.*

1898. De l'Allemagne, par Mme de Staël. *Paris*, 1814, 3 *vol. in*-8. *dem. rel.*

1899. De la littérature des Turcs, trad. de l'ital. de Toderini, par de Cournand. *Paris*, 1793, 3 *vol. in*-8. *bas.*

Histoire de la diplomatique, des académies, etc.

1900. De re diplomatica libri sex, opera J. Mabillon. *Paris*. 1681, *in-fol. fig. v. b.*

1901. L'archiviste français, ou méthode pour apprendre à arranger les archives, et déchiffrer les anciennes écritures, par Batthenay. *Paris*, 1775, *in*-4. *fig. v. m.*

1902. Mémoire contenant l'histoire des jeux Floraux et celle de Clémence Isaure, (par Forest.) *Paris*, 1775, *in*-4. *br.* = Notice historique sur la tapisserie brodée par la reine Mathilde. *Paris*, *l'an* XII, (1804,) *in*-4. *fig. br.*

1903. Mémoires de l'académie celtique. *Paris*, 1807, 5 *vol. in*-8. *fig. dem. rel.*

1904. Mémoires et dissertations sur les antiquités nationales et étrangères, publiés par la société des antiquaires de France. *Paris*, 1817 *et ann. suiv.* 8 *vol. in*-8. *br.*

Racine.

p.

le Bailly

p.

gaudetroy.

1901. Bor.

La Courière.

1903. Kop. Rod.

1904. Kop.

1906. fie, it

p.

p.

gaudefroy

Racine

gaudefroy

p.

Dabin

Maze

p.

BIBLIOGRAPHIE.

Histoire de l'imprimerie. Bibliographes généraux, etc.

1905. De l'origine de l'imprimerie, et observations sur un ouvrage intitulé : Vindiciæ typographicæ, par Fournier. *Paris,* 1759 *et* 1760, *in*-8. *bas.*

1906. Origine de l'imprimerie, par Lambinet. *Paris,* 1810, 2 *vol. in*-8. *dem. rel.* = De l'invention de l'imprimerie, par Meerman. *Paris,* 1809, *in*-8. *dem. rel.*

1907. Lettre trentième concernant l'imprimerie et la librairie de Paris, trad. de l'angl. (de M. T. Frognall Dibdin,) par M. G. A. Crapelet. *Paris*, 1821, *in*-8. *br. en cart. Gr. Pap. Vél.*

1908. Recherches sur les bibliothéques anciennes et mod. par Petit Radel. *Paris,* 1819, *in*-8. *br.*

1909. Essai historique sur la bibliothéque du roi, par le Prince. *Paris*, 1782, *in*-12. *v. éc.* = Traité des plus belles bibliothéques de l'Europe, par le Gallois. *Paris*, 1685, *in*-12. *vél.*

1910. Mémoire historique sur la bibliothéque dite de Bourgogne, présentement bibliothéque publique de Bruxelles, par de Laserna Santander. *Bruxelles,* 1809, *in*-8. *br.* = Catalogue d'une partie des livres composant l'ancienne bibliothéque des ducs de Bourgogne, par G. Peignot. *Paris,* 1830, *in*-8. *br.*

1911. Jugemens des savans sur les principaux ouvrages des auteurs, par A. Baillet, avec l'anti-Baillet. *Paris,* 1722 *et* 1730, 9 *vol. in*-4. *v. b. Gr. Pap.*

Il manque le tome 8.

1912. Dictionnaire de bibliologie, par Peignot. *Paris*, 1802, 3 *vol. in*-8. *bas.* = Manuel bibliographique, par le même. *Paris,* 1800, *in*-8. *dem. rel.* = Répertoire de bibliographies spéciales, par le même. *Paris,* 1810, *in*-8. *dem. rel.*

1913. Dictionnaire de bibliologie, par Peignot. *Paris*, 1802, 3 *vol. in*-8. *br.* = Opuscules du même, savoir : Traité du choix des livres, 1817. = Mélanges littéraires et bibliographiques, 1818. = Variétés, notices et raretés bibliographiques. 1822, 3 *vol. in*-8. *br.*

1914. Bibliothéque curieuse, historique et critique, par David Clément. *Gottingen*, 1760, 9 *vol. in*-4. *dont* 7 *en v. b. et* 2 *dem. rel.*

1915. Bibliographie instructive, ou traité de la connaissance des livres rares et singuliers, par G. F. de Bure le jeune. *Paris*, 1763, 7 *vol. in*-8. *v. m.*

1916. The bibliographical decameron, or ten days pleasant discourse upon illuminated manuscripts and subjects connected with early engraving, typography and bibliography, by T. F. Dibdin. *London*, 1817, 3 *vol. gr. in*-8. *fig. br. en cart. Pap. Vél.*

Ouvrage très curieux et supérieurement exécuté.

1917. Nouvelle bibliothéque d'un homme de goût, (par de la Porte.) *Paris*, 1777, 4 *vol. in*-12. *bas.* = Le portefeuille d'un homme de goût, (par le même.) *Paris*, 1770, 3 *vol. in*-12. *v. m.*

1918. Nouvelle bibliothéque d'un homme de goût, (par Chaudon et Desessarts.) *Paris*, 1798, 3 *vol. in*-8. *bas.*

1919. Bibliothéque d'un homme de goût, par A. A. Barbier et Desessarts. *Paris*, 1808, 5 *vol. in*-8. *v. f. dent.*

1920. Dictionnaire bibliographique, historique et critique des livres rares, (par Duclos et M. Brunet.) *Paris*, 1790 *et* 1802, 4 *vol. in*-8. *bas.*

1921. Nouveau dictionnaire portatif de bibliographie, par F. I. Fournier. *Paris*, 1809, *in*-8. *v. f.* = Dictionnaire de bibliographie française, (par Fleischer.) *Paris*, 1812, 2 *vol. in*-8. *br.*

gaudefroy.

1913. gre. ae+

p.

p.

1916. Bor, miz+

p.

Schaubek

p.

p.

p.

Racine

1924. Mel. lend.

giroud

Racine

1927. Mel.

Schaubek

1929. gre. az[t]

techener

gaudefroy

ajouté 4 vol. in 18 giroud.

gaudefroy

Martin

1922. Manuel du libraire, par J. C. Brunet. *Paris*, 1814, 4 *vol. in*-8. *v. f. dent.*

1923. Répertoire bibliographique universel, par G. Peignot. *Paris*, 1812, *in*-8. *dem. rel.* = Amusemens philologiques, par le même. *Dijon*, 1824, *in*-8. *br. Pap. Fin.*

1924. Dictionnaire bibliographique, ou nouveau manuel du libraire, par P. (Psaume.) *Paris*, 1824, 2 *vol. in*-8. *br.* = Bibliographie agronomique, (par de Musset-Pathay.) *Paris*, 1810, *in*-8. *br.*

1925. Dictionnaire des ouvrages anonymes et pseudonymes, par A. A. Barbier. *Paris*, 1806, 4 *vol. in*-8. *v. f.*

1926. Le même. *Paris*, 1822, 4 *vol. in*-8. *dem. rel.*

1927. Auteurs déguisés sous des noms étrangers, empruntez, etc. (par Baillet.) *Paris*, 1690, *in*-12. *m. bl.*

1928. La chasse aux bibliographes et antiquaires mal advisés, par l'abbé Rive. *Londres*, 1789, 2 *tom. en* 1 *vol. in*-8. *v. f. dent.*

Bibliographes professionaux, etc.

1929. Dictionnaire critique, littéraire et bibliographique des principaux livres condamnés au feu, par Peignot. *Paris*, 1806, 2 *vol. in*-8. *dem. rel.*

1930. Bibliothéque universelle des voyages, par G. Boucher de la Richarderie. *Paris*, 1808, 6 *vol. in*-8. *v. f.*

1931. Bibliothéque des auteurs qui ont escrit l'histoire et topographie de la France, par A. du Chesne. *Paris*, 1627, *in*-8. *bas.*

1932. Bibliothéque historique de la France, par J. Lelong, publ. par Fevret de Fontette. *Paris*, 1768, 5 *vol. in-fol. v. m.*

1933. Bibliothéque historique et critique du Poitou, par Dreux de Radier. *Paris*, 1754, 5 *vol. in*-12. *v. f.*

1934. Les bibliothéques françaises de la Croix du Maine et de Duverdier, publiées par Rigoley de Juvigny. *Paris*, 1772, 6 *tom. en* 5 *vol. in*-4. *dem. rel.*

1935. La France littéraire, contenant les auteurs français, de 1771 à 1796, par Ersch. *Hambourg*, 1797, 3 *vol. in*-8. *bas.*

Bibliographes périodiques ou journaux.

1936. Mercure de France. *Paris*, *janvier* 1717 *jusques et y compris décembre* 1792, 417 *vol. in*-12. *rel. et br.* = Le même. *Les années* 1809 *à* 1819, *in*-8. *br. en cahiers.*

Il manque quelques volumes dans la première série, et plusieurs cahiers dans la seconde.

1937. Choix des anciens Mercures, avec un extrait du Mercure français, et suivi d'une table générale des matières. *Paris*, 1757, 109 *tom. rel. en* 55 *vol. in*-12. *m. vert.*

1938. Esprit du Mercure de France, depuis son origine jusqu'à 1792. *Paris*, 1810, 3 *vol. in*-8. *dem. rel.*

1939. Observations sur les écrits modernes, (par l'abbé Desfontaines, Fréron, etc.) *Paris*, 1735, 34 *tom. en* 33 *vol. in*-12. *v. j.*

1940. Réflexions sur les ouvrages de littérature, (par Granet.) *Paris*, 1738, 12 *vol. in*-12. *v. éc.*

1941. Lettres sérieuses et badines sur les ouvrages des savans, (par de la Barre de Beaumarchais.) *La Haye*, 1740, 8 *vol. in*-12. *v. m.*

1942. L'année littéraire, par Fréron. *Paris*, 1754 *à* 1789, 194 *vol. in*-12. *v. m.*

Il manque les tomes 7 et 8, de 1780.

1943. Révolution française, ou analyse complète

p.

gaud-frey

p.

Simonet.

techener

maze

p.

p.

Racine

porquet.

311 numeros. — — — — Dufart — — — —
revendu imparfait d'un numero.
225 numeros

Denton — — —

Dufart.

Ehrart.

Techener

porquet.

Racine

Simonet.

Racine

porquet.

maze

poullain

du Moniteur, suivie d'une table des personnes et des choses. *Paris*, 1801, 7 *vol. in*-4. *br.*

1944. Les actes des apôtres, (par Peltier, etc.) *Paris*, (1789 *et suiv.*) 11 *vol. in*-8. *dem. rel.*

1945. Révolutions de Paris, précédées d'une introduction, par Prud'homme. *Paris*, 1790, 22 *vol. in*-8. *fig. bas.*

1946. Semaines critiques, ou Gestes de l'an V, (1797,) (par J. Lavallée.) *Paris*, 1797, 3 *vol. in*-8. *bas.*

1947. Le Mois, ouvrage périodique, pour les années V, VI, VII, VIII, (1797 à 1800.) 4 *vol. in*-8. *dem. rel. fig. color.*

1948. La décade égyptienne, journal littéraire et d'économie politique. *Au Kaire, l'an* VII, (1799,) 3 *vol. in*-4. *br.*

1949. Journal des arts, de littérature et de commerce, depuis l'an VII, (1799,) jusqu'au 20 mars 1815. *Paris*, 46 *vol. in*-8. *dem. rel. fig. color.*

1950. La Semaine, ou le souvenir hebdomadaire, de septembre 1803 à septembre 1804. *Paris*, 3 *vol. in*-8. *dem. rel.*

1951. Archives littéraires de l'Europe. *Paris*, 1804, 17 *vol. in*-8. *dem. rel.*

1952. La ruche d'Aquitaine, journal de littérature et de science. *Bordeaux*, 1817, 3 *vol. in*-8. *br.*

1953. Mémoires secrets pour servir à l'histoire de la république des lettres en France, depuis 1762 jusqu'à nos jours, par de Bachaumont. *Londres*, 1777, 36 *vol. in*-12. *bas.*

1954. Mémoires historiques, littéraires, etc. de Bachaumont. *Paris*, 1809, 3 *vol. in*-8. *dem. rel.* = Anecdotes secrètes du XVIIIe siècle, pour faire suite aux Mémoires de Bachaumont, (par Nougaret.) *Paris*, 1808, 2 *vol. in*-8. *dem. rel.*

1955. Correspondance secrète, politique et littéraire, (par Metra et autres.) *Londres*, 1787, 14 *vol. in-12. dem. rel.*

1956. Abrégé des transactions philosophiques de la Société royale de Londres, trad. de l'anglais. *Paris*, 1787, 14 *vol. in-8. fig. br.*

1957. The repository of arts, literature, commerce, fashions, etc. *London, January* 1809 *to july* 1815, 79 *livraisons gr. in-8. br. Pap. Vél. fig. color.*

Catalogues des manuscrits et des livres des bibliothéques publiques et particulières.

1958. Voyage littéraire de deux bénédictins de la congrégation de Saint-Maur, (D. Martene et D. Durand.) *Paris*, 1717, 2 *part. en* 1 *vol. in-4. fig. v. j.*

1959. Voyage liturgique en France, par de Moléon, (J. B. Lebrun des Marettes.) *Paris*, 1718, *in-8. fig. v. b.*

1960. Manuscrits de la bibliothéque de Lyon, par A. F. Delandine. *Paris*, 1812, 3 *vol. in-8. dem. rel.*

1961. Notices historiques et critiques sur la Guirlande de Julie et le Recueil de fleurs et insectes, peints par D. Rabel, et sur les romans d'Artus et de Partenay, (par l'abbé Rive.) *Paris*, 1779, *gr. in-4. v. f.*

1962. Recueil de catalogues de livres, dont ceux du comte d'Hoym, de de Boze, de l'abbé Rive, de Méon, etc. 63 *vol. in-8. et in-12. rel. et br.*

Ce numéro pourra être détaillé.

1963. Catalogue raisonné des livres de la bibliothéque de l'abbé Goujet, transcrit fidellement sur son manuscrit resté entre les mains de M. le duc de Charost Béthune, par M. l'abbé Goujet, chanoine de Brienon l'archevesque, son neveu. 5 *vol. in-fol. vél. vert. avec son portrait.*

Ce manuscrit se compose de deux volumes de théologie, un

Martin

Mancel

1958. gre. x+

1959. gre. h+

Racine

gaudefroy

1962	15 vol.	5. 80	Racine
	15 —	2. 40	idem
	15 —	5. 80	julien
	14 —	3. 50	Racine
	4 —	4.	julien
	63	21. 50.	

1963. C.

gaudefroy.

maze

p.

Racine

idem

Cretaine

perguet

p.

1972 mac.

maze

Racine

techener

Racine

de jurisprudence et sciences et arts, un de belles-lettres et un d'histoire. L'écriture est très lisible. Nous le croyons tout-à-fait conforme à l'exemplaire autographe vendu à la vente de feu M. A. A. Barbier, faite en février 1828.

1964. Catalogue des livres de Mme Louise, (fille de Louis XV.) 1764, *in-fol. m. cit. dent.*

Manuscrit sur papier, composé de 150 pages.

1965. Catalogue des livres de la bibliothéque du duc de la Vallière, avec le supplément et les prix imprimés. *Paris, G. De Bure*, 1783, 3 *vol. in-*8. *v. m.*

1966. Catalogue des livres de la bibliothéque du Conseil d'Etat, (par Barbier.) *Paris, an* XI, (1803,) *in-fol. cart.*

1967. Catalogue des livres de la bibliothéque du comte de Mac-Carthy. *Paris*, *De Bure frères*, 1815, 2 *vol. in-*8. *br.*

1968. Catalogue de la bibliothéque d'un amateur, (M. A. A. Renouard.) *Paris*, 1819, 4 *vol. in-*8. *br.*

BIOGRAPHIE GÉNÉRALE.

1969. Dictionnaire historique, par P. Bayle. *Rotterdam*, 1697, 4 *tom. en* 2 *vol. in-fol. v. b.*

1970. Le même. *Amst.* 1734, 5 *vol. in-fol. v. m.*

1971. Remarques critiques sur le Dictionnaire de Bayle, (par P. L. Joly.) *Paris*, 1752, 2 *tom. en* 1 *vol. in-fol. v. m.*

1972. Nouveau Dictionnaire histor. et crit. par de Chaufepié. *Amst.* 1750, 4 *vol. in-fol. v. m.*

1973. Dictionnaire histor. et crit. tiré de ceux de Bayle et de Chaufepié, par de Bonnegarde. *Lyon*, 1771, 4 *vol. in-*8. *bas.*

1974. Dictionnaire historique, par Prosper Marchand. *La Haye*, 1758, *in-fol. v. éc.*

1975. Dictionnaire des portraits historiques, anecdotes, etc. des hommes illustres, (par Lacombe de Prezel.) *Paris*, 1768, 3 *vol. in-*8. *v. m.* = Dictionnaire histor. des femmes célèbres, (par

J. F. de Lacroix.) *Paris*, 1769, 2 *vol. in*-8. *dem. rel.*

1976. Nouveau Dictionnaire historique, par une Société de gens de lettres. *Caën*, 1789, 9 *vol. in*-8. *bas.*

1977. Nouveau Dictionnaire historique, par Chaudon et Delandine. *Lyon*, 1804, 13 *vol. in*-8. *v. r.*

1978. Nouveau Dictionnaire historique, biographique, etc. par J. Watkins, trad. de l'angl. par l'Ecuy. *Paris*, 1803, 2 *vol. in*-8. *v. f. Pap. Vél.*

1979. Galerie historique des hommes les plus célèbres de tous les siècles et de toutes les nations, contenant leurs portraits, l'abrégé de leurs vies, etc. par Landon. *Paris*, 1805, 13 *vol. in*-12. *fig. v. f. dent.*

1980. Dictionnaire universel, histor. et crit. par une Société de savans. *Paris*, 1810, 20 *vol. in*-8. *v. f. dent.*

1981. Biographie universelle ancienne et moderne. *Paris*, *Michaud*, 1811, 52 *vol. in*-8. *dem. rel.*

1982. Examen critique et complément des Dictionnaires historiques, par A. A. Barbier. *Paris*, 1820, *in*-8. *br. tome* 1er, *le seul publié.*

1983. Bocace des nobles maleureux, translaté de latin en françois. *Paris*, *Ant. Verard*, *sans date*, *in*-*fol. goth. v. b.*

1984. Histoire des femmes, depuis la plus haute antiquité jusqu'à nos jours, trad. de l'anglois. *Paris*, 1794, 4 *vol. in*-12. *fig. bas.*

1985. Boccace des dames de renom, trad. de l'ital. *Lyon*, 1551, *in*-8. *bas. Le titre est doublé.*

1986. La galerie des femmes fortes, par le P. P. le Moyne. *Paris*, 1663, *in*-12. *fig. v. f. dent.*

Vies des hommes illustres grecs et romains, *etc.*

1987. Recueil de vies de personnages anciens et modernes, dont : Vie d'Abailard, = de Sixte v,

Dabin

Sauvaignat.

maze

garnot.

mancel

p.

girond. ajouté 2 vol. 1981. Bro. aemt cau.

1983. gui. verif.

p. + tom. en 2 vol.

Racine

Idem

n° 1987	15 vol. in 12	4f. 80c.	p.
	15 vol. in 12	5. 95.	p.
	15 — id	4. 70.	p.
	15 — id	3. 95	p.
	15 in 8° ou in 12	8. 30.	Racine
	15 in 8°	10 - " -	p.
	18 de differents formats	8. 5.	p.
	108 vol.	45.. 75c	

Labitte

Giroud.

Gaudefroy.

Racine

Mr Boile

la meme

p.

Baillet

~~Baillet.~~

p.

= d'Alexandre VI, = d'Elisabeth, = d'Erasme, = de de Thou, = de Cromwell, = du cardinal du Perron, = de Molière, = de Rivarol, = d'Alfieri, = de Robertson, = de Fox, = d'Haydn, = de Poggio, = de Nelson, etc. 106 *vol. in-8. et in-12. rel. et br.*

Ce numéro sera détaillé.

1988. Les vies des hommes illustres, et les Œuvres morales de Plutarque, trad. du grec, par Ricard. *Paris*, 1798, 30 *vol. in-12. v. m.*

1989. Œuvres morales et mêlées de Plutarque, trad. par Amyot. *Paris*, 1584, 2 *vol. in-8. bas.*

1990. Diogène Laerce, de la vie des philosophes, trad. du grec, (par G. Boileau.) *Paris*, 1668, 2 *vol. in-12. m. r. doub. de m. r. dent.*

1991. Les vies des plus illustres philosophes de l'antiquité, trad. du grec de Diogène Laerce. *Paris*, 1796, 2 *vol. in-8. v. f.*

1992. Notice des poètes grecs et latins, contenant la vie de chaque poète, les jugemens sur ses ouvrages, etc. *Paris*, 1773, 5 *vol. pet. in-12. v. m.*

1993. Histoire des sept sages, par de Larrey. *La Haye*, 1721, 2 *vol. in-8. v. m.*

1994. La vie de Socrate, trad. de l'angl. (de Cooper, par de Combes.) *Amst.* 1751. = La toilette du philosophe, ou Ziri et Ziria, (par Estève.) *Londres*, 1751. = Le Nain. 1762, *pet. in-12. v. éc.*

1995. Vie d'Apollonius de Tyane, par Philostrate, avec les commentaires en anglais, par C. Blount. *Amst.* 1779, 4 *vol. in-12. v. m.*

1996. Vie d'Apollonius de Tyane, par le Grand d'Aussy. *Paris*, 1807, 2 *vol. in-8. dem. rel.*

1997. Histoire de Cicéron, (trad. de l'angl. de Middleton, par l'abbé Prevost.) *Paris*, 1749, 4 *vol. in-12. v. r.*

Biographie moderne générale.

1998. OEuvres de Brantôme. *Londres*, 1779, 15 *vol. in*-12. *v. m.*

1999. Académie des sciences et des arts, contenant la vie des hommes illustres, etc. par Bullart. *Bruxelles*, 1682, 2 *vol. in-fol. fig. v. b.*

2000. Mémoires pour servir à l'histoire des hommes illustres de la république des lettres, par Nicéron. *Paris*, 1729, 42 *vol. in*-12. *dem. rel.*
Il manque les tomes 32, 38, 39, 40 et 41.

2001. L'Europe illustre, par Dreux du Radier. *Paris*, 1755, 6 *vol. in*-4. *fig. v. éc.*

2002. Les tombeaux du XVIIIe siècle, par A. Miéville. *Paris*, 1811, 2 *vol. in*-8. *dem. rel.*

2003. Dictionnaire néologique des hommes et des choses, par le cousin Jacques, (Beffroy de Regny.) *Paris, an* VIII, (1800,) 2 *vol. in*-8. *dem. rel.*

2004. Biographie moderne. *Leipzig*, 1807, 4 *vol. in*-8. *bas.*

2005. Biographie des hommes vivants. *Paris, Michaud*, 1816, 5 *vol. in*-8. *dem. rel.*

2006. Dictionnaire des Girouettes, (par de Proisy d'Eppe,) seconde édition. *Paris*, 1815, *in*-8. *dem. rel.*

Vie des hommes illustres italiens.

2007. Mémoires pour la vie de Fr. Pétrarque, (par de Sade.) *Amst.* 1764, 3 *vol. in*-4. *dem. rel.*

2008. Pétrarque à Vaucluse, (par Arnavon.) *Paris*, 1804. = Retour de la fontaine de Vaucluse, par le même. *Avignon*, 1805, *in*-8. *dem. rel.*

2009. La vie de Scaramouche, par A. Constantini. *Paris*, 1698, *in*-12. *v. j.*

2010. Mémoires de Goldoni. *Paris*, 1787, 3 *vol. in*-8. *v. m.*

Techener

Auvray

Dabin

Racine reverdi imparfait d'un feuillet.

P.

Marcel

Racine

Baillot.

Simonet

Racine

La Courier.

P.

25 vol.

Techener

Racine

p.

p.

p.

maze

p.

La Courière

p.

Cauvette

p.

Mr Boile

p.

p.

Biographie générale française.

2011. Les vies des hommes illustres de la France, par d'Auvigny. *Paris*, 1758, 2 *vol. in*-12. *v. m.* 12.

2012. Galerie française, ou portraits des hommes et des femmes célèbres qui ont paru en France, par Restout. *Paris*, 1771, *in-fol. fig. v. m.* 4. 5.

2013. L'année française, ou vies des hommes qui ont honoré la France, etc. par Manuel. *Paris*, 1789, 4 *vol. in*-12. *v. m.* 1. 50.

2014. Description du Parnasse français, par Titon du Tillet. *Paris*, 1760, *in-fol. fig. v. m.* 1. 55.

2015. Tableau historique des gens de lettres, par de L***. *Paris*, 1767, 6 *vol. in*-12 *dem. rel.* 2. 95.

2016. Tableau historique de l'esprit et du caractère des littérateurs français, (par Taillefer.) *Paris*, 1785, 4 *vol. in*-8. *v. éc.* 4. 55.

2017. Histoire des membres de l'académie française, morts depuis 1700 jusqu'en 1771, par d'Alembert. *Paris*, 1787, 6 *vol. in*-12. *v. m.* 1. 50

2018. Eloges historiques, par Vicq-d'Azir. *Paris*, 1805, 3 *vol. in*-8. *dem. rel.* 2. 50.

2019. Cornelius Nepos français, ou notices historiques sur les généraux, les marins, etc. qui se sont illustrés dans la guerre de la révolution, par Châteauneuf. *Paris*, 1803, 6 *vol. in*-12. *dem. rel.* en 5. 5. 15.

2020. Galerie dramatique, et acteurs et actrices célèbres des trois grands théâtres de Paris. *Paris*, 1808 et 1809, 3 *vol. in*-18. *v. f. dent. fig. color.* 9.

2021. Galerie historique des acteurs du Théâtre-Français, depuis 1600 jusqu'à nos jours, par Lemazurier. *Paris*, 1810, 2 *vol. in*-8. *dem. rel.* 2. 50.

2022. Les vies des femmes illustres de la France, (par Aublet de Maubuy.) *Paris*, 1758, 5 *vol. in*-12. *v. f.* 2.

2023. Histoire littéraire des femmes françaises, 2. 35.

2016 Double bas. ———— 3. 25.

(par de la Porte.) *Paris*, 1769, 5 *vol. in*-8. *v. m.*

2024. Dictionnaire historique, littéraire, etc. des françaises connues par leurs écrits, etc. par madame F. B. Briquet. *Paris*, 1804, *in*-8. *v. r.*

2025. Galerie française des femmes célèbres, avec leurs portraits en pied, publ. par M. de la Mésangère. *Paris*, 1827, *in*-4. *br.*
Le texte seul, sans les 70 planches.

2026. Personnages célèbres dans les rues de Paris, depuis une haute antiquité jusqu'à nos jours, par Gouriet. *Paris*, 1811, 2 *vol. in*-8. *dem. rel.*

2027. Biographie toulousaine, (par de la Mothe Langon.) *Paris*, 1823, 2 *vol. in*-8. *br.*

Biographie particulière des Français et Françaises.

2028. Histoire de Suger, abbé de Saint-Denis, (par D. Gervaise.) *Paris*, 1721, 3 *vol. in*-12. *dem. rel.*

2029. Notice sur la vie et les écrits de Robert Wace, poète normand du XIIe siècle, par Pluquet. *Rouen*, 1824, *gr. in*-8. *fig. br.*

2030. Mémoires historiques sur Raoul de Coucy, avec un recueil de ses chansons, (par J. B. de la Borde.) *Paris*, 1781, *in*-18. *m. vert.*

2031. Histoire de la vie, faits héroïques et voyages de Louis III, duc de Bourbon, sous les règnes de Charles V et de Charles VI, (par J. d'Oronville.) *Paris*, 1612, *in*-8. *v. f.*

2032. Les gestes, ensemble la vie du preux chevalier Bayard. *Lyon, Gilbert de Villiers, in*-4. *goth. bas.*
Ce volume n'est pas complet; il finit au feuillet 71.

2033. Le bouclier d'honneur, où sont représentés les beaux faits de L. de Berton, seigneur de Crillon, (par F. Bening.) *Paris*, 1759, *in*-12. *v. f.*

2034. Mémoires de Michel de Marolles. *Amst.* 1755, 3 *vol. in*-12. *v. m.*

p.

Durand.

2024. fie. mt.y

p.

Racine

la cornier

p.

p.

garnot.

de plus une tres grande tache a plusieurs feuillets

gaudefroy.

Crozet.

Durand.

Maillot.

2036. wei.

gaudefroy

maze

Racine

p.

2041. gre. p^t

p.

maze

girond.

Maillot.

Lance

Racine

2035. Histoire de la vie et des ouvrages de La Fontaine, par M. Walckenaer. *Paris,* 1820, *in-8. br.* = Nouvelles Œuvres diverses de La Fontaine, et poésies de Maucroix, publ. par le même. *Paris,* 1820, *in-8. br.* = Poésies diverses de la Sablière et de Maucroix, par le même. *Paris,* 1825, *in-8. br.*

2036. Histoire de la vie et des ouvrages de La Fontaine, par M. Walckenaer. *Paris,* 1824, *in-8. fig. br.*

2037. Histoire de Bossuet, par de Bausset. *Versailles,* 1814, 4 *vol. in-8. v. porph. dent.*

2038. Histoire de Fénelon, par de Bausset. *Paris,* 1808, 3 *vol. in-8. v. f. dent.*

2039. Vie du maréchal de Villars, par Anquetil. *Paris,* 1785, 4 *vol. in-12. v. m.*

2040. Histoire du prince Eugène de Savoie, (par de Mauvillon.) *Vienne,* 1741, 5 *vol. in-12. v. b.* = Mémoires du maréchal de Tourville, (par de Margon.) *Amst.* 1742, 3 *vol. in-12. v. b.*

2041. Histoire de la vie et des ouvrages de Voltaire, par Paillet de Warcy. *Paris,* 1824, 2 *vol. in-8. br.*

2042. Histoire littéraire de Voltaire, par de Luchet. *Cassel,* 1781, 6 *tom. en* 3 *vol. in-8. dem. rel.*

2043. Les confessions de J. J. Rousseau. *Paris, an* VI, (1798,) 4 *vol. in-12. bas.* = Réflexions sur les confessions de J. J. Rousseau, par Servan. *Paris,* 1783, *in-12. dem. rel.*

2044. Histoire de la vie et des ouvrages de J. J. Rousseau, par V. D. Musset-Pathay. *Paris,* 1821, 2 *vol. in-8. br. Pap. Vél.*

2045. Journal historique, ou mémoires critiques et littéraires, par Collé. *Paris,* 1805, 3 *vol. in-8. v. f. dent.*

2046. Mémoires et correspondance littéraires, dramatiques et anecdotiques de Favart. *Paris,* 1808, 3 *vol. in-8. dem. rel.*

2047. Les véritables et principales circonstances de la mort déplorable de la marquise de Ganges, empoisonnée et massacrée par l'abbé et le chev. de Ganges, ses beaux-frères, en 1667. *Rouen*, 1667, *in*-12. *m. bl.*

2048. Mémoires de M. L. D. M. (la duchesse de Mazarin.) *Cologne, P. Marteau, (Hollande,)* 1675, *pet. in*-12. *v. éc.*

2049. La fameuse comédienne, ou histoire de la Guérin, veuve de Molière. *Francfort*, 1688, *pet. in*-12. *v. éc. dent.*

2050. Supplément aux Œuvres de Molière, ou lettres sur la femme de Molière. *Paris*, 1825, *in*-8. *br.* = Notice sur Brantôme, suivie d'une partie inédite de ses Œuvres. *Paris*, 1824, *in*-8. *br.*

2051. Histoire de madame d'Orléans, abbesse de Chelles. *In*-8. *v. éc.*

Mss. sur papier, contenant 257 pages.

2052. Histoire en partie de la marquise de Pompadour. *In*-4. *v. f.*

Mss. sur papier, composé de 115 pages. On lit au verso du titre : *Je prie M. Jamet d'agréer ce manuscrit de ma main, fait en* 1772, *sur l'exemplaire d'un amateur. Paris*, 17 *novembre* 1777, *signé* Cl. Bénard.

2053. Mémoires et correspondance de madame d'Epinay. *Paris*, 1818, 3 *vol. in*-8. *br.*

2054. Mémoires inédits de madame de Genlis sur le xviiie siècle, et la révolution française. *Paris*, 1825, 8 *vol. in*-8. *br.*

2055. Les souvenirs prophétiques d'une sibylle, sur les causes secrètes de son arrestation, par Melle M. A. Lenormand. *Paris*, 1814, *in*-8. *dem. rel.* = Les oracles sibyllins, ou la suite des souvenirs prophétiques, par la même. *Paris*, 1817, *in*-8. *fig. br.*

Crozet.

Racine

Baillot.

2050. Mel.

Ehrardt.

P

Merlin

Lelong.

Racine

Racine

Idem

p.

p.

Racine

p.

p.

ajouté au Diction. Comique, 1738, 8. Rouignd.

2064. Mel. gre. mit

Vies des hommes illustres anglais.

2056. Mémoires historiques et critiques sur les plus célèbres personnages vivans de l'Angleterre, trad. de l'angl. *Paris*, 1803, 2 *vol. in*-8. *dem. rel.*

2057. Mémoires de Gibbon, publ. par lord Sheffield, trad. de l'angl. *Paris, an* v, (1797,) 2 *vol. in*-8. *v. f.*

2058. Mémoires de miss Bellamy, célèbre actrice de Londres, trad. de l'angl. *Paris, an* VII, (1799,) 2 *vol. in*-8. *dem. rel.* = Mémoires de mistriss Robinson, célèbre actrice de Londres, trad. de l'angl. *Paris*, 1802, *in*-8. *dem. rel.* = Mémoires d'Hippolyte Clairon. *Paris, an* VII, (1799,) *in*-8. *bas.*

Vies des artistes célèbres.

2059. Entretiens sur les vies et les ouvrages des plus excellens peintres anciens et modernes, (par A. Félibien.) *In-fol. dem. rel.*

Mss. sur papier, contenant 441 pages, et une table de sept feuillets. Il renferme les quatre premiers volumes de l'édition in-12. en 6 vol. L'écriture est du temps. On lit sur la première page : *Monasterii sancti Dionysii in Francia.*

2060. Abrégé de la vie des peintres, par d'Argenville. *Paris, l'an* IV, (1796,) 2 *vol. in*-8. *bas.*

2061. Bibliothéque de peinture, de sculpture et de gravure, par C. T. de Murr. *Francfort*, 1770, 2 *tom. en* 1 *vol. in*-12. *v. m.*

2062. Dictionnaire des artistes, par de Fontenai. *Paris*, 1776, 2 *vol. in*-8. *bas.*

2063. Observations sur quelques grands peintres, avec un précis de leur vie, par Taillasson. *Paris*, 1807, *in*-8. *dem. rel.*

2064. La vie des peintres flamands, allemands et hollandois, avec le voyage de Flandres, par J. B. Descamps. *Paris*, 1753, 5 *vol. in*-8. *fig. v. f.*

Extraits et mélanges historiques, etc.

2065. Dictionnaire des faits et dits mémorables de l'histoire ancienne et moderne, (par de la Croix.) *Paris*, 1768, 2 *vol. in*-8. *bas.*

2066. Histoires choisies des auteurs profanes, par C. Simon. *Paris*, 1752, 3 *vol. in*-12. *bas.*

2067. Recueil d'anecdotes, savoir : Africaines, 1 *vol.* = américaines, 1 *vol.* = arabes et musulmanes, 1 *vol.* = dramatiques, 3 *vol.* = ecclésiastiques, 2 *vol.* = germaniques, 1 *vol.* = italiennes, 1 *vol.* = orientales, 2 *vol.* = du nord, 1 *vol.* = des républiques, 2 *vol.* = des arts, 2 *vol.* = anglaises, 1 *vol.* = chinoises, 1 *vol.* = françaises, 3 *vol. Paris*, 1775 *et ann. suiv.* 22 *vol. in*-8. *v. m.*

2068. Recueil d'anecdotes, dont : Anecdotes du XVIIIe et du XIXe siècles, = sur la fatuité, = littéraires, = anglaises, = dictionnaire d'anecdotes. etc. 36 *vol. in*-8. *et in*-12. *rel. et br.*

2069. Dictionnaire des caractères et portraits, par Roland. *Paris*, 1777, 2 *vol. in*-8. *bas.*

2070. Pièces intéressantes et peu connues, pour servir à l'histoire, (par de la Place.) *Bruxelles*, 1781, 8 *vol. in*-12. *dem. rel.*

2071. Mélanges historiques, depuis 1390 jusqu'en 1580, (par N. Camusat.) *Troyes*, 1619, *in*-8. *v. f.*

2072. Singularités historiques, par Dulaure. *Paris*, 1825, *in*-8. *br.* = Recueil de pensées, anecdotes, etc. *Rouen*, 1817, *in*-8. *br.*

2073. Les histoires tragiques de notre temps, par F. de Rosset. *Paris*, 1613, *in*-12. *v. b.*

2074. Le Valere Maxime français, par de la Place. *Paris*, 1792, 2 *vol. in*-8. *bas.*

2075. Derniers sentimens des plus illustres personnages condamnés à mort, (par Sabatier, etc.) *Paris*, 1775, 2 *vol. in*-12. *v. m.* = Recueil d'épi-

Saintjean

2065. Bel. pt

p.

Racine

2068. 12 vol. in 12 - - - 4. 20 - Racine

12 id - - - - - - 3. 50 Labry.

14 id - - - - - - 5 10 girond.

p. 38. 12. 80

garnot.

2070. gre. amt

Racine

idem

Racine tres piqué

girond.

2076. deb. p[t]

Chrardt

Le Doyen

Crozet.

julien

taphes, par de la Place. *Bruxelles*, 1782, 3 *vol. in*-12. *v. m.*

2076. Pièces du procès de Henri de Tallerand, comte de Chalais, décapité en 1626. = Lettres de Marion Delorme aux auteurs du Journal de Paris, (publié par J. B. de la Borde.) *Londres*, (*Paris*,) 1780, *in*-12. *v. f. avec huit portraits.*

2077. L'usage des adversitez, ou l'histoire des plus illustres favoris, par de Bussy Rabutin. *Paris*, 1697, *in*-8. *v. b.*

2078. Les imposteurs insignes, ou histoires de plusieurs hommes de néant, qui ont usurpé la qualité d'empereurs, rois, etc. par de Rocoles. *Amst.* 1663, *in*-12. *fig. v. f.* = La fortune marastre de plusieurs princes, etc. par le même. *Leyde*, 1683, *in*-12. *fig. v. m.*

2079. Le même ouvrage des imposteurs. *Bruxelles*, 1728, 2 *vol. in*-12. *fig. v. m.*

2080. Histoire générale des larrons. *Rouen*, 1709, *in*-8. *v. f.* = Le vagabond, ou l'histoire de la malice et des fourberies de ceux qui courent le monde au despens d'autrui. *Paris*, 1644, *in*-8. *v. f.*

2081. Histoire de la vie et du procès de L. D. Cartouche, et de plusieurs de ses complices. 1723, *in*-12. *v. m.*

FIN.

ERRATA.

Le n° 1956, Abrégé des transactions philosophiques, doit être placé après le n° 1904.

LIVRES NOUVEAUX,

Publiés par De Bure *frères, Libraires de la Bibliothèque du Roi, rue Serpente, n° 7; et Extrait de leur Catalogue de Livres de fonds.*

Ancient coins of greek cities and kings, from various collections principally in Great Britain; illustr. and explained by J. Millingen. *London,* 1831, *gr. in-4. fig. br. Pap. Vél.* ...... 21 fr.

Notice sur D. Gonzalo O'Farrill, lieutenant-général des armées du roi d'Espagne; son ministre de la guerre, etc. par D. Andrès Muriel. *Paris*, 1831, *in-8. br.* ...... 2 fr.

Mémoire de D. Miguel Joseph de Azanza et D. Gonzalo O'Farrill; et exposé des faits qui justifient leur conduite politique, trad. de l'espagnol, par M. A. Foudras. *Paris*, 1815, *in-8. br.* ...... 2 fr. 50 c.

Pour paraître incessamment.

Grammaire arabe, 2e édit. augmentée d'un traité de la prosodie et de l'art métrique des Arabes, par M. de Sacy. 2 *vol. gr. in-8.*

Le Traité de la Prosodie se vendra séparément aux personnes qui ont la première édition de la grammaire arabe.

Recherches sur Louis de Bruges, seigneur de la Gruthuyse, par l'auteur de la Notice sur Colard Mansion.

OUVRAGES DE M. LE BARON SILVESTRE DE SACY, MEMBRE DE L'ACADÉMIE DES INSCRIPTIONS, etc.

Chrestomathie arabe, ou Extraits de divers écrivains arabes, tant en prose qu'en vers, avec une traduction française et des notes, 2e édit. corrigée et augmentée. *Paris, Imp. R.* 1827, 3 *vol. gr. in-8. br.* 63 fr.

— La même, 3 *vol. Pap. Vél.* ...... 100 fr.

— La même, *tome III* ...... 21 fr.

Anthologie grammaticale arabe, ou morceaux choisis de divers auteurs arabes, avec une traduction française et des notes. *Paris, Imp. Roy.* 1829, *gr. in-8. br.* ...... 25 fr.

— La même, *Pap. Vél.* ...... 36 fr.

Ce volume fait suite à la Chrestomathie arabe.

Calila et Dimna, ou Fables de Bidpaï, en arabe, précédées d'un Mémoire sur l'origine de ce livre, et suivies de la Moallaka de Lebid, en arabe et en français. *Paris, Impr. Roy.* 1816, *in-4. br.* ...... 20 fr.

— Le même, *Pap. Vél.* ...... 30 fr.

Pend-Namèh, ou le Livre des Conseils, de Férid-eddin Attar, en persan et en français. *Paris, Impr. Roy.* 1819, *in-8. br.* ...... 20 fr.

— Le même, *Pap. Vél.* ...... 30 fr.

Testament de Louis XVI, avec une traduction arabe. *Paris, Imp. Roy.* 1820, *in-12. br.* ...... 2 fr. 50 c.

— Le même, *Pap. Vél.* ...... 5 fr.

Les Séances de Hariri, publiées en arabe, avec un Commentaire choisi. *Paris, Impr. Roy.* 1822, *in-fol. br.* ...... 60 fr.

— Les mêmes, *Pap. Vél.* ...... 90 fr.

— Les mêmes, *la seconde partie séparément* ...... 30 fr.

Recherches hist. et crit. sur les Mystères du Paganisme, par M. le baron de Sainte-Croix, 2e édition, revue et corrigée par M. de Sacy, dédiée au Roi. *Paris*, 1817, 2 *vol. in-8. br. avec 2 planches* .... 15 fr.

— Les mêmes, *Pap. Vél.* ...... 25 fr.

Mémoires sur diverses Antiquités de la Perse. *Paris, de l'Imprimerie du Louvre*, 1793, *in-4. fig. br.* ...... 15 fr.

— Les mêmes, *Pap. Fort* ...... 21 fr.

Essai sur les Mystères d'Eleusis, par M. Ouwaroff; 3e édition, donnée par M. de Sacy. *Paris, Impr. Roy.* 1816, *in-8. br.* .... 3 fr.

Lettre à M***, conseiller de S. M. le Roi de Saxe, relativement à l'ouvrage intitulé, *des Juifs au XIXe siècle. Paris*, 1817, *in-8. br.* 60 c.

Discours, Opinions et Rapports sur divers sujets de législation, d'instruction publique et de littérature. *Paris*, 1823, *in-8. br.*...... 6 fr.

OUVRAGES DE M. AUGUSTIN CAUCHY, MEMBRE DE L'ACADÉMIE ROYALE DES SCIENCES DE L'INSTITUT, etc.

Cours d'Analyse de l'Ecole royale Polytechnique. *Paris, Imp. Roy.* 1821, *in-8. br.* Le tome premier......................... 6 fr.

Mémoires sur les Intégrales définies prises entre des limites imaginaires. *Paris*, 1825, *in-4. brochure de 68 pages*................ 3 fr. 50 c.

Exercices de Mathématiques. *Paris*, 1826, 1827, 1828 et 1829, quatre années formant 48 Numéros, *in-4*........................ 72 fr.

Les mêmes, cinquième année, nos 49 à 51.

Chaque Numéro se vend séparément, à mesure qu'il paraît. 1 f. 50 c.

Chaque Année se vend aussi séparément.................. 18 fr.

Leçons sur les Applications du Calcul infinitésimal à la Géométrie. *Paris, Imp. Roy.* 1826 *et* 1828, 2 *vol. in-4 br.* .... 12 fr.

Le tome 2, 1828, *in-4. br*.......................... 4 fr.

Mémoire sur l'application du Calcul des Résidus à la solution des problèmes de physique mathématique. *Paris*, 1827, *in-4. br.*. 3 fr. 50 c.

Leçons sur le Calcul différentiel, *Paris*, 1829, *in-4. br.* .... 10 fr.

Mémoire sur la résolution des équations numériques, et sur la théorie des éliminations. *Paris*, 1829, *in-4. br.*.................. 3 fr.

Ce Mémoire forme les nos 40 et 41 des exercices mathématiques, et se vend séparément.

Mémoire sur la Théorie de la Lumière. *Paris*, 1830, *in-8*...... 75 c.

Mémoire sur la dispersion de la Lumière. *Paris*, 1830, *in-4. br*..... 2 fr.

Fragmens relatifs à la religion de Zoroastre, en persan, publ. par J. Mohl. *Paris, Impr. Roy.* 1829, *in-8. br*................. 3 fr.

Astronomie solaire d'Hipparque, par J. B. P. Marcoz. *Paris*, 1828, *in-8. br*.. 7 fr.

Anthologie arabe, ou Choix de poésies arabes inédites, traduites pour la première fois en français, avec le texte et des notes, par M. Grangeret de la Grange. *Paris, Impr. Roy.* 1828, *in-8. br*........ 10 fr.

— La même, *Pap. Vél. cart*........................... 15 fr.

Confucii Chi-King, sive liber carminum; ex latina P. Lacharme interpret. edidit. J. Mohl. *Stuttgardiæ*, 1830, *in-8. br*......... 5 fr. 50 c.

Rudimens de la langue hindoustani, à l'usage des élèves de l'école royale et spéciale des langues orientales vivantes, par M. Garcin de Tassy. *Paris, Imp. Roy.* 1829, *in-4. br*........................ 9 fr.

Contes Turcs, en langue turque, extraits du roman intitulé : *les Quarante Visirs*, par Belletête. *Paris*, 1812, *in-4. br*........... 8 fr.

— Les mêmes, *Pap. Vél*.............................. 15 fr.

Ulysse-Homère, ou du véritable auteur de l'Iliade et de l'Odyssée, par Constantin Koliades, professeur dans l'université Ionienne. *Paris*, 1829, *in-fol. gr. raisin vél. cart. avec* 20 *lithographies représentant des vues, cartes et plans*................................. 24 fr.

De Syntipa et Cyri filio Andreopuli narratio gr. edita et notis illustrata à J. F. Boissonade. *Parisiis*, 1828, *in-12. br*............... 4 fr.

Collection des meilleurs auteurs italiens, soit en vers, soit en prose, regardés comme classiques, imprimés chez Prault, Delalain et Molini. 44 *vol. petit in-12. br.* .... 100 fr.

Tous les auteurs se vendent séparément.

Aristæneti Epistolæ, gr. et lat. ad fidem cod. Vindob. recensuit; Merceri, Pauwii, Abreschii, Huetii, Lambecii, Bastii, aliorum notis suisque instruxit J. F. Boissonade. *Lutetiæ*, 1822, *in-8. br.* ... 16 fr.

Géographie des Grecs analysée, par M. Gossellin. *Paris*, 1790. = Recherches sur la géographie des anciens, par le même. *Paris*, 1798, 5 *vol. gr. in-4. avec 60 cartes géogr. br. en cart.* .... 96 fr.

Recherches sur la géographie des anciens, 4 *vol. in-4*.......... 75 fr.

— Les mêmes, tomes 3 et 4, 2 *vol. in-4*.................... 42 fr.

Description de l'Egypte, édition originale, troisième livraison, troisième section, *Pap. Fin*. .... 500 fr.

Pap. Vélin.. 750 fr.

L'Atlas géographique seul .... 500 fr.

Cette dernière section complète entièrement ce grand et magnifique ouvrage.

L'ouvrage complet, *Pap. Fin*, se vend .... 4000 fr.

Pap. Vélin.. 6000 fr.

Voyage à Meroë, au Fleuve Blanc, au-delà de Fazoql, dans le midi du royaume de Sennar; à Syouah et dans cinq autres Oasis, dans les années 1819 à 1822, par M. F. Cailliaud. *Paris*, 1823 à 1827, 2 *vol. de planches en noir, in-fol. et 4 vol. de texte in-8. fig color.* .. 300 fr.

Les deux volumes in-folio se composent de 150 planches et cartes géographiques.

— Le même, *Pap. Vél. fig. color.* .... 560 fr.

— Le même, *Gr. Pap. ord. fig. color. imprimé du même format que la Description de l'Egypte, et pour y faire suite* .... 480 fr.

— Le même, *Gr. Pap. Vél. fig. color*...................... 850 fr.

— Les quatre volumes de texte, seuls, *fig. noires* .... 30 fr.

— Les mêmes, *fig. color.* .... 35 fr.

L'Espagne sous les Rois de la Maison de Bourbon, depuis Philippe V jusqu'à la mort de Charles III; trad. de l'anglais de W. Coxe, par M. Muriel. *Paris*, 1827, 6 *vol. in-8. br.* .... 40 fr.

Recherches sur les véritables noms des vases grecs, et sur leurs différens usages, par M. Théodore Panofka, membre de l'Académie d'Herculanum, etc. *Paris*, 1830, 1 *vol. gr. in-fol. fig. cart.* Prix..... 22 fr.

Cet ouvrage, qui contient 64 pages de texte et 9 planches, est complet, et peut servir d'introduction et d'explication au Musée Blacas, du même auteur.

Musée Blacas, monumens grecs, étrusques et romains, publ. par M. Th. Panofka, tome Ier. — Vases peints, livraisons 1 et 2. Paris, 1830, gr. in-fol. fig. en noir et en couleurs. *Prix de chaque livr.* 15 fr.

Lettres à M. Letronne, sur les papyrus bilingues et grecs du Musée d'Antiquités de l'Université de Leide, par C. J. C. Reuvens. *Leide*, 1830, *in-4. br. et atlas in-fol. cart* .... 36 fr.

Recueil de Médailles grecques inédites, publiées par M. Edouard de Cadalvene; Europe. *Paris*, 1828, *in-4. fig. br.* .... 25 fr.

Description des Médailles grecques, par M. Mionnet. *Paris*, 1806, *in-8*. Les tomes 3, 4, 5, 6; 4 *vol. br. fig.* .... 81 fr.

Recueil de Planches pour les 6 vol. *in-8. br.* .... 30 fr.

Supplément aux Médailles grecques. *Paris*, 1819 à 1830; les tomes 1 à 5, *in-8. fig. br.*..................................... 128 fr.

— Le même Supplément, tome V, 1830, *br.* .... 24 fr.

De la Rareté et du Prix des Médailles romaines, par M. Mionnet; seconde édition, considérablement augmentée. *Paris*, 1827, 2 *vol. in*-8. *fig. br*.......... 33 fr.

Deux Lettres à milord comte d'Aberdeen, sur l'authenticité des Inscriptions de Fourmont, par M. Raoul-Rochette, de l'Académie des Inscriptions. *Paris*, *Impr. Roy*. 1819, *in*-4. *fig. br*.......... 6 fr.

Iconographie grecque, par E. Q. Visconti, de l'Institut. *Paris*, *de l'impr. de Didot l'aîné*, 1811, 3 *vol. in*-4. *avec un atlas de* 59 *planch. in-fol. atlant. cart*.......... 240 fr.

Iconographie romaine, tome 1er, Hommes illustres, par le même. *Paris*, *de l'impr. de Didot l'aîné*, 1818, *in*-4. *et atlas de* 17 *planches in-fol. atlant. cart*.......... 72 fr.

— La même, tomes II et III, publiés par M. Mongez, membre de l'Académie des Inscriptions, de l'Institut. *Paris*, 1821 *et* 1826, 2 *vol. in*-4. *accompagnés chacun d'un bel atlas in-fol. atlant. cart*.. 200 fr.

Restitution de deux Frontons du temple de Minerve, à Athènes, par M. Quatremère de Quincy. *Paris*, 1825, *in-fol. cart. avec* 3 *pl*. 10 fr.

Cette édition est la même que celle réimprimée dans les deux volumes que M. Quatremère de Quincy vient de publier.

Histoire et Mémoires de l'Académie royale des Inscriptions et Belles-Lettres, tom. 47 à 50. *Paris*, 1809, 4 *vol. in*-4. *fig. en feuilles*. 80 fr.

Catalogue des Livres imprimés sur Vélin, de la Bibliothéque du Roi; avec le Supplément. *Paris*, 1822 *et* 1828, 6 *tomes en* 5 *vol. gr. in*-8. *br*.......... 47 fr. 50 c.

— Le même, le Supplément seul, *gr. in*-8. *br*.......... 7 fr. 50 c.

Catalogue des Livres imprimés sur Vélin, qui se trouvent dans des bibliothéques tant publiques que particulières, avec le Supplément. *Paris*, 1824 *et* 1828, 4 *vol. gr. in*-8. *br*.......... 37 fr. 50 c.

— Le même, le Supplément seul, *gr. in*-8. *br*.......... 7 fr. 50 c.

— Les mêmes Catalogues, 10 *tomes en* 9 *vol. in*-8. *Gr. Pap. Vél. cart*. tirés à très petit nombre.......... 140 fr.

Notice sur Colard Mansion, libraire et imprimeur de Bruges en Flandre, dans le xve siècle, par l'auteur du Catalogue des Livres imprimés sur Vélin, de la Bibliothéque du Roi. 1 *vol. in*-8. *fig. cart*. 9 fr.

— La même, *Gr. Pap. cart*.......... 15 fr.

Saulsaye. Eglogue de la vie solitaire. *Lyon*, *Jean de Tournes*, 1547, (*Aix*, 1829,) *petit in*-8. *br*.......... 2 fr. 50 c.

— Le même ouvrage, *Pap. Vél. br*.......... 5 fr.

— Le même, sur *pap. rose*.......... 7 fr. 50 c.

— Le même, sur *pap. bleu*.......... 7 fr. 50 c.

Cette réimpression d'un opuscule très rare, est faite par M. Pontier, libraire à Aix; il n'en a été tiré que 50 exemplaires sur *pap. ordin*. 20 sur *pap. vélin d'Annonay*, 8 sur *pap. rose*, 8 sur *pap. bleu*, et 1 sur *Vélin*.

Mémoire sur le préambule d'un édit de l'empereur Dioclétien, relatif au prix des denrées de l'empire romain, avec 2 planches lithogr. par M. M. de Fonscolombe. *Paris*, 1829, *in*-8. *br*.......... 4 fr.

Collection des Moralistes anciens, contenant Epictète, Confucius, Sénèque, etc. *Paris*, *de l'impr. de Didot l'aîné*, 16 *vol. in*-18. *pap. d'Annonay*, et *Pap. Vél. br*.......... 48 fr.

Chaque vol. de la collection se vend séparément.......... 3 fr.

OEuvres complètes de Pothier, avec les OEuvres posthumes. *Paris*, 1781, 8 *vol. in*-4. *en feuilles*.......... 38 fr.

Cette édition est l'originale.

www.ingramcontent.com/pod-product-compliance
Lightning Source LLC
Chambersburg PA
CBHW050735030726
47505CB00002B/274